クルマで行く山あるき

関西周辺

大人の遠足BOOK

写真：伊吹山、倶留尊山、多紀アルプス（左から）
白山白川郷ホワイトロード（次ページ）

Contents

索引MAP …… 4
本書の使い方 …… 6
マイカー登山のススメ …… 8
ドライブMAPⅠ～Ⅳ …… 10

マイカー登山お役立ち情報 …… 188
登山装備チェックリスト …… 189
山名・道の駅・温泉索引 …… 190

名神高速道路
新名神高速道路／北陸自動車道／京都縦貫自動車道

01 白山／石川・岐阜 …… 18
02 荒島岳／福井 …… 22
03 野坂岳／福井 …… 26
04 横山岳／滋賀 …… 29
05 小谷山／滋賀 …… 32
06 霊仙山／滋賀 …… 35
07 伊吹山／滋賀・岐阜 …… 38
08 藤原岳／三重・滋賀 …… 42
09 御池岳／三重・滋賀 …… 46
10 金勝アルプス／滋賀 …… 49
11 御在所岳／三重・滋賀 …… 52
12 赤坂山／滋賀・福井 …… 56
13 武奈ヶ岳／滋賀 …… 60
14 蓬莱山／滋賀 …… 64
15 百里ヶ岳／滋賀・福井 …… 68
16 長老ヶ岳／京都 …… 71
17 愛宕山／京都 …… 74
18 金毘羅山／京都 …… 77

クルマで行く山あるき
関西周辺

表紙写真：大山

阪和自動車道
西名阪自動車道/南阪奈道路/紀勢自動車道

⑲ 倶留尊山／奈良・三重 …… 80
⑳ 大洞山／三重 …… 84
㉑ 三峰山／奈良・三重 …… 87
㉒ 大台ヶ原／奈良・三重 …… 90
㉓ 大普賢岳／奈良 …… 94
㉔ 八経ヶ岳／奈良 …… 98
㉕ 稲村ヶ岳／奈良 …… 102
㉖ 大和葛城山／奈良・大阪 …… 105
㉗ 金剛山／大阪・奈良 …… 108
㉘ 岩湧山／大阪 …… 112
㉙ 護摩壇山／和歌山・奈良 …… 115
㉚ 高野三山／和歌山 …… 118
㉛ 冷水山／和歌山・奈良 …… 122
㉜ 矢筈岳／和歌山 …… 126
㉝ 百間山／和歌山 …… 129
㉞ 高尾山／和歌山 …… 132
㉟ 嶽ノ森山／和歌山 …… 135

中国自動車道
舞鶴若狭自動車道/米子自動車道/徳島自動車道/松山自動車道ほか

㊱ 青葉山／福井・京都 …… 138
㊲ 大江山／京都 …… 142
㊳ 向山連山／兵庫 …… 146
㊴ 多紀アルプス／兵庫 …… 149
㊵ 白髪岳／兵庫 …… 152
㊶ 雪彦山／兵庫 …… 155
㊷ 七種山／兵庫 …… 158
㊸ 朝来山／兵庫 …… 161
㊹ 和気アルプス／岡山 …… 164
㊺ 氷ノ山／兵庫・鳥取 …… 168
㊻ 扇ノ山／鳥取・兵庫 …… 172
㊼ 那岐山／岡山 …… 175
㊽ 大山／鳥取 …… 178
㊾ 剣山／徳島 …… 182
㊿ 石鎚山／愛媛 …… 185

索引MAP

※凡例

番号	コース名／エリア		頁
	標高	コースのレベル	

名神高速道路・新名神高速道路・北陸自動車道・京都縦貫自動車道

01 白山／石川・岐阜 …… 18
[2,702m]中級
02 荒島岳／福井 …… 22
[1,523m]中級
03 野坂岳／福井 …… 26
[913m]初級
04 横山岳／滋賀 …… 29
[1,132m]中級
05 小谷山／滋賀 …… 32
[495m]初級
06 霊仙山／滋賀 …… 35
[1,094m]中級
07 伊吹山／滋賀・岐阜 …… 38
[1,377m]中級
08 藤原岳／三重・滋賀 …… 42
[1,140m]初級
09 御池岳／三重・滋賀 …… 46
[1,247m]初級
10 金勝アルプス／滋賀 …… 49
[491m]中級
11 御在所岳／三重・滋賀 …… 52
[1,212m]上級
12 赤坂山／滋賀・福井 …… 56
[824m]中級
13 武奈ヶ岳／滋賀 …… 60
[1,214m]上級
14 蓬莱山／滋賀 …… 64
[1,174m]中級
15 百里ヶ岳／滋賀・福井 …… 68
[931m]中級
16 長老ヶ岳／京都 …… 71
[917m]初級
17 愛宕山／京都 …… 74
[924m]初級
18 金毘羅山／京都 …… 77
[532m]初級

阪和自動車道・西名阪自動車道・

19 倶留尊山／奈良・三重 …… 80
[1,037m]初級
20 大洞山／三重 …… 84
[1,013m]初級
21 三峰山／奈良・三重 …… 87
[1,235m]初級
22 大台ヶ原／奈良・三重 …… 90
[1,695m]初級
23 大普賢岳／奈良 …… 94
[1,780m]上級
24 八経ヶ岳／奈良 …… 98
[1,915m]中級
25 稲村ヶ岳／奈良 …… 102
[1,726m]上級

南阪奈道路・紀勢自動車道

26 大和葛城山／奈良・大阪 …… 105
[959m]初級
27 金剛山／大阪・奈良 …… 108
[1,125m]初級
28 岩湧山／大阪 …… 112
[897m]初級
29 護摩壇山／和歌山・奈良 …… 115
[1,372m]初級
30 高野三山／和歌山 …… 118
[1,009m]初級
31 冷水山／和歌山・奈良 …… 122
[1,262m]上級
32 矢筈岳／和歌山 …… 126
[811m]初級
33 百間山／和歌山 …… 129
[999m]中級
34 高尾山／和歌山 …… 132
[606m]初級
35 嶽ノ森山／和歌山 …… 135
[376m]中級

中国自動車道・舞鶴若狭自動車道・米子自動車道・徳島自動車道・松山自動車道ほか

36 青葉山／福井・京都 …… 138
[693m]中級
37 大江山／京都 …… 142
[832m]初級
38 向山連山／兵庫 …… 146
[569m]初級
39 多紀アルプス／兵庫 …… 149
[793m]中級
40 白髪岳／兵庫 …… 152
[722m]中級
41 雪彦山／兵庫 …… 155
[950m]中級
42 七種山／兵庫 …… 158
[683m]中級
43 朝来山／兵庫 …… 161
[756m]初級
44 和気アルプス／岡山 …… 164
[370m]中級
45 氷ノ山／兵庫・鳥取 …… 168
[1,510m]中級
46 扇ノ山／鳥取・兵庫 …… 172
[1,310m]初級
47 那岐山／岡山 …… 175
[1,255m]初級
48 大山／鳥取 …… 178
[1,729m]中級
49 剣山／徳島 …… 182
[1,955m]初級
50 石鎚山／愛媛 …… 185
[1,982m]上級

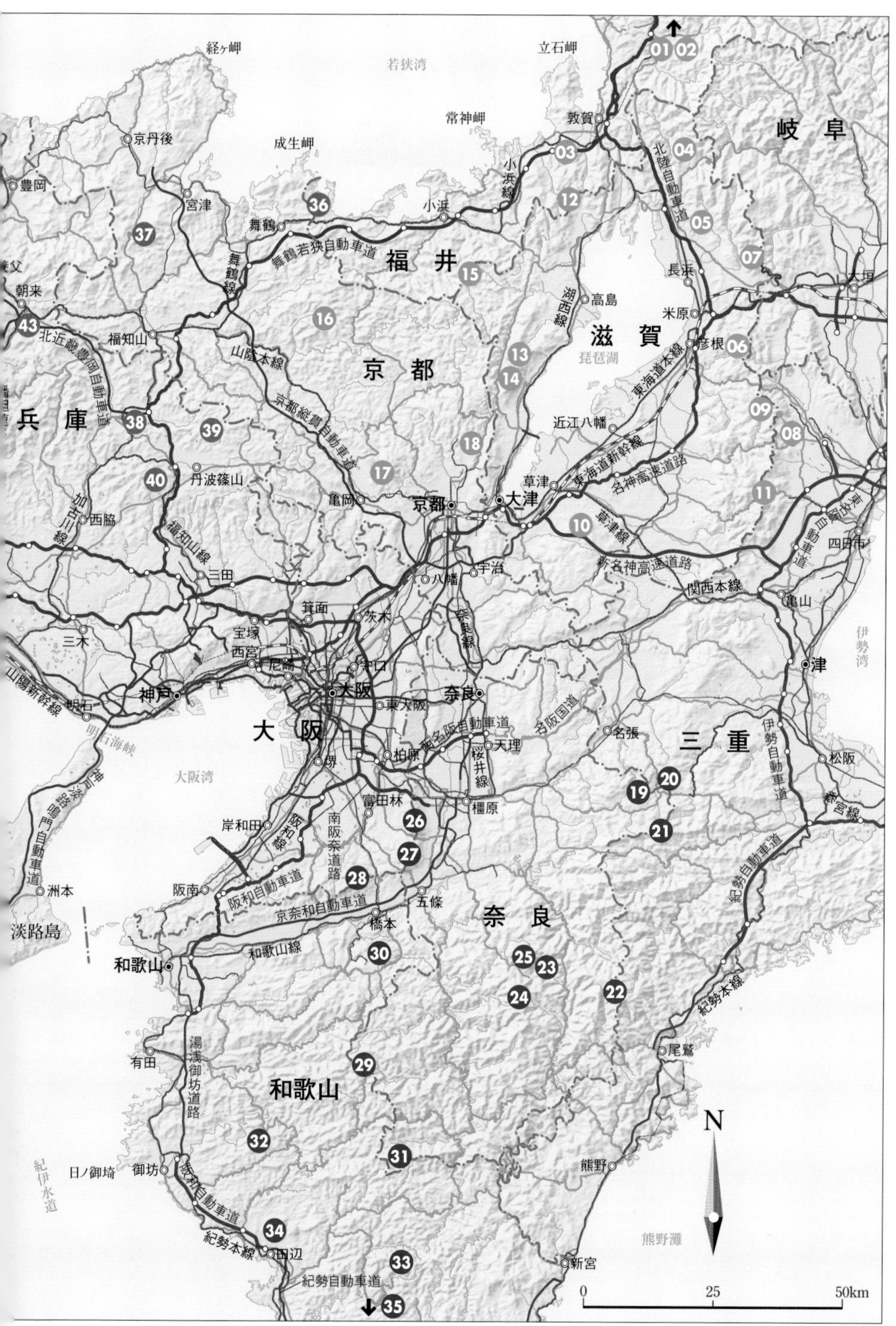
経ヶ岬
若狭湾
立石岬
常神岬
敦賀
成生岬
京丹後
豊岡
宮津
舞鶴
小浜
小浜線
岐阜
北陸自動車道
舞鶴若狭自動車道
福井
舞鶴線
長浜
大垣
高島
湖西線
米原
朝来
北近畿豊岡自動車道
福知山
滋賀
彦根
琵琶湖
山陰本線
京都
東海道本線
兵庫
京都縦貫自動車道
近江八幡
丹波篠山
東海道新幹線
名神高速道路
草津
加古川線
西脇
亀岡
京都
大津
草津線
福知山線
四日市
三田
宇治
八幡
新名神高速道路
関西本線
箕面
茨木
亀山
三木
宝塚
奈良線
伊勢湾
西宮
尼崎
守口
津
山陽新幹線
神戸
大阪
奈良
明石
東大阪
名阪国道
明石海峡
大阪
西名阪自動車道
天理
名張
三重
伊勢自動車道
柏原
堺
桜井線
大阪湾
松阪
神戸淡路鳴門自動車道
富田林
橿原
参宮線
岸和田
阪和線
南阪奈道路
紀勢自動車道
洲本
阪南
阪和自動車道
五條
京奈和自動車道
奈良
淡路島
橋本
和歌山線
和歌山
紀勢本線
尾鷲
湯浅御坊道路
有田
和歌山
N
紀伊水道
日ノ御埼
御坊
熊野
阪和自動車道
紀勢本線
田辺
熊野灘
新宮
紀勢自動車道
0
25
50km
01
02
03
04
05
06
07
08
09
10
11
12
13
14
15
16
17
18
19
20
21
22
23
24
25
26
27
28
29
30
31
32
33
34
35
36
37
38
39
40
43

本書の使い方

本書のご利用にあたって

本書は、アクセス手段に車を使って山登りを楽しむ案内書です。初心者向けから上級者向けまで、多様なコースを掲載していますので、お好きなコースからチャレンジしてください。
※大人の遠足BOOKシリーズ『日帰り山あるき関西』に比べ、本書は全般にハードなコースを選び、難易度の設定基準も異なりますので、ご注意ください。

Ⓐ標高

タイトルで示している山の頂上の標高です。標高が三角点と最高点で異なる場合は、最高点を記載しています。

Ⓑ高速道路名

利用するインターチェンジのある高速道路名です。

Ⓒ検索マーク

「展望に優れている」「花が楽しめる」「紅葉がきれい」「周辺に道の駅がある」「周辺に立ち寄り温泉がある」といった知りたい情報を検索しやすいように表記しています。

Ⓓアクセス情報

車で出かける際の、登山口・駐車場所までのアクセスです。吹田IC（または中国吹田IC）を起点としていますが、もちろん起点により利用する高速道路やインターチェンジは異なります。所要時間は目安として入れてありますが、渋滞や天候状態などにより大きく変わることがあります。また、山間部の道は落石、土砂崩れなどで通行止めになる場合があります。お出かけの際には現地に状況を確認してください。料金は普通車を利用した通常のもので、ガソリン代は含みません（ETC装着車の割引はP188をご覧ください）。利用するインターチェンジから登山口・駐車場所までの一般的なルートを交通図で紹介しています。

登山口 NAVI

登山口・駐車場所の緯度、経度です。カーナビゲーション利用時に入力してください。なお、数値は国土地理院地図（電子国土Web）から求めたものです。

P駐車場情報

登山口近くの駐車場所の情報です。有料駐車場のほか、駐車可能なスペースについても紹介しています。駐車の際には他の車や歩行者の迷惑にならないよう、充分なご配慮をお願いします。交通図に簡単な駐車場所の見取り図も付けています。

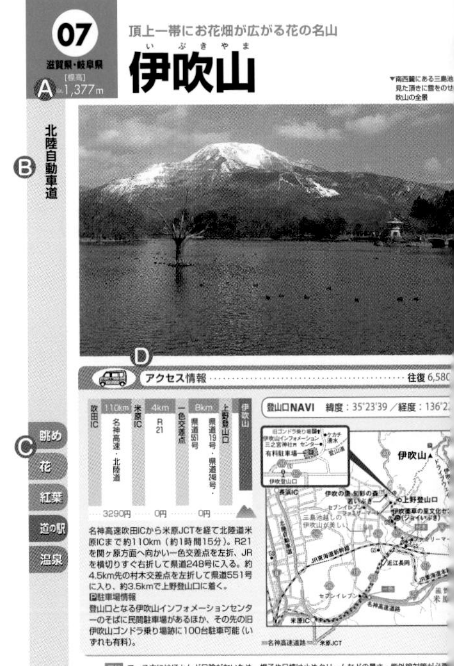

Ⓔ欄外情報

知っておくと便利な情報、注意事項などを掲載しています。

Ⓕ山歩きの基本DATA

1　登山レベル（難易度の指標・無雪期のもの）

- **初級者**：道標が整備され、道もよく踏まれている。岩場や鎖場がほとんどない。歩行時間5時間以下。ただし、初級者コースでもトレッキングシューズ以上の靴を使用、地図を持ち、天候の変化等に備えて携帯食料など充分な登山の装備が望ましい。
- **中級者**：道標はあるが一部地図による確認を伴う。天候の変化により、状況が変化しやすい。岩場や鎖場など難所の通過がある。標高差がやや大きい。歩行時間が5時間を超え、体力を要する。以上のいずれかに該当するコース。
- **上級者**：読図能力が要求される。注意を要する岩場や鎖場、落石など、一部危険性を伴う箇所がある。歩行時間8時間以上。標高差が大きい。技術要素や登山経験を要求される。以上のいずれかに該当し、経験者とともに歩くのがふさわしいコース。

※上記の基準をもとに、総合的に判断しています。

2　歩行時間

コースの歩行時間の合計で、休憩時間は含みません。気象条件や道の状況、個人の体力や経験によって大きく変わりますので、あくまでもこの時間は目安としてとらえ、余裕を持った登山計画を立ててください。

3　歩行距離

コースの歩行距離の合計です。地形図をもとにコースの斜面に沿った距離を割り出していますが、実際と若干の差が出る場合があります。

4　参考地図

掲載山域を収録している国土地理院発行の2万5000分の1地形図の図名を掲載しています。

5　高低表

掲載コースの高低断面図を掲載しています。縦軸は標高、横軸は水平距離です。水平距離は歩行距離よりもやや少な目に表示されますのでご注意ください。また、傾斜は実際より大げさに表現されています。なお、水平距離が10

●本書のデータは2020年6月現在のものです。
●各コースの標高差とコース距離の算出、および高低図の作成にあたって、DAN杉本さん作成の「カシミール3D」を利用させていただきました。
●ルートは、自然災害などによってコースが付け替えられたり、閉鎖されたりすることがあります。必ず、事前に最新情報をご確認ください。
●山で見られる花を含めた動植物は、法令により採取が禁じられています。絶対に取らないでください。また、観察や写真撮影の際にも、自然環境を傷つけないよう、充分な配慮を心掛けてください。
●施設などの休業日のデータには年末年始、ゴールデンウィーク、盆休み等を原則的に含みません。
●掲載の利用時間は、特記以外は原則として開店（館）～閉店（館）です。オーダーストップや入店（館）時間は通常閉店（館）時刻の30分～1時間前ですので、ご注意ください。

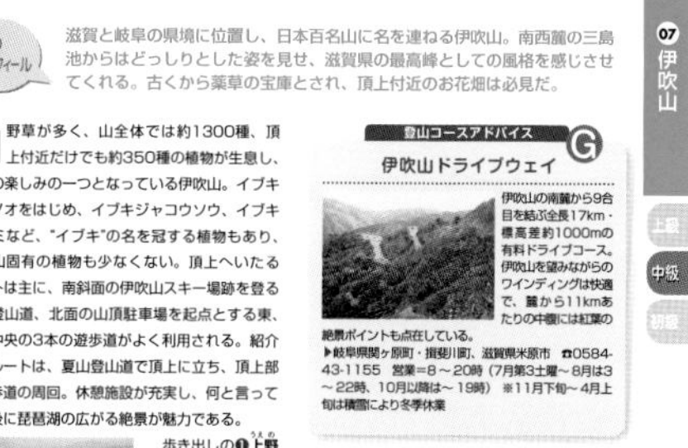

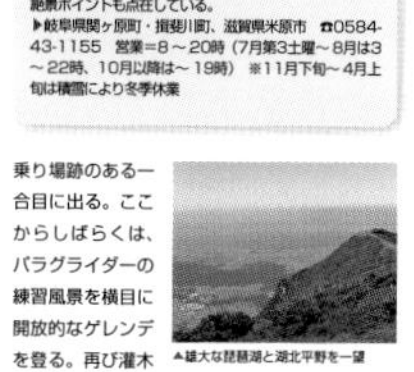

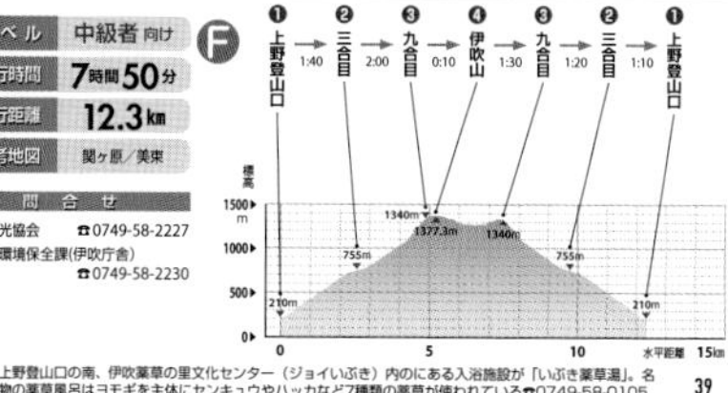

km、15km、20kmのパターンの3種類があり、それぞれに色分けされています。同じパターンでは、コースの傾斜の表現の比較ができますが、違うパターン同士ではずれが生じますので、ご注意ください。

Ⓖ囲み記事

1 温泉

山歩きのあと、車で行くのに便利な立ち寄り湯を紹介。薬草風呂など天然温泉以外の施設も含みます。

2 道の駅

山行の前後に立ち寄って食事や地場産品購入、情報収集に役立つ道の駅を収録。トイレは24時間利用できるところが多いですが、その他の施設は営業時間に注意。道の駅に類似した施設も含みます。

3 登山コースアドバイス

サブルート、その他、関連情報を収録しています。

●本書に掲載されている地形図は、国土地理院発行の地形図を元に製作されています。
●登山の際には、本書に加えて国土地理院発行の2万5000分の1地形図を携行されることをおすすめします。
●地図上の情報、ルートは、発行後に変更、閉鎖される場合もありますので、登山の際は事前に該当自治体等に問い合わせることをおすすめします。

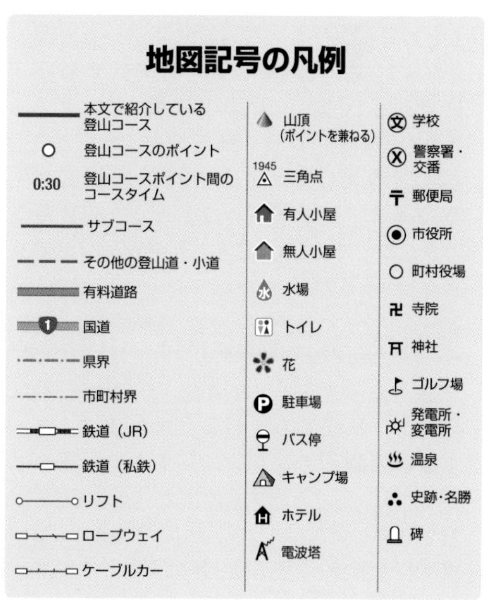

マイカー登山のススメ

車を利用するメリット

1. 時刻表に縛られることなく、登山口まで自由にアプローチ

鉄道やバスなどの公共交通機関を利用した場合、運行時刻に縛られるため、どうしても日帰りで登れる山は限られてくる。さらに、駅やバス停から登山口まで長時間、車道や林道を歩くことも少なくない。その点、機動力のある車を使えば登山口近くの駐車場所まで一気に行けるため、アプローチが格段によくなる。山行以外で余分な時間と体力を省けるので、よりいっそう充実した山歩きが楽しめるという利点がある。何よりも山間部ではバスなどの便数が少ないことも多く、「乗り遅れて数時間待ち」といった心配もなくなり、時間に余裕が持てるのがありがたい。

また、公共交通機関の場合、始発に乗ったとしても山行のスタート時間がかなり遅くなってしまうが、車利用なら早朝や前夜に家を出て、登山口に早めに着くことができる。歩行時間が長く確保できるということは、それだけ登れる山の選択肢が広がる。これまで交通機関がなかったため登頂できなかった山にも、どんどんチャレンジできるというものだ。

2. 思い立ったら気軽に出発

車で山歩きを楽しむ場合、行き帰りに利用する交通機関の時刻表や乗換方法などを事前に調べてプランニングする必要がない。思い立ったらすぐに出かけられる、気軽さもまた大きなメリットだ。とりあえず、雨具やジャケット、登山靴、着替えなどすべての装備を車のトランクに積めばOK（メンテナンスを忘れがちだけに、積みっぱなしは×）。登山口に着いてから天候や気温など現場での状況を考慮し、登山に必要なものだけをパッキングすれば、荷物を減らすこともできる。汗をかいたり途中で雨に濡れても、下山後、車の中ですぐに着替えることもできるので安心だ。テント、シュラフ、調理器具など、ちょっとしたキャンプ道具をトランクに入れておくと重宝する。

3. 下山後に立ち寄りスポットへ

山行前に道の駅やコンビニエンスストアなどに立ち寄り、弁当や携行食、飲料水などの買い出しが手軽にできるのは、車利用のメリットだ。さらに、下山後に日帰り温泉施設で汗を流すこともできる。ほかにも、周辺の景勝地やドライブコースで観光を楽しむこともでき、行動範囲が広がるのも大きな魅力。タオルやバスタオルは車に常備しておこう。また、道の駅などで山里の新鮮野菜や海の幸、地酒など、現地の特産品をおみやげにするのもおすすめ。

▲温泉で汗を流して渋滞のピークをずらすのもよい

車でのアプローチはココに注意!

1. コースプランは必ず起点へ戻ること

車を利用した場合、当然のことながら必ず車を停めた駐車場所まで戻ってこなければならない。周遊コースが取れればいいが、山頂までのピストン登山になることも多い。どうしても縦走したい場合は、登山口または下山口に車を停めてその間の移動は公共交通機関を使う、または2台の車を使い1台を回収用に下山口に停めておく、などのプランニングをする必要がある。

2. 車の装備は事前にチェック

高速道路などを使った長距離ドライブの前には、タイヤの気圧や溝の深さなどを事前にチェックしておこう。スペアタイアや車載工具、軍手、ブースターケーブル、予備のヒューズなどは、常に車内に積んでおくと安心だ。また、春先や晩秋の山間部では思わぬ積雪に遭遇することがあるので、山域によっては冬期に限らずスタッドレスタイヤやチェーンを装備しておきたい。

林道に入る前にガソリンの残量を確認しておくことも大切。山間部ではガソリンスタンドが少なく、週末休業の店もあるので、ガス欠は避けたい。市街地を離れる前に早めの給油を心がけよう(山間部よりガソリン代が安いメリットも)。

3. 走行時に気をつけたいこと

公共交通機関でのアプローチと異なり、交通渋滞で思わぬ時間を取られることがある。特に連休やお盆期間は混雑しやすいので、ある程度、時間に余裕を持って出発するようにしたい。

山間部の林道で気をつけたいのが落石。道路に不自然な石が転がっていたら要注意だ。また、台風などのあとは倒木や道が荒れていたり、通行止めになることもある。事前に役場などへ道路状況を確認しておきたい。当日が晴天であっても落石や増水の危険もある。山へ向かう道中は、基本的に曲がりくねったワインディングロードを走ることが多い。車の整備はもとより、自らの運転テクニックも自覚して、無理のない運転を心がけよう。

下山後は体が疲れているので、帰りの運転は無理をせずにできるだけ慎重に。眠気を感じたらすぐに休憩し、必要ならパーキングなどで仮眠をとるようにしたい。

登山靴での運転はやめよう。

4. 駐車時に車を守る対策も必要

駐車の際は現地の案内に従うこと。また、林道脇などの駐車スペースでは、周囲に落石がないことを確認して駐車しよう。有料の駐車場以外では、どうしても人気(ひとけ)の少ない場所に長時間、車を停めることになるので、車上荒らしには注意。車中に貴重品は置かず、ドアロックも忘れずに。意外にやりがちなのが、ヘッドライトの消し忘れ。下山後にバッテリーがあがってしまった、ということがないよう気をつけよう。また、山行中にカギを紛失してしまった場合に備えて、予備のカギを必ず用意しておこう。

▲監視機能付きドライブレコーダーは車上荒らし対策に有効
◀正しいドライビングポジションは安全運転や疲労軽減につながる

凡例
高速道路
（無料区間含む）
吹田
丹波
阪神高速
有料道路
国道
主要地方道
県道ほか
道の駅
（一部未掲載）
若狭湾
京丹後市
伊根町
丹後半島
宮津市
天橋立
舞鶴市
高浜町
おおい町
小浜市
綾部市
福知山市
京丹波町
南丹市
京都市
丹波市
兵庫県
丹波篠山市
京都府
舟屋の里伊根
海の京都宮津
青葉山松尾寺
P140
海軍料理
松栄館
P141
青葉山
P138
うみんぴあ大飯
シーサイド高浜 P141
舞鶴港
とれとれセンター
名田庄
若狭おばま
長老ヶ岳 P71
百里ヶ岳
P68
美山ふれあい広場 P73
丹波マーケス
P73
スプリングスひよし
草山温泉
やまもり
P151
瑞穂の里さらびき
多紀アルプス
P149
京丹波
味夢の里
ウッディ京北
京都新光悦村
新日本海フェリー（舞鶴〜小樽）
舞鶴西
舞鶴東
舞鶴大江
宮津天橋立
与謝天橋立
福知山
綾部
綾部JCT
綾部安国寺
京丹波わち
京丹波みずほ
丹波
園部
春日
大飯高浜
小浜西
小浜
西紀SA
丹南篠山口ICへ
能勢へ
亀岡へ
高雄へ
豊岡へ
丹波へ
京都縦貫自動車道
舞鶴若狭自動車道
北近畿豊岡自動車道
JR小浜線
JR舞鶴線
JR山陰本線
周山街道
丹後街道
経ヶ岬
犬ヶ岬
成生岬
博奕岬
鋸崎
松ヶ崎
蘇洞門
小島
大島
毛島
磯葛島
御神島
太鼓山
森林公園スイス村
丹後天橋立大江山国定公園
若狭湾国定公園
京都丹波高原国定公園
鼓ヶ岳
五老岳
弥仙山
頭巾山
三国岳
烏ヶ岳
醍醐寺
栈敷ヶ岳
鞍馬山
鞍馬寺
くらま
小金ヶ嶽
常照皇寺
六人部PA
由良川PA
綾部PA
舞鶴PA
京丹波PA
加斗PA

白山 P18・白山室堂 P21・白峰温泉総湯 P21
荒島岳 P22・六呂師高原トロン温浴施設うらら館 P25
国道305号へ
鯖江ICへ
勝山へ
三国へ
越前
越前町
越前市
武生
池田町
千飯崎
真名川ダム
部子山
1464
道の駅九頭竜
P25
笹生川ダム
大野市
新日本海フェリー（敦賀〜苫小牧）
新日本海フェリー（敦賀〜新潟〜秋田〜苫小牧）
矢良巣岳
473
JR北陸本線
南条スマート
南条SA
河野
今庄
敦賀街道
いまじょう
南越前町
金草岳
1227
冠山
1257
冠山林道
能郷白山
（権現山）
1617
岐阜へ
本巣市
立石岬
門ヶ崎
敦賀湾
福井県
杉津PA
北陸自動車道
栃ノ木峠
敦賀半島
敦賀港
三周ヶ岳
1292
気比神宮
北国街道
つるが
敦賀
敦賀JCT
若狭三方
若狭高浜
三方五湖レインボーライン
JR小浜線
刀根PA
滋賀県
岐阜県
横山岳
P29
梅丈岳
野坂岳
913
舞鶴若狭自動車道
美浜町
P26
敦賀南スマート
敦賀市
夜叉ヶ池の里
さかうち
星のふる里
ふじはし
みかた
三方五湖スマート
金糞岳
1317
三国山
876
赤坂山
824
P56
賤ヶ岳SA
揖斐川町
塩津街道
あぢかまの里
木之本
きのもと
追坂峠 P58
揖斐峡
揖斐関ヶ原養老国定公園
北近江リゾート北近江の湯 P31
若狭上中
三重嶽
974
マキノ高原温泉
さらさ P58
まきの
小谷山 P32
須賀谷温泉 P34
小谷城戦国歴史資料館 P34
長浜市
米原市
大崎観音
湖北みずどりステーション
P31
池田山
924
池田町
伊吹山
P38
1377
伊吹山
ドライブウェイ P39
若いぶき P40
垂井町
竹生島
宝厳寺
小谷城スマート
長浜
薬草の里文化センター
ジョイいぶき
養老SAスマート
JR東海道本線
おうみいまづ
若狭街道
高島市
浅井三姉妹の郷
しんあさひ風車村
長浜太閤
ながはま
P40 伊吹の里
旬彩の森
関ヶ原古戦場
神田PA
関ヶ原
近江母の郷
阿弥陀山
453
琵
くつき温泉
てんくう P70
しんあさひ
あどがわ
米原
醒井水の宿駅 P37
関ヶ原町
蛇谷ヶ峰
藤樹の里あどがわ
まいばら
伊吹PA
地蔵川の梅花藻 P37
養老SA
多景島
米原JCT
養老町
おうみたかしま
彦根城
霊仙山 P35
1084
養老の滝
武奈ヶ岳 P60
1214
琶
彦根市
ひこね
大垣市
養老山
859
天然温泉
比良とぴあ
P62
彦根
せせらぎの里こうら
JR湖西線
たかみや
多賀SA
三重県
びわ湖バレイ
ロープウェイ
P66
湖
豊郷町
阿下喜温泉あじさいの里 P45
沖島
甲良町
甲良PA
妹子の郷
西明寺
藤原岳自然博物館 P44
御池岳 P46
1247
びわ湖大橋米プラザ P67
多賀町
いなべ市
湖東三山スマート
琵琶湖国定公園
愛荘町
湖西道路
湖東三山PA
金剛輪寺
藤原岳
1140
P42
三岐鉄道
琵琶湖
鶴翼山
安土城跡
繖山
433
琵琶湖大橋
野洲市
近江八幡市
東海道新幹線
湖東三山
竜ヶ岳
1099
守山市
おうみはちまん
百済寺
あいとうマーガレット
ステーション
P48
東近江市
名神高速道路
大津ICへ
竜王ICへ
栗東ICへ
八日市ICへ
1:450,000
0
5km

兵庫県
京都府
大阪府
大阪湾
和歌山県
大阪市
京都市
神戸市

近江八幡市
野洲市
守山市
大津市
草津市
栗東市
湖南市
竜王町
東近江市
日野町
甲賀市
亀山市
鈴鹿市
いなべ市
菰野町
四日市市
滋賀県
三重県
奈良県
伊賀市
名張市
津市
松阪市
宇陀市
曽爾村
御杖村
東吉野村
川上村
大台町
大紀町
多気町
度会町
和束町
南山城村
笠置町
山添村
桜井市
吉野町
宇治田原町
多賀町
八日市
蒲生スマート
竜王
栗東
栗東湖南
瀬田西
瀬田東
草津田上
信楽
甲南
甲賀土山
亀山
伊勢関
芸濃
津
久居
一志嬉野
松阪
勢和多気
大宮大台
鈴鹿
鈴鹿スマート
菰野
名神高速道路
新名神高速道路
東名阪自動車道
伊勢自動車道
紀勢自動車道
あいとうマーガレットステーション P48
竜王かがみの里
アグリパーク竜王
奥永源寺渓流の里
御在所岳 P52
御在所ロープウェイ P54
湯の山温泉 P55
菰野 P55
スパリゾート雄琴あがりゃんせ P67
びわ湖大橋米プラザ P67
アグリの郷栗東
金勝アルプス P49
こんぜの里りっとう P51
あいの土山
関宿
あやま
いが
津かわげ
お茶の京都みなみやましろ村
針T・R・S
宇陀路室生
赤目四十八滝
俱留尊山 P80
曽爾高原ファームガーデン
曽爾高原温泉お亀の湯 P83
住塚山 P83
大洞山 P84
みつえ温泉姫石の湯 P89
伊勢本街道御杖
三峰山 P87
美杉
茶倉駅
奥伊勢おおだい
飯高駅
奥伊勢木つつ木館
宇陀路大宇陀
杉の湯川上
吉野熊野国立公園
室生赤目青山国定公園
大和青垣国定公園
鈴鹿国定公園
琵琶湖国定公園
青山高原
香落渓
信楽焼
1:450,000
0
5km

大阪府
とっとパーク小島
瀬戸内海国立公園
地ノ島
友ヶ島
田倉崎
岬町
阪南市
泉南市
泉佐野市
貝塚市
河内長野市
橋本市
泉南
阪南
阪和自動車道
泉佐野JCT
和泉葛城山
三国山
かつらぎ温泉八風の湯 P121
紀の川万葉の里 P121
紀北かつらぎ
高野口
JR和歌山線
南海高野線
橋本
橋本東
五條西
五條
河内長野へ
御所へ
根来さくらの里
みさき
和歌山JCT
紀ノ川SA
岩出根来
風吹峠
根来寺
紀の川
粉河寺
京奈和自動車道
紀ノ川東
かつらぎ西
かつらぎ町
柿の郷くどやま
九度山町
橋本市飛地
岩出市
ねごろ歴史の丘
JR阪和線
南海加太線
紀ノ川
南海フェリー（和歌山〜徳島）
和歌山
和歌山南スマート
和歌山市
わかやま電鉄貴志川線
和歌山下津港
紀三井寺
和歌浦湾
青洲の里
紀の川市
丹生都比売神社
金剛峯寺 P120
高野山
高野三山 P118
高野町
紀美野町
海南市
海南
海南東
下津
青石鼻
地ノ島
沖ノ島
有田市
有田川
宮崎ノ鼻
生石ヶ峰
あらぎの里
二川ダム
しみず
野迫川村
高野竜神国定公園
伯母子岳
護摩壇山 P115
田辺龍神ごまさんスカイタワー P116
城ヶ森山
明恵ふるさと館
有田川町
吉備
吉備南
吉備湯浅PA
湯浅
湯浅町
広川町
広川
白崎海洋公園
しらまの里
白馬山
日高川町
湯浅御坊道路
JR紀勢本線
由良町
広川南
中津温泉あやめの湯鳴滝
龍神
牛廻山
川辺
SanPin中津
矢筈岳 P126
椿山ダム
日高町
道成寺
和佐山
丹生ヤマセミ温泉館 P12
冷水山 P122
紀伊水道
御坊
御坊南
美浜町
日ノ御埼
真妻山
水の郷日高川龍游 P125
笠塔山
千丈山
田辺市
日高川
御坊市
印南町
印南
紀州備長炭記念公園
笠塔峰
熊野街道(中辺路)
熊野古道中辺路
印南SA
切目崎
みなべうめ振興館
みなべ町
みなべ
和歌山県
高尾山 P132
吉野熊野国立公園
ふるさとセンター大塔
富里温泉乙女の湯 P1
南紀田辺
弁慶のさと湯 P134
百間山 P129
法師山
田辺湾
上富田
上富田町
白浜
瀬戸崎
南紀白浜空港
くちくまの
南紀白浜
白浜町
富田川
紀勢自動車道
オーシャン東九フェリー（東京〜徳島〜新門司）
椿はなの湯
椿
市江崎
熊野街道
すさみ町
志原海岸
日置川
すさみ
すさみ南
串本町
串本へ

松原へ
蔵王堂
吉野山
明日香へ
東吉野村
松阪市
美杉へ
たきはら
紀勢自動車道
松阪へ
下市町
金峯神社
青根ヶ峰
杉の湯川上 P97
池木屋山
吉野路黒滝 P101
黒滝村
川上村
大台町
三重県
大紀町
大天井ヶ岳
入之波温泉
元湯山鳩湯 P97
桧原
おおうちやま
紀勢大内山
五條市
洞川温泉センター
P104
稲村ヶ岳 P102
伯母ヶ峰
仙千代ヶ峰
紀伊長島マンボウ
荷坂峠
錦峠
志摩へ
天川村
天の川温泉
センター P101
吉野路大塔
大普賢岳
P94
大杉谷
大台ヶ原
ドライブウェイ
紀伊長島
大台ヶ原ビジターセンター P92
なぎさまち
大台ヶ原
大台ヶ原 P90
紀北町
天河大辨財天社奥宮 P100
八経ヶ岳 P98
紀北PA
赤野島
東熊野街道
上北山村
吉野路上北山 P93
仏生嶽
鈴島
大島
JR紀勢本線
釈迦ヶ岳
河合
海山
あいが
奈良県
島勝浦
引本浦
吉野熊野国立公園
尾鷲北
海山
おわせ
沢崎
下北山村
尾鷲市
矢ノ浜
桃頭島
十津川村
高峰山
熊野街道
尾鷲南
九木崎
池原
矢ノ川峠
三木里
十津川郷
寺垣内
熊野きのくに
矢ノ川トンネル
平瀬
桃崎
熊野尾鷲道路
笠捨山
十津川
賀田
おくとろ
北山村
小阪
瀞峡
熊野新鹿
新鹿
奥瀞道路
折立
玉置山
熊野市
神上
熊野大泊
二津野ダム
北山峡
くまのし
新宮市飛地
瀞八丁
長尾
瀞峡
奥熊野古道
ほんぐう
竹筒
板屋
有馬
熊野・花の窟
神ノ木
太平洋
上野
御浜町
熊野・板屋九郎兵衛の里
熊野本宮大社
宮井
音川
こうしやま
楊枝薬師
瀞峡街道熊野川
請川
日足
子ノ泊山
和気
阿田和
パーク七里御浜
大里
紀宝町
紀宝町ウミガメ公園
井田
上長井
成川
新宮市
熊野速玉大社
熊野川
高田
しんぐう
大雲取山
新宮南
1:450,000
0
5km
那智山
那智大滝
三輪崎
すさみ町
獄ノ森山
P135
川口
虫喰岩
青岸渡寺
宇久井
紀勢自動車道
南紀田辺IC へ
熊野那智大社
JR紀勢本線
田原
なち
那智山スカイライン
駒ヶ崎
すさみ南
串本町
一枚岩 P137
那智勝浦
きいてんま
きいかつうら
勝浦
那智勝浦町
湯川
勝浦温泉
ぐしもと橋杭岩
くしもと
すさみ
出合
瀧之拝太郎
南大居
太地町
紀伊大島
熊野灘
下里
燈明崎
高芝
天満
潮岬
たいじ
浦神
川口
虫喰岩
串本へ
田原

1:450,000
0
5km
N
日本海
京都府
鳥取県
宮津市
京丹後市
与謝野町
福知山市
豊岡市
香美町
朝来市
養父市
新温泉町
岩美町
若桜町
八頭町
智頭町
鳥取市
丹後半島
てんきてんき丹後
丹後王国「食のみやこ」
くみはまSANKAIKAN
日本の鬼の交流博物館 P145
大江山 P142
シルクのまちかや
福知山温泉養老の湯 P145
農匠の郷やくの
但馬のまほろば
朝来山 P161
あさご
竹田城跡(古城山) P163
和田山
八鹿氷ノ山
やぶ
合格の湯 天然温泉 まんどの湯 P171
ようか但馬蔵 P171
村岡ファームガーデン P174
湯村温泉リフレッシュパークゆむら P174
神鍋高原
日高神鍋高原
山陰海岸ジオパーク
山陰海岸国立公園
城崎温泉
マリンワールド
玄武洞
あまるべ
あゆの里矢田川
ハチ北
氷ノ山 P168
扇ノ山 P172
氷ノ山後山那岐山国定公園
はっとう
若桜
清流茶屋かわはら
きなんせ岩美
鳥取豊岡宮津自動車道
北近畿豊岡自動車道
京都縦貫自動車道
舞鶴若狭自動車道
鳥取自動車道
JR山陰本線
JR因美線
若桜鉄道
京都丹後鉄道
舞鶴市

岡山県
兵庫県
←那岐山麓山の駅 P177
奈義町
大山 P178・
蒜山大山
スカイラインP181・
大山温泉ロイヤルホテル大山 P181
美作市
←湯郷温泉
湯郷鷺温泉館 P177
宿場町ひらふく
佐用町
宍粟市
雪彦山
P155
雪彦温泉
P157
七種山 P158
福崎町
市川町
神河町
多可町
西脇市
丹波篠山市
白髪岳
P152
向山連山
P146
こんだ薬師温泉
ぬくもりの郷
P154
三田市
加東市
加西市
小野市
三木市
神戸市
姫路市
たつの市
相生市
上郡町
太子町
加古川市
稲美町
高砂市
播磨町
明石市
赤穂市
和気町
備前市
瀬戸内市
←和気アルプス P164・
和気鵜飼谷温泉 P167・
日生漁港(日生のカキオコ) P167
中国自動車道
山陽自動車道
鳥取自動車道
播但連絡道路
播磨自動車道
神戸淡路鳴門自動車道
第二神明道路
瀬戸内海国立公園
小豆島フェリー
(姫路〜小豆島)
高速いえしま(姫路〜家島)
高福ライナー(姫路〜家島)
坊勢輝汽船
(姫路〜坊勢島)
播磨灘
瀬戸内海
家島諸島
明石海峡大橋
明石海峡
黒井山グリーンパーク
あいおい白龍城
剣山 P182・道の駅貞光ゆうゆう館 P184・剣山木綿麻温泉 P184・
石鎚山 P185・道の駅小松オアシスP187・石鎚山温泉京屋旅館P187

01

石川県・岐阜県

［標高］2,702m

雲海を見下ろす日本屈指の花の名山へ

白山（はくさん）

北陸自動車道

眺め

花

紅葉

道の駅

温泉

▼白山最高峰・御前峰から望む剣ヶ峰（右）と大汝峰。その中間に翠ヶ池がたたずむ

アクセス情報 ……… 往復 10,680円

吹田IC	213km	福井北IC	45km	白峰交差点	19km	別当出合	白山
	名神高速・北陸道		R158（中部縦貫道）・R416・市道・県道112号・R157		県道33号		
	5340円		0円		0円		

登山口NAVI　緯度：36°07'25／経度：136°44'19

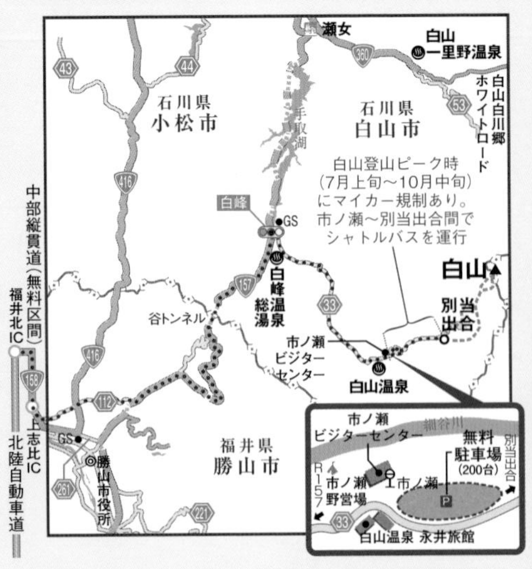

名神高速吹田ICから米原JCTを経て北陸道福井北ICまで約213km（約2時間30分）。R158（中部縦貫道）に入り、上志比ICからR416へ。勝山市堀名交差点を直進し市道を経て県道112号へ。約7km先でR157に合流し、白山市方面へ北上。福井・石川県境の谷トンネルを抜けて白山市に入り、白峰交差点を右折して県道33号で市ノ瀬または別当出合へ向かう。

P駐車場情報

別当出合の少し手前に、200台が収容できる無料駐車場がある。

欄外情報 7月上旬～ 10月中旬の期間、市ノ瀬～別当出合間（約6km）でマイカー規制がある。市ノ瀬に700台収容の無料駐車場があり、シャトルバス（有料、市ノ瀬始発5時・別当出合最終17時）を利用する。

山のプロフィール 富士山、立山と並び日本三名山の一つとされた白山は、琵琶湖北部の山々からもよく見え、関西の登山者にもなじみ深い。夏の山稜には、クロユリやハクサンコザクラなど、多くの花々が咲き、訪れるものを魅了する。

石川県と岐阜県の県境にそびえる白山は、最高峰の御前峰が標高2700mを超える高山だ。雪に閉ざされている期間が長く、登山時期は初夏から10月中旬ごろまでと短いが、その間は新緑、高山植物のお花畑、紅葉と、大自然の魅力がたっぷりと味わえる。

健脚なら関西から前夜発で日帰りも可能だが、一般には室堂の山小屋か南竜ヶ馬場の山小屋または幕営地に1泊し、頂上部をめぐるプランとなる。登山口となる別当出合に駐車場があるがベストシーズンは交通規制があるため、手前のビジターセンターがある市ノ瀬に駐車し、別当出合までシャトルバスを利用することになる。

❶**別当出合**から、吊橋を渡って砂防新道と名づけられた登山道に取りつく。樹林帯の尾根道を折り返しながら高度を上げて、林道と交差するあたりで❷**中飯場**の休憩所がある。ここはまだまだ登りはじめで、樹林帯を抜け出すとようやく甚之助避難小屋に着く。見晴らしは抜群で、南には別山が大きな姿で構えている。

▲御前峰への登路からの室堂と弥陀ヶ原。背後は別山

▲台地になった弥陀ヶ原を歩く

▲分岐になった黒ボコ岩

ここから草地の斜面を黒ボコ岩まで、一気に高度を上げる。❸**南竜分岐**の先にある延命水でのどを潤すとよいだろう。❹**黒ボコ岩**まで来ると、宿泊地の室堂まではあとひと息。広々と台地状になった弥陀ヶ原を歩き、五葉坂を登ると多くの登山者でにぎわう❺**室堂**だ。

2日目は、室堂を暗いうちに発ち、❻**御前峰**で北アルプスから昇る御来光を楽しみたい。白山

レベル	中級者向け
歩行時間	1日目：4時間30分 2日目：5時間30分
歩行距離	14.3km
参考地図	加賀市ノ瀬／白山

問合せ

白山観光協会 ☎076-273-1001
石川県庁自然環境課自然公園・鳥獣グループ ☎076-225-1477
白山自然保護センター ☎076-255-5321

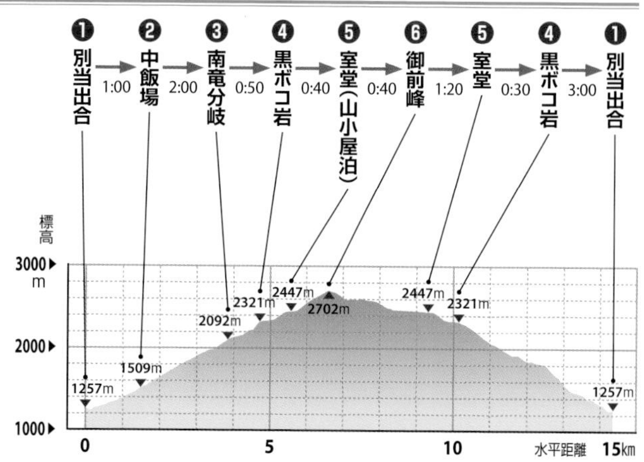

神社拝殿横の鳥居から、石畳の道をたどっていけば頂上に導かれる。その頂上には白山比咩神を祀る神社が建つ。ちなみに白山の開山は養老年間（8世紀）の僧・泰澄による。白山比咩の本地仏は、十一面観音とされ、白山から湖北にかけて十一面観音の見事な彫像が多いのはそのためだとも言われる。

▲観光新道・馬のたてがみ付近のお花畑。イブキトラノオをはじめさまざまな花が咲く

さて、御前峰から室堂に戻るには往路ではなく、お池めぐりコースと呼ばれる道をたどろう。そのまま北に進路をとり、残雪の残る翠ヶ池へと下って、まさに百花繚乱のお花畑の中をたどっていくコースだ。❺**室堂**から❹**黒ボコ岩**まで下り、下山路に観光新道を選ぶ。上部と同様に、やはりおおむね草原の尾根道だが、高度を下げるので見られる花も山上とは異なり、ひと味違ったお花畑が楽しめる。特に馬のたてがみと呼ばれるあたりが見応えがある。左手には終始、別山が見えている。

殿ヶ池避難小屋まで来るとひと息つけるが、先はまだ長い。展望の開けた尾根道を下り続けて、白山禅定道と別当坂の分岐で尾根を外れ、左へ。どんどん高度を下げ、ゴールの❶**別当出合**の気配を終始感じるが、意外と距離があるので気を抜かずに下っていこう。

▲起・終点となる別当出合

▲白山の名がついたハクサンコザクラ

▲クルマユリ（上）とクロユリ。山上お花畑にて

登山コースアドバイス

白山の山小屋・白山室堂に泊まる

往復で9時間以上かかる白山登山。日帰りはきつく、室堂か南竜ヶ馬場（南竜分岐から20分）で一泊するのが一般的。山小屋はすべて予約制なので、特に混雑期は早めに予約をしておきたい。室堂には完全個室制の雷鳥荘がある。テント利用の登山者は南竜ヶ馬場の幕営地を利用する。

▶白山室堂予約センター☎076-273-1001

※毎年4月1日9時からシーズンすべての受付を開始する。期間：5月1日～10月15日（食事付きは6月30日～）

周辺の立ち寄りスポット

温泉 **白峰温泉 総湯**

白山市白峰地区の中心にある立ち寄り入浴施設。外装は地元木材を活用して建てられたもの。山間の景色が楽しめる内風呂や、岩と桧の2種類の露天風呂（男女別で週ごとに入れ替わる）がある。白峰温泉の泉質は珍しいナトリウム炭酸水素塩泉。肌の汚れや古い角質を落とす効果があることから、「絹肌の湯」と称される。▶石川県白山市白峰ロ-9番地 ☎076-259-2839 営業＝12（土・日曜・祝日は10時）～21時、休み＝火曜（祝日の場合は翌日）・年末年始

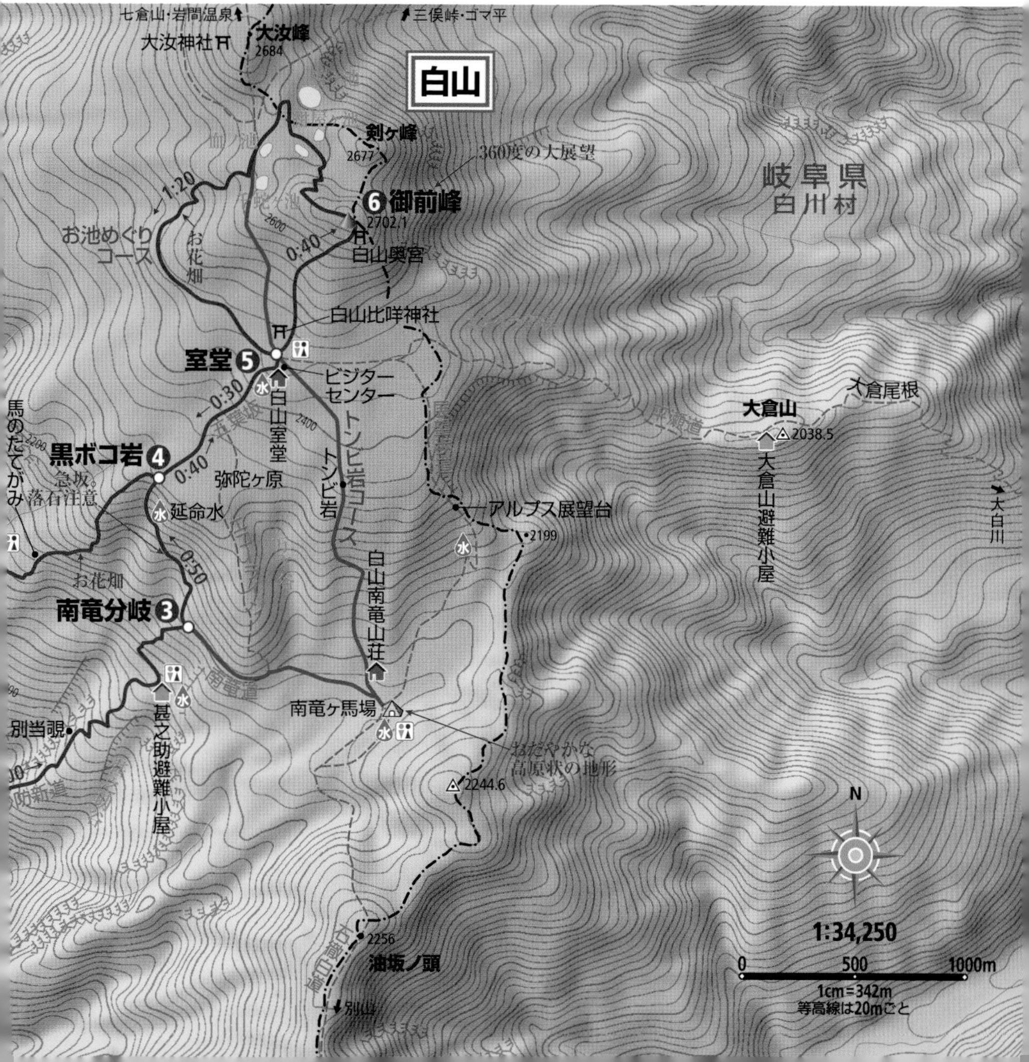

白山

02

福井県

[標高]

1,523m

深田久弥の『日本百名山』に選ばれた奥越の秀峰

荒島岳（あらしまだけ）

▼大野の平野から見上げる荒島岳の美しい姿

アクセス情報 ······ 往復 10,440円

吹田IC	207km 名神高速・北陸道	福井IC	30km R158	中休交差点	2.5km 県道171号・林道	中出コース駐車場	荒島岳
	5220円		0円		0円		

登山口NAVI　緯度：35°57'30 ／経度：136°33'31

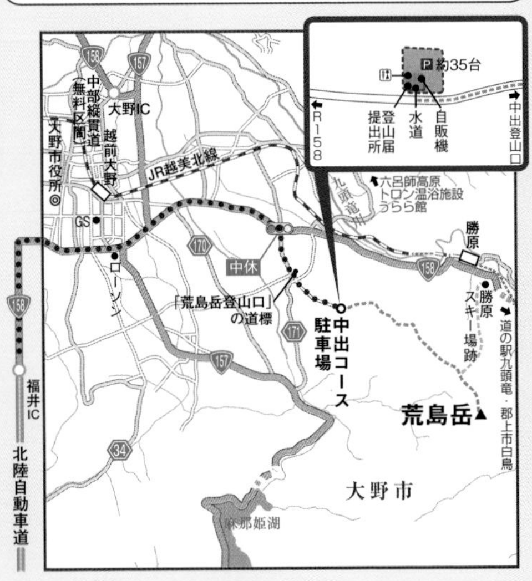

名神高速吹田ICから米原JCTを経て北陸道福井ICまで約207km（約2時間25分）。R158を岐阜県白鳥方面へ、大野市街地を経て約30km先の中休交差点を右折し県道171号へ入る。約1km先の「荒島岳登山口」の道標に従い左折し、やがて林道に入って5分ほど進むと中出コース駐車場に着く。

P駐車場情報

中出コース駐車場（無料）は約35台分の駐車スペースのほか、トイレや水道、自動販売機、登山届提出所などがある。

欄外情報　山開きとなる「芽吹祭」は例年5月の日曜に催される。山上にはハクサンフウロ、シモツケソウ、オタカラコウ、イブキトラノオなどが咲くお花畑がある。シャクナゲ開花期やブナの新緑・紅葉もおすすめ。

山のプロフィール

白山（P18）と同様に泰澄によって開山されたと伝えられており、頂上に荒島大権現を祀る信仰の山として崇められてきた。大野平野から見上げる美しい姿は大野富士と呼ばれて、地元の人びとに親しまれている。

荒島岳は大野平野の背後にそびえる秀峰で、手軽に中級山岳の充実感あふれた登山が楽しめる。頂上には一等三角点が設置され、日本百名山に選ばれていることもあって、全国から登山者が訪れる人気の山となっている。さらに市街地に近くて道路事情もよく、京阪神や東海地方などから日帰り登山も可能。春・秋の休日は多くの登山者が訪れる。登山コースは勝原、中出、佐開、新下山の4コースがあるが、深いブナ林に包まれた勝原コース、小荒島岳からの雄大な眺望が魅力の中出コースの2コースがよく登られている。ここでは『日本百名山』の著者・深田久弥も登った中出からの登山道を紹介するが、両登山口は比較的近いので、2台以上の車で下山口に1台停めておいて中出、勝原両コースを周回すれば、さらに楽しい登山となることだろう。

❶**中出コース駐車場**に車を停めたら、林道を東に進む。数分で右手に慈水観音を祀った湧き水の「みずごう」がある。この先が林道の分かれる❷**中出登山口**だ。中出コース登山口の標柱に従い左の林道を登って行くと細い登山道となり、ヘアピンカーブを切って登っている林道を数度横切って上がって行く。暗いスギの植林と自然林の混じる斜面から、いったん尾根に出てしばらく登ると山腹道となる。鬼谷林道を右に見るところを過ぎるとブナ林の尾根の急な登りとなるが、このあたりのブナは勝原コースのような巨木はない。やがて小荒島岳へ続く主尾根に出て少し進むと山腹道となり小荒島岳頂上への道との分岐に出合う。左に❸**小荒島岳**頂上に登ると目の前に高く

▲シャクナゲ平で登山道が合流

▲眺望が開けた爽快な道を行く

▲頂上からは360度の雄大な展望が望める

レベル	中級者 向け
歩行時間	6時間10分
歩行距離	11.6km
参考地図	荒島岳

問合せ

大野市役所 ☎0779-66-1111
大野市観光協会 ☎0779-65-5521

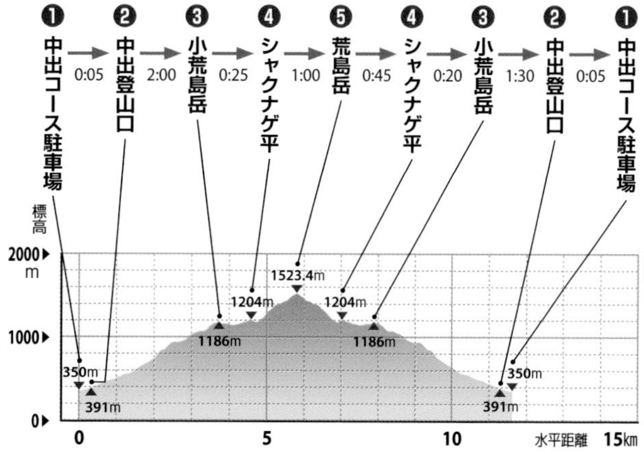

荒島岳が見え、九頭竜川の向こうに白山連峰が連なるすばらしい眺望が開ける。ゆっくりと休憩したくなるところだが、荒島岳頂上へはまだ「もちが壁」の急登が待っているので先を急ごう。

分岐に戻り樹林の中を進むと勝原コースと合流する❹**シャクナゲ平**に着く。ここから少し下った地点に右から佐開コースが登ってきており、広場になったシャクナゲ平は3コースの登山者が行き交うよい休憩ポイントとなっている。佐開コース分岐を過ぎるとやがてもちが壁の急登が続くようになるが、階段状に整備されており所々にクサリやハシゴが付けてある。急登を終えるとやがてササ原や灌木の台地状となり、前方に荒島岳の頂上を望むようになる。眺望が開けた高度感のある開けた道が続いて、最後の登りにかかる鞍部付近には春遅くまで雪が残っており、ササの中の道にはカタクリの花が見られる。❺**荒島岳**頂上には荒島大権現を祀る奥ノ院がある。広々とした頂上からは白山、奥越、御岳、奥美濃など、波頭のごとく連なる山々が広がり、天気がよければいつまでもゆっくりと眺めていたくなる360度の大展望が開けている。

頂上からの眺望を満喫したら帰路は往路を引き返して❶**中出コース駐車場**に戻るが、勝原へ下山する場合は、シャクナゲ平で右へと下る。勝原コースもよく整備された道が、国道158号沿いの勝原スキー場跡まで続いている。

登山コースアドバイス

勝原スキー場跡からの勝原コース

2010年に閉鎖した荒島岳北麓の勝原スキー場跡から登る人気コースで、シャクナゲ平で中出コースと合流する。登山道はよく整備されており、急な斜面にはクサリやロープが設けられている。旧リフト最高所からブナ林に入り、トトロの木、ブナコブの木と呼ばれる樹齢200～300年の老木も見られる。急登が続き展望はあまりないが、新緑や紅葉のころはすばらしい景観となる。スキー場跡からシャクナゲ平間は上り2時間20分、下り1時間40分ほどだ。

▲頂上にある荒島大権現が祀られた祠

周辺の立ち寄りスポットをCHECK!!

道の駅　九頭竜

九頭竜湖から５ｋｍほど下流にあり、ＪＲ九頭竜湖駅と生産物直売所を併設。春から秋の期間はテラノザウルス恐竜モニュメントが目印だ。人気の舞茸弁当や惣菜・お餅などコンビニ弁当とはチョット違った味付けにリピーターも多い。ふれあい会館では荒島岳登山バッジも販売。▶福井県大野市朝日26-30-1　☎0779-78-2300　営業＝８時30分～17時（生産物直売所と食事施設は季節により変更あり）　休み＝無休（生産物直売所は冬季休。弁当類はふれあい会館にて販売）

温泉　六呂師高原トロン温泉施設うらら館

大野市街北東の六呂師高原にある日帰り温泉。トロン鉱石を浴槽に使うことで天然トロン温泉に近い湯質を実現したトロン温浴施設が自慢だ。湯船はほかに岩を配した欧風の露天風呂や横になって浸かる寝風呂もあり、晴天の夜ならば満点の星空を満喫できる。低温で体への負担が少ないトロンサウナも。
▶福井県大野市南六呂師169-136　☎0779-67-7007　営業＝10～21時、休み＝月曜（祝日の場合は翌日）

西勝原
大野市街
勝原スキー場跡
158
勝原登山口
道の駅九頭竜
623
523
642
666
登り2時間20分、下り1時間45分
福井県
大野市
667
707
1040.2
勝原コース
2:00
1:30
中出コース
824
林道を横断する
ヤセ尾根
ブナの原生林
林道から登山道へ入る
鬼谷林道
絶好のビューポイント
❸小荒島岳
1186
急な登りと巻道が続く
1015 白山ベンチ
小荒島岳分岐
0:25
0:20
757
広葉樹林の中を歩く
1011
1204
❹シャクナゲ平
929
クサリ・ハシゴ場
フィッシングランド荒島
佐開コース
もちが壁
佐開登山口
1:00
0:45
856
展望が開ける
前荒島
荒島岳
442
360度の大展望
❺荒島岳
1523.4
荒島大権現奥ノ院
1254

03
福井県
［標高］
913m

敦賀富士の名で市民に愛される野坂山地の名峰

野坂岳（のさかだけ）

北陸自動車道

▼北東からの野坂岳。右から一ノ岳、二ノ岳、三ノ岳、頂上へ連なっている

アクセス情報 ・・・・・・ 往復 8,420円

区間	距離	経路	料金
吹田IC → 敦賀IC	156km	名神高速・北陸道	4210円
敦賀IC → 西野神交差点	4km	R8・R27	0円
西野神交差点 → 野坂いこいの森	5km	県道225号・県道143号・市道・林道	0円
野坂いこいの森 → 野坂岳			

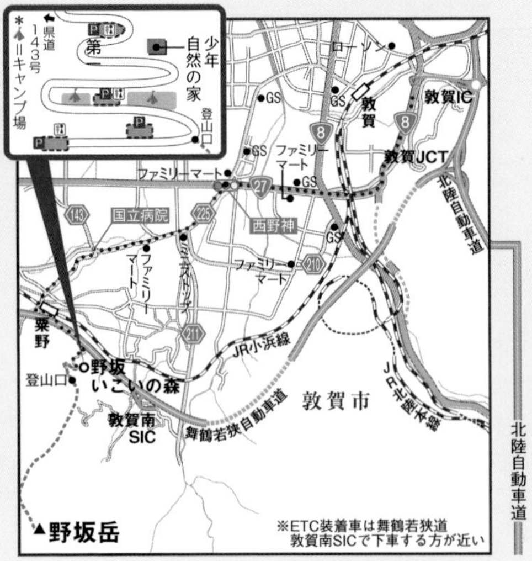

名神高速吹田ICから米原JCTを経て北陸道敦賀ICまで約156km（約1時間40分）。R8・27を美浜町方面へ向かい西野神交差点を左折し、県道225号を3kmほど進んだ国立病院交差点を左折して県道143号をJR粟野駅へ向かう。JR粟野駅手前で市道に入り、JR小浜線の高架をくぐり野坂いこいの森を目指す。

P駐車場情報

野坂いこいの森に第一駐車場があるほか、登山口周辺に3ヵ所駐車場があり、計40台ほどが駐車可能でいずれも料金は無料。

登山口NAVI　緯度：35°36'31 ／経度：136°01'48

※ETC装着車は舞鶴若狭道敦賀南SICで下車する方が近い

眺め
花
紅葉
道の駅
温泉

欄外情報　野坂岳とそのすぐ東側にある岩籠（いわごもり）山、敦賀半島に裾野を広げる西方ヶ岳・蠑螺（さざえ）ヶ岳を総じて敦賀三山と呼ばれている。どの山も敦賀湾の展望に優れ、山中にブナ林が広がる、魅力的な山である。

山のプロフィール

敦賀市街地の南西にどっしりと構える。北麓からは秀麗な富士形の山容を見せてくれるこの山は、敦賀市のシンボルでもあり古くから市民に愛されてきた。頂上部には野坂権現が安置され、信仰の山としての歴史も伺える。

野坂岳の北麓にある❶**野坂いこいの森**の駐車場に車を停めたら、コースのイラスト案内図のある登山口から入山する。褐色に舗装された遊歩道は道幅が広く歩きやすいが、最初からけっこうな急登を強いられる。やがて沢音が聞こえはじめ、沢沿いの小道を歩くようになる。駐車場から40分ほどで❷**トチノキ地蔵**に到着する。かわいい石仏の傍らには「敦賀の名水」に選定される水場があるので、ここでひと息つくとよいだろう。

道は雑木林の中、緩急を付けながらジグザグに折り返して高度を上げていく。途中敦賀市街や敦賀湾方面の展望地を経て、やがて行者岩への分岐に出る。時間があれば右手の行者岩を往復してこよう。再び登山道に戻り、尾根道をさらに登るとやがてベンチや小祠の置かれた❸**一ノ岳**に着く。道の前方が開けると手前に二ノ岳、その奥に三ノ岳のピークが見え、緩やかな稜線歩きとなる。再び木々の中へ入り、アップダウンをくり返し進む。周囲の木々はブナが多くなり、快適な稜線の道が続く。三ノ岳を過ぎ最後の急坂を登り切ると視界が開け、内部に権現社を祀る避難小屋の先で❹**野坂岳**頂上に飛び出す。一等三角点のある頂上は360度の大パノラマ。絶景を存分に満喫しよう。

▲トチノキ地蔵

▲トチノキ地蔵〜一ノ岳間にある敦賀湾を望む展望地

▲稜線は樹木が覆う平坦な道だ

下山は往路をたどり❶**野坂いこいの森**を目指す。登りでは背後にしていた展望を眺めながらの下りは、また違った趣の山歩きが楽しめる。

レベル	初級者向け
歩行時間	3時間40分
歩行距離	5.7km
参考地図	敦賀

問合せ

敦賀観光協会 ☎0770-22-8167
敦賀市役所 ☎0770-22-8128
少年自然の家・野坂いこいの森 ☎0770-24-0052

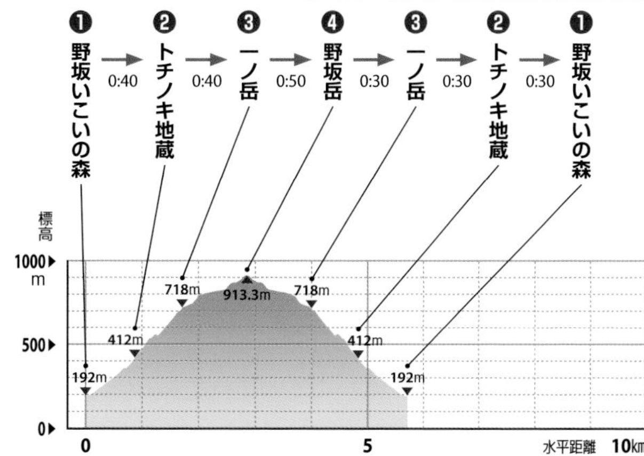

小浜
県道225号・敦賀市街
分岐に「少年自然の家」案内板
粟野駅
ふるさと夢街道
野坂
野坂岳トンネル
若狭美浜IC
舞鶴若狭自動車道
JR小浜線
第一駐車場
敦賀市立少年自然の家
野坂いこいの森
野鳥獣供養塔
1 野坂いこいの森
作業小屋
長谷
0:30
0:40
348.3
沢沿いの道
敦賀南SIC
トチノキ地蔵 2
眼下に敦賀市街一望
行者岩
746
0:30
0:40
福井県
敦賀市
一ノ岳 3
265.9
行者の袖地蔵
0:30
0:50
二ノ岳
ブナ林のプロムナード
三ノ岳
494
内部に権現社が祀られている
360度の大パノラマ
避難小屋
913.3
野坂岳
野坂岳 4
N
1:20,000
0
250
500m
1cm=200m
等高線は10mごと
美浜町

04

滋賀県

[標高] 1,132m

頂上から琵琶湖を望む、湖北にそびえる花の名山

横山岳（よこやまだけ）

▼遠望すると翼を広げた鳥のような双耳峰が美しい雪を頂いた横山岳

アクセス情報 …… 往復 7,480 円

吹田IC	133km 名神高速・北陸道	木之本IC	11km R8・R303	杉野集落	2km 網谷林道	白谷登山口	横山岳
	3740円		0円		0円		

名神高速吹田ICから米原JCTを経て北陸道木之本ICまで約133km（約1時間30分）。R8を長浜市方面へ向かい、約2km先の千田北交差点を右折してR303に入り高架を渡る。岐阜県揖斐川町方面へ北上し、約10km先でJAのあるY字路を直進し杉野集落を抜けた三差路を左折、網谷川沿いの舗装された網谷林道を直進し5分ほどで白谷登山口へ着く。

P駐車場情報

白谷登山口に2ヵ所無料駐車場があり、計50台が収容可能。トイレと登山届けBOXを設置。

登山口NAVI　緯度：35°34'52 ／経度：136°15'57

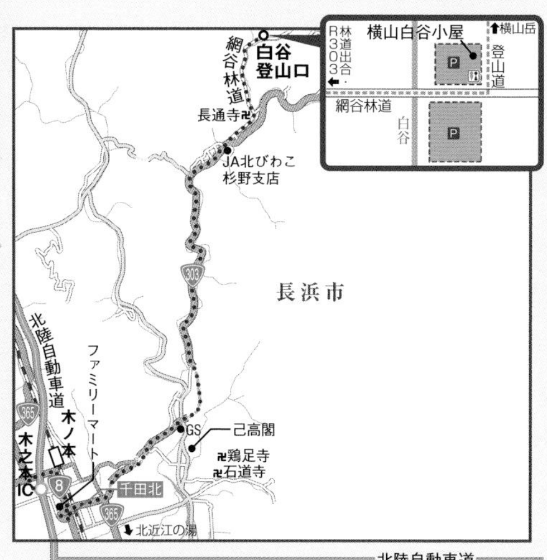

欄外情報　横山岳で見ることのできる花…イカリソウ、イチリンソウ、イワウチワ、カタクリ、チゴユリ、ニリンソウ、ハルリンドウ、ヒトリシズカ、ホウチャクソウ、ミヤマハコベ、ヤマシャクヤク、ヤマボウシなど

山のプロフィール

冬から春、湖北の奥にゆったりと裾を引いて雪を頂く優美な姿の横山岳は、遠い昔、白谷山中に横山神社を祀り水源の山として崇められた。奥深い山でありながら多くの登山コースがあり、花の山として人気を集めている。

琵琶湖の北に連なる山々の中で、横山岳は伊吹山、金糞岳と並ぶ雄峰で、公共交通機関では近づきにくいが、車利用なら網谷林道の白谷登山口まで入れて、ブナ林が包む奥山を手軽に楽しむことができる。白谷から三高尾根をめぐるコースは、豪快な滝を見上げ琵琶湖・余呉湖を眺めながら尾根を下る変化に富んだ人気のコースだ。ヤマシャクヤク、イチリンソウ、ニリンソウなど多くの花に迎えられ、ブナの淡い緑に包まれる春は、この山が最も美しく装う季節である。

❶**白谷登山口**をあとに、白谷沿いにしばらく登っていく。やがて広域林道に出て、左に進むとすぐに白谷に架かる❷**太鼓橋**がある。白谷に下りて少し登ると❸**経ヶ滝**に出合う。落差20mほどの躍動するように水が落ちる美しい滝で、これを横に見て左側の急斜面を登っていく。谷は次第に深くなり次に出合う❹**五銚子ノ滝**付近は、春はニリンソウなど多くの花が咲き、年によっては遅くまで雪が残る。ここも左の斜面から登ると、やがて流れから離れて頂上までひたすら急登が続くが、可憐な花々が苦しい登りを慰めてくれるだろう。急登が緩みブナ林に入るとすぐに❺**横山岳**[西峰] 頂上の広場に着くが、頂上からの眺めは樹木の生長で年々狭くなっている。

▲広い横山岳の頂上

▲切れ込んだ谷間に落ちる五銚子ノ滝

下りの三高尾根は木の間越しに琵琶湖を眺め、❻**鳥越**まで急な下りが続く。緩やかな峠から少し進んだところで左に延びるコエチ谷へと入る。ここも急な道なのでゆっくりと下ろう。やがて林道に下り立ち、30分ほど歩くと❼**網谷林道出合**に出る。これを左へ折れ、10分ほどで❶**白谷登山口**に戻る。

レベル	中級者向け
歩行時間	5時間40分
歩行距離	5.6km
参考地図	美濃川上

問合せ	
長浜観光協会	☎0749-65-6521
木之本観光案内所	☎0749-82-5135

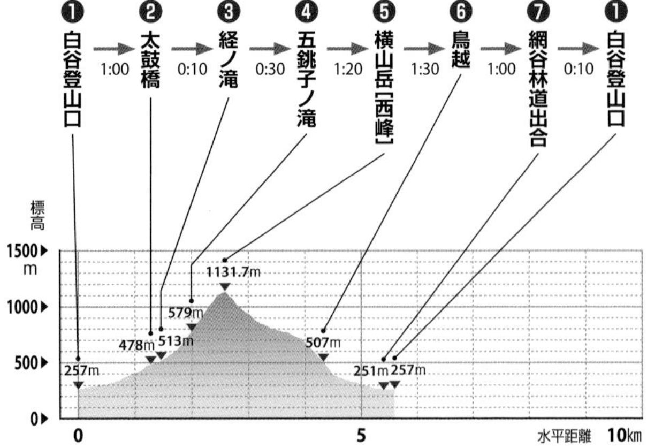

周辺の立ち寄りスポットをCHECK!!

道の駅 湖北みずどりステーション

琵琶湖岸「さざなみ街道」沿いにある道の駅。湖北水鳥公園内にあり、初冬のコハクチョウや国の天然記念物オオヒシクイなど四季折々にさまざまな水鳥が観察できる。和風レストラン水鳥では、うなぎのじゅんじゅん（すき焼風鍋）定食や湖北のお米の味が楽しめるおにぎり弁当など、湖魚を活かしたオリジナル料理が人気だ。▶滋賀県長浜市湖北町今西1731-1 ☎0749-79-8060 営業＝9～18時（レストランは～17時） 休み＝第2火曜（4月と8月は営業）・年末年始

温泉 北近江リゾート 北近江の湯

木之本ICに近いR8沿いにあるリゾート温泉施設。泉質はナトリウム－塩化物・炭酸水素塩泉。肌にやさしく、古い角質を取り除いて肌にじんわりと水分が吸収され、浴後は肌がスベスベに。ジャクジーやバイブラバス、露天風呂など充実した温泉設備が整い、山歩きの疲れを癒してくれる。
▶滋賀県長浜市高月町唐川89 ☎0749-85-8888 営業＝10時（平日は11時～）～20時30分 休み＝火曜（祝日は営業）

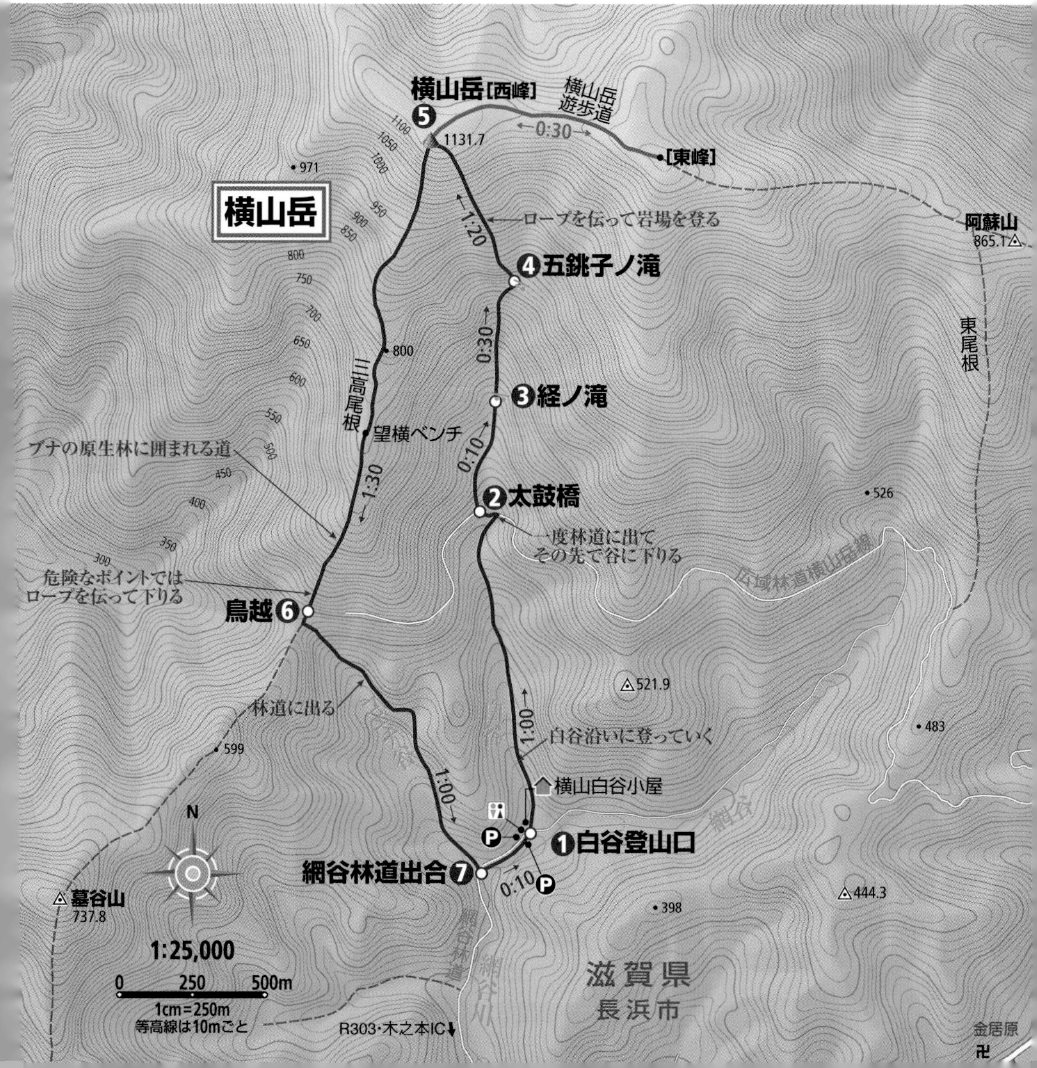

横山岳

5 横山岳[西峰] 1131.7
横山岳遊歩道
0:30
[東峰]
阿蘇山 865.1
1:20
ロープを伝って岩場を登る
4 五銚子ノ滝
0:30
3 経ノ滝
0:10
2 太鼓橋
一度林道に出てその先で谷に下りる
三高尾根
800
望横ベンチ
1:30
ブナの原生林に囲まれる道
危険なポイントではロープを伝って下りる
6 鳥越
林道に出る
1:00
白谷沿いに登っていく
1:00
横山白谷小屋
1 白谷登山口
7 網谷林道出合
0:10
広域林道横山岳線
東尾根
網谷
網谷林道
網谷川
971
526
521.9
483
599
398
444.3
墓谷山 737.8
滋賀県
長浜市
R303・木之本IC
金居原

1:25,000
0 250 500m
1cm＝250m
等高線は10mごと

05
滋賀県
[標高]
495m

歴史ロマン漂う戦国の名将・浅井家の居城跡

小谷山（おだにやま）

▼田園風景の広がる旧木之本町から見た小谷山は、なだらかな山容が美しい

アクセス情報 …… 往復 6,940 円

吹田IC	119km	長浜IC	7km	郡上南交差点	0.3km	浅井三代の里		小谷山
	名神高速・北陸道		県道37号・県道510号・県道265号		市道			
	3470円		0円		0円			

名神高速吹田ICから米原JCTを経て北陸道長浜ICまで約119km（約1時間20分）。県道37号を長浜市街地方面へ、すぐ先の山階町東交差点を右折して県道510号を北上する。途中、県道265号を経て郡上南交差点でR365を右折、すぐ先で左の道に入り、道なりに進む駐車場がある浅井三代の里だ。

Ⓟ駐車場情報

小谷山登山口そばの浅井三代の里に20台分の無料駐車場があるほか、小谷城戦国歴史資料館にも駐車場がある。

登山口NAVI 緯度：35°26'58 ／経度：136°16'21

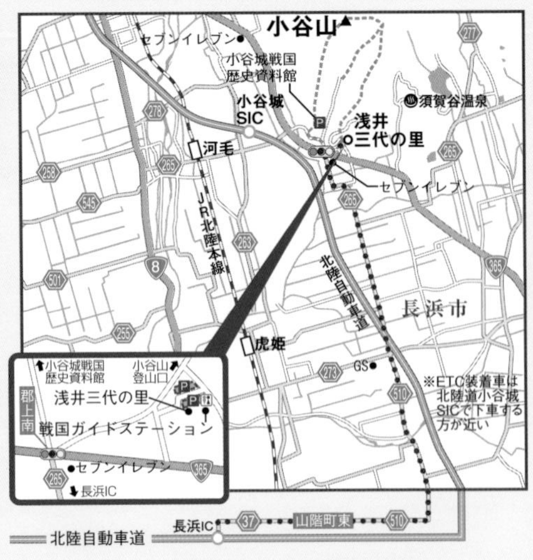

欄外情報 下山は、小谷山頂上から南西麓の郡上集落へ下る尾崎山コースを取るのもおすすめ。尾根伝いの道は途中、福寿丸跡や山崎丸跡があり、麓の尾崎神社まで快適な山歩きが楽しめる。所要時間は50分ほど。

山のプロフィール　標高495mの小谷山の南尾根筋に築かれた小谷城。日本五大山城の一つにあげられる浅井家の居城で、浅井長政とお市の方の悲劇の舞台としても知られる。山全体が城の遺構であり、歴史散策にもおすすめの山だ。

戦国時代に重要な役割を果たす中山道と北国街道が近い小谷山。戦国武将・浅井亮政がこの山に城を築いたのも、交通の要所である街道を押さえるためであったろう。国内屈指の規模を持つ中世城郭であったが、近江の拠点が長浜城に移ると廃城となる。今は城郭などの建物はなく、往時が偲ばれる遺構が残るのみである。

お市の方や浅井三姉妹などの歴史背景から人気のある場所だけに、山中をめぐる登山道はよく整備されている。南麓の❶**小谷山登山口**から中腹の番所跡までは車道が延びているが、ここは歩かず尾根筋の大手道に入る。しばらく急登が続き、傾斜が緩やかになると竹生島の浮かぶ琵琶湖が遠望できる望笙峠に出る。尾根道をさらに急登すると先ほどの車道が終点となる番所跡。これを横切り登山道を進み、御茶屋跡、馬洗池を見送るとやがて桜馬場跡の広場にたどり着く。先ほどの望笙峠より展望はさらに開け、穏やかな琵琶湖と湖北の平野が見下ろせる。余裕があれば、少し先の首据石から寄り道をして、信長軍に追われた浅井長政が自刃したとされる赤尾屋敷跡へ立ち寄ってみよう。

▲番所跡先の虎御前山展望所からの眺め

▲石碑などがある小谷山登山口

桜馬場跡から少し登るとお江が生まれた場所とされる大広間跡があり、その奥に石垣の残る❷**小谷城本丸跡**が続く。京極丸跡、小丸跡、山王丸跡を経て❸**六坊跡**を過ぎると、ほどなく清水谷と小谷山頂上への分岐に出合う。これを直進し急登。背後に本丸跡が見下ろせるようになると頂上はすぐそこだ。急な丸太階段を上りきり、❹**小谷山**[大嶽]頂上に飛び出る。石碑と案内板があるだけで、展望は余り期待できない。

帰路は再び❸**六坊跡**の分岐まで戻り、分岐を右に折れて清水谷を下る。2つの大きな尾根に挟まれた谷筋の道で、往路の尾根道とは異なり、うっ

レベル	初級者 向け
歩行時間	2時間50分
歩行距離	5.4km
参考地図	虎御前山

問合せ

長浜観光協会　☎0749-65-6521
小谷城戦国歴史資料館　☎0749-78-2320

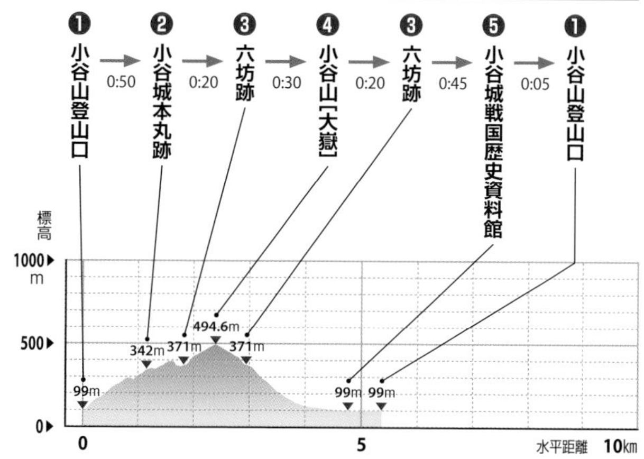

そうとした樹木に覆われている。急な下りが続き、土佐屋敷跡や三田村屋敷跡、ユーモラスな蛙岩を見送り、丸小岩を越えるとほどなく道は林道になる。御屋敷跡を過ぎると道は緩やかになり麓近くまで降りれば、**❺小谷城戦国歴史資料館**にたどり着く。施設前には駐車場あるので、ここを起点にするのもよい。国道へ出て左折すると、ほどなく**❶小谷山登山口**に戻ってくる。

▲小谷城本丸跡の石垣

登山コースアドバイス

小谷城戦国歴史資料館

第1展示室では「浅井氏三代」にスポットを当て、浅井長政と妻のお市の方をはじめ、2代目浅井久政らゆかりの人物の肖像画を展示。また第2展示室は「小谷城」をテーマに小谷城址保勝会所蔵の絵図や曲輪復元イラストなどが展示され、小谷城の詳細な構造を知ることができる。

▶滋賀県長浜市小谷郡上町139　☎0749-78-2320　入館有料　開館＝9～17時　休み＝火曜（祝日の場合は翌日）・年末年始

周辺の立ち寄りスポット

温泉　**須賀谷温泉**

小谷山の麓にひっそりと湧く秘湯で、浅井長政やお市の方、茶々、お江なども湯治に訪れたという。泉質は茶褐色のヒドロ炭酸鉄泉で、県下初の源泉かけ流し式を採用。戦国武将の傷を癒した効能は折り紙付き。ゆったりとした大浴場のほか、東屋風の露天風呂もある。

▶滋賀県長浜市須賀谷町36　☎0749-74-2235　営業＝11～21時（土・日曜・祝日・ゴールデンウィーク・年末年始は～15時）　休み＝無休

小谷山

滋賀県
長浜市
❹小谷山［大嶽］
494.6
0:20→
←0:30
急な階段
大嶽城跡
❸六坊跡
福寿丸跡
山王丸跡
398
小丸跡
京極丸跡
0:20
土佐屋敷跡
中の丸跡
三田村屋敷跡
蛙岩
❷小谷城本丸跡
首据石
桜馬場跡
黒金御門跡
赤尾屋敷跡
馬洗池御馬屋跡
尾崎山コースは下り50分
御屋敷跡
御茶屋跡
徳昌寺跡
番所跡
虎御前山の眺望
金吾丸跡
300
須賀谷
須賀谷温泉
車道
山崎丸跡
236
0:45
0:50
大手道
望笙峠
ベンチがあり西の麓や琵琶湖に浮かぶ竹生島が望める
尾崎神社
小谷城戦国歴史資料館❺
152
出丸跡
❶小谷山登山口
小谷寺
0:05
郡上南
セブンイレブン
浅井三代の里
北陸自動車道
小谷城SIC
小谷郡上町
小谷美濃山町
小谷丁野町
湖北町二俣
湖北町山脇
湖北町河毛
武生
木之本IC
長浜IC
長浜IC
池奥
西池
390
385
258
109
136
133
101.6
239
204
156
98.8
1:25,000
0　250　500m
1cm＝250m
等高線は10mごと

鈴鹿山脈北端に広がるカルスト地形の山へ

霊仙山（りょうぜんさん）

[標高] 1,094m

▼伊吹山から山上が台地となった霊仙山を望む

アクセス情報 …… 往復6,580円

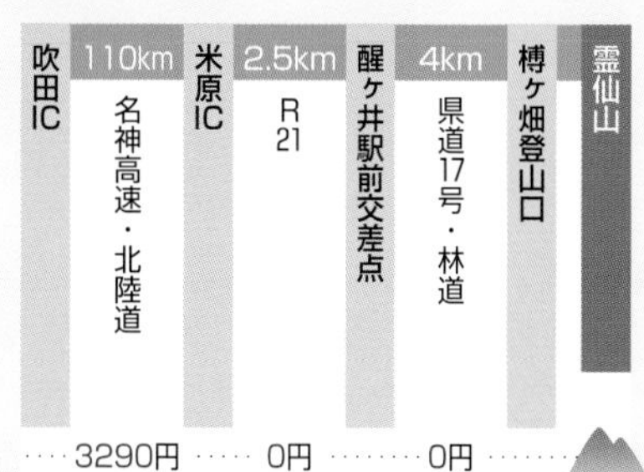

名神高速吹田ICから米原JCTを経て北陸道米原ICまで約110km（約1時間15分）。R21を岐阜県関ヶ原方面へ向かい、約2.5km先の醒ヶ井駅前交差点を右折して県道17号に入る。醒井養鱒場の先から林道に入り、約3kmで榑ヶ畑登山口に着く。

Ｐ駐車場情報

榑ヶ畑登山口に約10台分の駐車スペースがある。ただし落石等のため、2020年6月現在醒井養鱒場（有料駐車場あり・約200台）から先は車両の通行ができず、徒歩で移動する（約1時間）。

登山口NAVI　緯度：35°17'00 ／経度：136°21'21

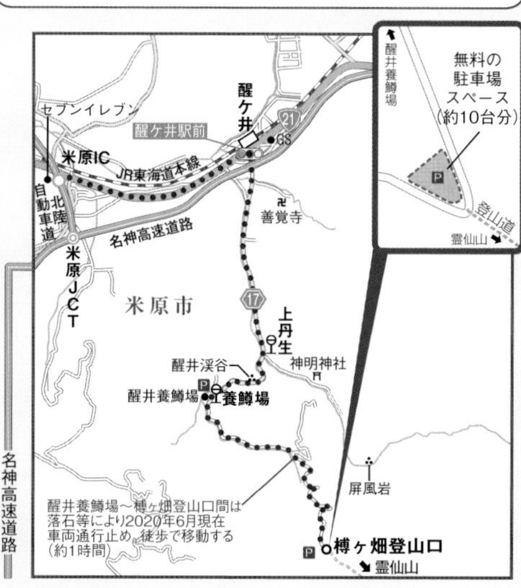

欄外情報 上丹生登山口からの谷山谷登山道と、榑ヶ畑登山道の汗ふき峠～落合までの大洞谷沿いの区間は、土砂崩れのため2020年6月現在通行禁止となっている。

山のプロフィール

JR東海道本線を挟んで伊吹山と対峙するようにそびえる霊仙山は、鈴鹿山脈北端に位置し、山全体が主に石灰岩で形づくられている。山上では、カルスト地形特有のカレンフェルト（石塔）が見られ、琵琶湖の展望も抜群だ。

霊仙山は、開放感あふれる山上台地に加え、石灰岩質を好むさまざまな花々が咲くことで知られる。公共交通機関利用では、谷筋を行く谷山谷のコース2020年6月現在土砂崩れによる通行止めのため、ここでは廃村榑ヶ畑を経由して、頂上へアプローチするコースを紹介する。また、麓には名水の町として有名な醒ヶ井（右ページのコラム参照）がある。時間が許せばぜひ立ち寄っていこう。

▲霊仙山頂上から望む経塚山と、その向こうに伊吹山

醒井養鱒場の先に続く林道（落石等により2020年6月現在車両通行止めのため、養鱒場から約3km・40分歩く）を登っていくと、❶**榑ヶ畑登山口**前に駐車スペースがある。林間を登り、廃村榑ヶ畑まで来ると、その先に山小屋の「かなや」がある。もうひと登りすると❷**汗ふき峠**に着く。直進すると落合に下るが、ここでは左折する。尾根通しの道は、最初は急でやがて緩やかになるが、正面に急斜面が現れると、つづら折りに登るようになる。雪解け時は足元が滑りやすいので下山時は注意しよう。

▲かつて雨乞いが行われていたお虎ヶ池

登り切ると、開放感にあふれる灌木とササの台地になっていて、❸**見晴台**を経て❹**お虎ヶ池**まで登る。右手にあるのが霊仙山で、まずは正面にそびえる❺**経塚山**に登る。頂上は、柏原や谷山谷からのコースとの分岐になっている。南に見えるのが、霊仙山頂上、南東にあるのが最高点のあるピークだ。いったん鞍部に下り、❻**霊仙山**の頂上に立って、❼**最高点**にも往復してくるとよいだろう。

▲石灰岩が露出する霊仙山頂上

レベル	中級者向け
歩行時間	4時間25分
歩行距離	8.9km
参考地図	霊仙山／彦根東部

問合せ	
米原観光協会	☎0749-58-2227
醒井養鱒場	☎0749-54-0301
山小屋かなや	☎0749-54-8139

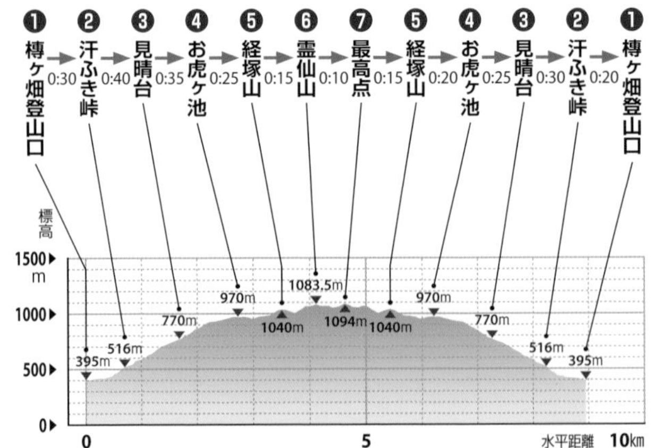

ただし地形がわかりにくいので、ガス発生時は慎重に行動する。頂上からの展望はすばらしく、琵琶湖の形が手に取るようにわかる。

春にはフクジュソウやヒロハノアマナなどが見られるが、頂上の周辺は花が少ない。余力があれば、フクジュソウの大群落が見られる西南尾根にまで足を延ばしてみよう（最高点から往復約1時間30分）。

下山は往路を忠実にたどり、❶榑ヶ畑（くれはた）登山口（とざんぐち）へ戻る。

▲西南尾根に咲くフクジュソウ

周辺の立ち寄りスポットをCHECK!!

立ち寄り　醒井水の宿駅みゆき

醒井の名水を使ったしょうゆ油や地酒、豆腐などが人気で、梅花藻（バイカモ・詳細は右コラムを参照のこと）を生地に練り込んだ名水そば・うどん・そうめんは土産に最適。おふくろバイキングみゆきでは、マスのにぎりや名水豆腐など地域の食材を活かした料理が楽しめる和風ランチバイキングもおすすめ。施設内では居醒の清水が飲める。▶滋賀県米原市醒井688-10　☎0749-54-8222　営業＝9～17時30分（食事は11～14時）　休み＝年末年始

名水と花　地蔵川の梅花藻

平成の名水百選にあげられる居醒の清水をはじめ、醒井内で湧き出る清水によってできた地蔵川では、5～8月頃に梅花藻(バイカモ）が見られる。清流でしか育たない水中花で、梅の花に似た白い小花が清流に揺れる様は夏の暑さを忘れさせてくれる清涼感がある。川沿いにはサルスベリの木も植えられ、紅の花が落下して梅花藻の白い花との競演も見ものだ。▶滋賀県米原市醒井地蔵川一帯　☎0749-58-2227（米原観光協会）

霊仙山

N
1:25,000
0　250　500m
1cm=250m
等高線は10mごと

上丹生登山口
•664
876•
広畑
谷山谷登山道
•429
屏風岩
谷山谷登山道は土砂崩れのため
2020年6月現在通行止め
•735
横道
402
滋賀県
米原市
•609
美しヶ原
井戸ヶ洞
岐阜県
柏原道
•884
992.7
四丁横崖
（柏原道合流点）
避難小屋
1017
榑ヶ畑登山口
榑ヶ畑登山口への林道は
2020年6月現在車両通行止めのため、
醒井養鱒場から徒歩となる
（約1時間）
439
❶
八坂神社
お虎ヶ池❹
0:25→
←0:20
0:35
0:25
榑ヶ畑登山道
❺経塚山
1040
お猿岩
0:15
0:15
山小屋かなや
榑ヶ畑
汗ふき峠❷
0:30
0:20
729
❸見晴台
0:40
0:30
大洞谷
1083.5
霊仙山❻
❼最高点
1094
0:10
ササ原の中を登山道が延びる
多賀町
日曜・日営業
落合
フクジュソウ群生地・今畑
西南尾根登山道

07

滋賀県・岐阜県

[標高] 1,377m

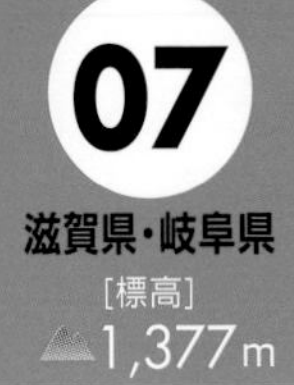

頂上一帯にお花畑が広がる花の名山

伊吹山（いぶきやま）

北陸自動車道

眺め　花　紅葉　道の駅　温泉

▼南西麓にある三島池から見た頂きに雪をのせた伊吹山の全景

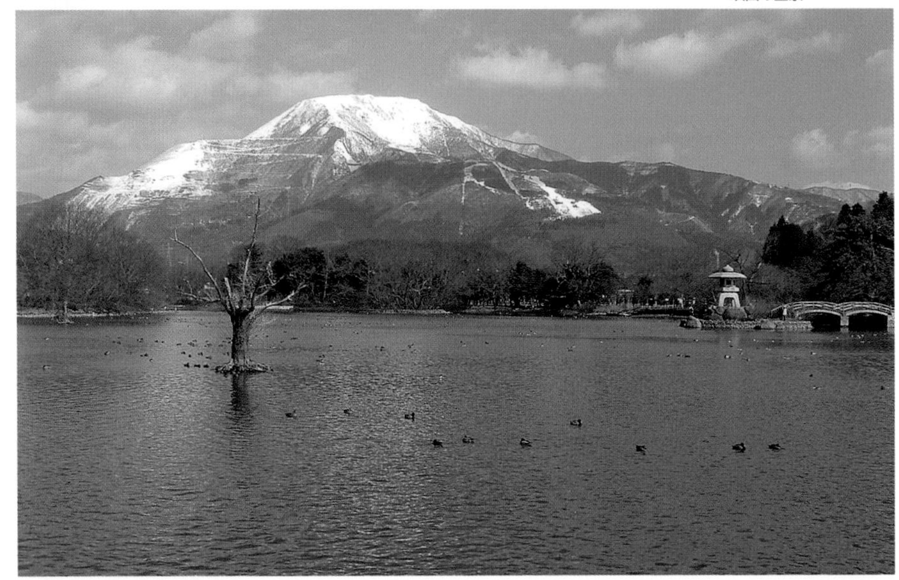

アクセス情報 ……………………… 往復 6,580円

吹田IC —110km 名神高速・北陸道— 米原IC —4km R21— 一色交差点 —8km 県道19号・県道248号・県道551号— 上野登山口 — 伊吹山

…3290円……0円………0円……

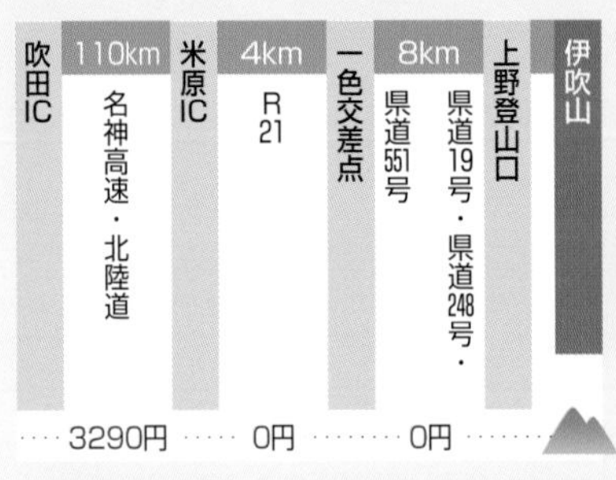

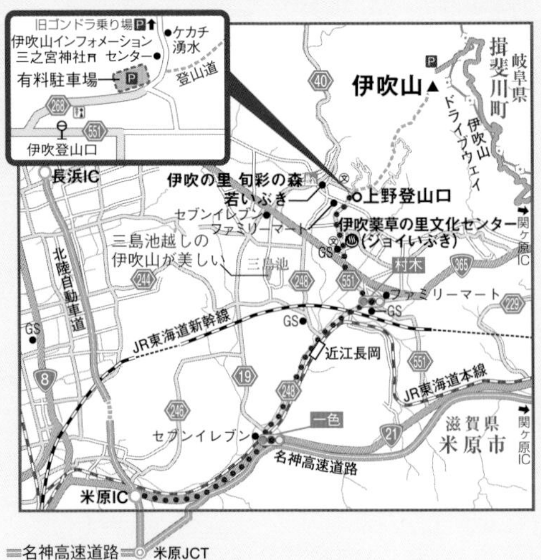

名神高速吹田ICから米原JCTを経て北陸道米原ICまで約110km（約1時間15分）。R21を関ヶ原方面へ向かい一色交差点を左折、JRを横切りすぐ右折して県道248号に入る。約4.5km先の村木交差点を左折して県道551号に入り、約3.5kmで上野登山口に着く。

P駐車場情報

登山口となる伊吹山インフォメーションセンターのそばに民間駐車場があるほか、その先の旧伊吹山ゴンドラ乗り場跡に100台駐車可能（いずれも有料）。

登山口NAVI　緯度：35°23'39／経度：136°22'59

欄外情報　コース中にはほとんど日陰がないため、帽子や日焼け止めクリームなどの暑さ・紫外線対策が必要。夏はご来光も兼ねて、涼しい夜間登山も盛ん。頂上の3軒の山小屋で休憩や宿泊ができる。

山のプロフィール 滋賀と岐阜の県境に位置し、日本百名山に名を連ねる伊吹山。南西麓の三島池からはどっしりとした姿を見せ、滋賀県の最高峰としての風格を感じさせてくれる。古くから薬草の宝庫とされ、頂上付近のお花畑は必見だ。

山野草が多く、山全体では約1300種、頂上付近だけでも約350種の植物が生息し、登山の楽しみの一つとなっている伊吹山。イブキトラノオをはじめ、イブキジャコウソウ、イブキアザミなど、“イブキ”の名を冠する植物もあり、この山固有の植物も少なくない。頂上へいたるルートは主に、南斜面の伊吹山スキー場跡を登る夏山登山道、北面の山頂駐車場を起点とする東、西、中央の3本の遊歩道がよく利用される。紹介するルートは、夏山登山道で頂上に立ち、頂上部の遊歩道の周回。休憩施設が充実し、何と言っても背後に琵琶湖の広がる絶景が魅力である。

登山コースアドバイス

伊吹山ドライブウェイ

伊吹山の南麓から9合目を結ぶ全長17km・標高差約1000mの有料ドライブコース。伊吹山を望みながらのワインディングは快適で、麓から11kmあたりの中腹には紅葉の絶景ポイントも点在している。

▶岐阜県関ヶ原町・揖斐川町、滋賀県米原市 ☎0584-43-1155 営業＝8～20時（7月第3土曜～8月は3～22時、10月以降は～19時） ※11月下旬～4月上旬は積雪により冬季休業

▲八合目あたりから急な登りが続く

歩き出しの❶**上野登山口**は三之宮神社近くにあり、駐車場やバス停が近い。インフォメーションセンター奥の石段に取りつき、うっそうと生い茂る樹林帯の山道に入る。急な登りに体がなじむ頃、樹林帯を抜けてリフト乗り場跡のある一合目に出る。ここからしばらくは、パラグライダーの練習風景を横目に開放的なゲレンデを登る。再び灌木帯に入り、赤土の急斜面を抜けて道が平坦になると、正面に伊吹山頂上が現れ、ほどなく❷**三合目**にたどり着く。このあたりは山野草が多く、春の

▲雄大な琵琶湖と湖北平野を一望

レベル	中級者向け
歩行時間	7時間50分
歩行距離	12.3km
参考地図	関ヶ原／美束

問合せ

米原観光協会 ☎0749-58-2227
米原市環境保全課(伊吹庁舎) ☎0749-58-2230

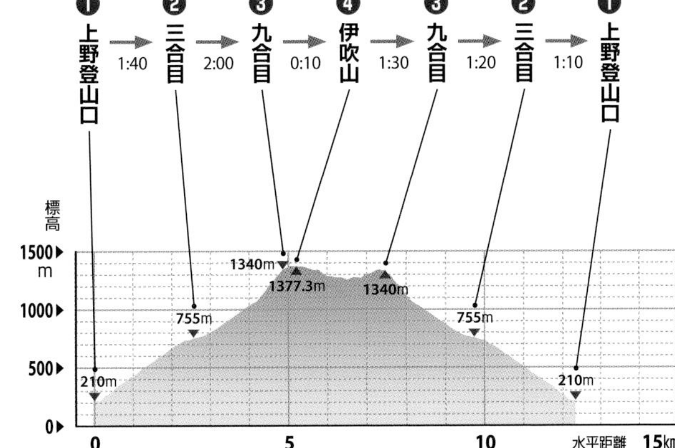

欄外情報 上野登山口の南、伊吹薬草の里文化センター（ジョイいぶき）内のにある入浴施設が「いぶき薬草湯」。名物の薬草風呂はヨモギを主体にセンキュウやハッカなど7種類の薬草が使われている☎0749-58-0105

カタクリからリンドウが咲く秋まで、さまざまな花が楽しめる。特に7月頃には、斜面を覆い尽くすユウスゲの群生が見られる。

ススキの原の平坦な道を進むとやがて緩やかな登りに転じ、ほどなく五合目に着く。ここから傾斜はしだいにきつくなり、避難小屋のある六合目を過ぎるとやがて草原の道はつづら折りの山道となる。高度を上げるにつれ眼下の景色はさらに広がり、南に霊仙山のどっしりとした姿が望めるようになる。八合目あたりから道はさらに傾斜がきつくなる。岩が露出し、浮き石もあるので、足元に注意して登りたい。まわりに花々が多く見られるようになるのも、このあたりからだ。

▲7月頃三合目で見られるユウスゲの群生。残念ながら年々、その数が少なくなってきている

▲オニユリ

▲代表的なシモツケソウ

急登をあえぎ登り詰めると、ほどなく頂上台地の❸九合目(きゅうごうめ)に飛び出す。一帯はお花畑を通る3本の周遊路がめぐらされており、伊吹山ドライブウェイから登ってきた観光客が目立つようになる。ここで西遊歩道と合流。右に回り込み緩やかな道を登ると頂上の山小屋、その先に日本武尊(やまとたけるのみこと)の石像が立つ❹伊吹山(いぶきやま)頂上がある。一等三角点はさらに東に埋められている。頂上は360度の大パノラマが広がり、比良山系、鈴鹿山系の山々が一望のもとだ。お花畑の周遊路を散策するなら、1時間30分ほどは見ておくといいだろう。

▲頂上に立つ日本武尊の石像

下山は往路をたどり、❶上野登山口(うえのとざんぐち)を目指す。

周辺の立ち寄りスポットをCHECK!!

道の駅 伊吹の里 旬彩の森

伊吹の里・旬彩の森では採れたて野菜や加工品の直売所を中心に、「よもぎ食パン」をはじめ季節の食パンを販売するパン工房、地元産の米や味噌を使った定食が自慢の食堂を併設。草木染めやそば打ちが体験できる体験教室も開催。

▶滋賀県米原市伊吹1732-1　☎0749-58-0390　営業＝9時15分～17時（夏季～17時30分、食堂は10時30分～14時30分、土・日曜・祝日～15時30分）　休み＝無休（1～3月は木曜休）

薬草湯 若いぶき

山菜料理と薬草風呂が楽しめる農家レストラン。キハダやドクダミ、ヨモギなどの薬草を煮出した薬草風呂があり、濃厚な薬草の香りの中、薬湯で山旅の疲れが癒せる。食事処では奥伊吹のイワナや春の山菜、秋の木の実など、この地ならではの味覚が堪能できる。人気メニューは山菜と野菜天ぷらが付くいぶき定食。イワナの甘露煮定食などもおすすめ。

▶滋賀県米原市伊吹1840　☎0749-58-8080　営業＝10～21時　休み＝火曜（祝日の場合は翌日）

欄外情報　上野登山口では、伊吹山の自然環境を次世代に引き継ぐための「伊吹山入山協力金」（任意）の収受を実施している。目安として1人300円を協力しよう。詳細は米原市役所環境保全課☎0749-58-2230へ。

伊吹山
九合目 3
4 伊吹山
2 三合目
1 上野登山口
滋賀県
米原市
1:25,000

08

三重県・滋賀県

[標高]
1,140m

名神高速道路

フクジュソウの群落で知られた花の山

藤原岳（ふじわらだけ）

▼藤原岳登山は残雪のフクジュソウの頃がもっともにぎわう

アクセス情報 ･････････････････････････ 往復 5,120 円

吹田IC	80km 名神高速	八日市IC	35km R421・R306	垣内交差点	6.5km 県道615号・県道614号	観光駐車場	藤原岳
	2560円		0円		0円		

名神高速吹田ICから八日市ICまで約80km（約55分）。R421を三重県いなべ市の石榑北交差点へ。左折してR306に入り、約3km先の垣内交差点で左折。県道615・614号経由で旧西藤原小学校に向かい、学校前を右折するとすぐ観光駐車場がある。

P駐車場情報

西藤原駅から約500m北の旧西藤原小学校近くに観光駐車場（有料・50台以上）がある。ほかに大貝戸登山口に無料駐車場（約25台）、聖宝寺道入口に有料駐車場（約30台）がある。

登山口NAVI　緯度：35°10'27 ／経度：136°28'28

眺め
花
紅葉
道の駅
温泉

欄外情報　紹介のルートは、夏季はヤマビルが非常に多くなっているのでなるべく避けたい。

山のプロフィール 滋賀・三重県境の鈴鹿山脈北部に位置する藤原岳は、早春のフクジュソウやセツブンソウに始まり、カタクリなど、多くの花々が咲くことで有名。秋の紅葉もすばらしい。主要な登山道は三重県側にある。

例年3月末から5月にかけて、花目当ての登山者が関西や東海からたくさんやってくる藤原岳。その知名度と人気は鈴鹿山脈の中でもトップクラスといっていいだろう。ここでは聖宝寺道を登り、大貝戸道を下る最もポピュラーな周回コースを紹介しよう。

❶**観光駐車場**は旧西藤原小学校近くにあるが、登山口などにもあるので、どこを利用してもよい。北西に道路を歩き、鳴谷神社の鳥居をくぐり、石段を登っていく。養鱒池を経由して❷**聖宝寺**へ。永らく親しまれた藤原岳自然科学館は、東の藤原町市場に移転したので、見学するなら下山後に車で向かうとよいだろう。

▲紅葉の名所として名高い聖宝寺

聖宝寺は、平安時代、最澄が藤原岳の景観を気に入ったことから建立した一堂寺が起源とされる。庭園の美しさで知られ、春の桜もいいが、特に紅葉の名所として有名な古寺だ。境内には鳴谷滝が豊富な水を落としている。庭園を楽しんだら、登山道に取りつく。新しい堰堤の右側から巻き越えると滝が見え、長命水が流れ出ている。コース中には合目を表す道標が設置されているので、行程の目安になる。

▲伊勢湾から知多半島の眺めがすばらしい

▲藤原岳頂上の山名標示板

自然林の道は、やがて植林帯の急坂となる。春なら四合目を過ぎたあたりから、花と出会うようになるが、お花畑が楽しめるのは、植林帯から抜け出し、雑木林を登るようになった❸**六合目**あた

レベル	初級者向け
歩行時間	4時間50分
歩行距離	8.4km
参考地図	篠立／竜ヶ岳

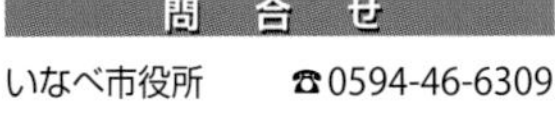

問合せ

いなべ市役所 ☎0594-46-6309

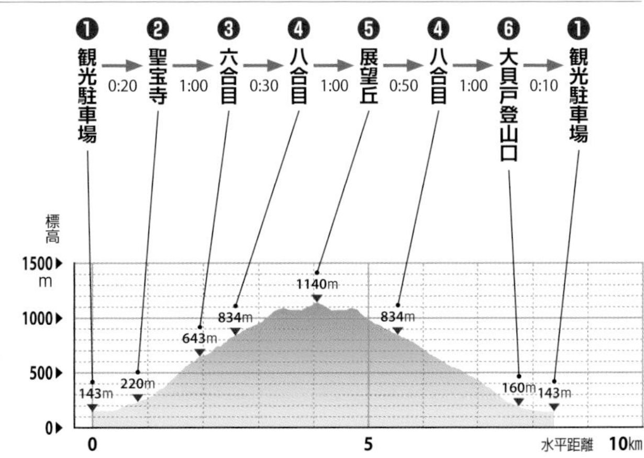

▲藤原岳から北方を望む。運がよければ白山が見える

りから。3月中旬から4月上旬のフクジュソウの時期なら、このあたりから黄色い花が点々と目に付きはじめる。石灰岩の涸れ沢をたどり、きつくなった登りをひとふん張りすれば、大貝戸道との分岐である❹**八合目**に着く。ここは植林地だが、休憩にはよいだろう。

ここから登山道は岩混じりの道となる。石灰岩は濡れると滑りやすいので、足元には注意しよう。路傍の花々を楽しみながら、急坂を登っていく。山腹道になると展望が広がりはじめ、開放感あふれる道となる。登り着いたところには、避難小屋の藤原山荘が建っている。トイレもあるので安心だ。藤原岳頂上はここから南にある展望丘だ。いったん緩やかに下って登り返すが、かつて深く茂っていたササは激減し、風が吹き抜けていく。ただし雪解けの頃はスパッツを着用したい。

標高1140mの❺**展望丘**に立つと、その名の通り展望は360度欲しいまま。東は伊勢湾、南は竜ヶ岳など鈴鹿南部の山、西には愛知川の深い渓谷、北は鈴鹿最高峰の御池岳と申し分ない。また、余力があれば藤原山荘から北に尾根道をたどって、藤原岳最高点の天狗岩(標高1171m)に向かってもよいだろう(往復1時間)。

▲登山道脇に咲くフクジュソウ

下山は❹**八合目**までは往路をたどり、大貝戸道(表

登山コースアドバイス

登山後に藤原岳自然博物館で復習を

藤原岳を中心とした自然探求基地で、藤原岳の麓にあった施設が、2012年4月、藤原文化センター内に移転。館内には藤原岳に生息する動物や植物の剥製や昆虫の標本、いなべ市内で発掘された古代生物の化石などが展示されている。1年を通じて自然科学教室などのイベントも開催している。
▶三重県いなべ市藤原町市場493-1 ☎0594-46-8488 入館無料 開館=9～17時 休み=月・火曜・年末年始

登山道）を下っていく。五合目までは植林帯だが、それ以降は気持ちのよい雑木林が続く。四合目は広場になっており紅葉の頃は美しい。三合目から一合目へと、急坂をつづら折りに下る。駐車場や休憩所がある❻**大貝戸登山口**から鳴谷神社に向けて自然歩道が山裾に延びているが、ここでは道路に出て左折し、❶**観光駐車場**に向かう。

▲大貝戸道

周辺の立ち寄りスポット

温泉 **阿下喜温泉 あじさいの里**

健康増進とリラクゼーションを目的とした公共施設。大浴場のほか、屋外にはこぢんまりとしながらも、岩造りと桧造りの露天風呂を用意。泉質はpH9.0の高いアルカリ性を誇る単純泉で、肌にやさしく湯冷めしにくいと評判だ。いつでもきれいなかけ流しの湯が楽しめる。

▶三重県いなべ市北勢町阿下喜788　☎0594-82-1126　営業＝11～21時　休み＝木曜（祝日の場合は翌日）・年末年始

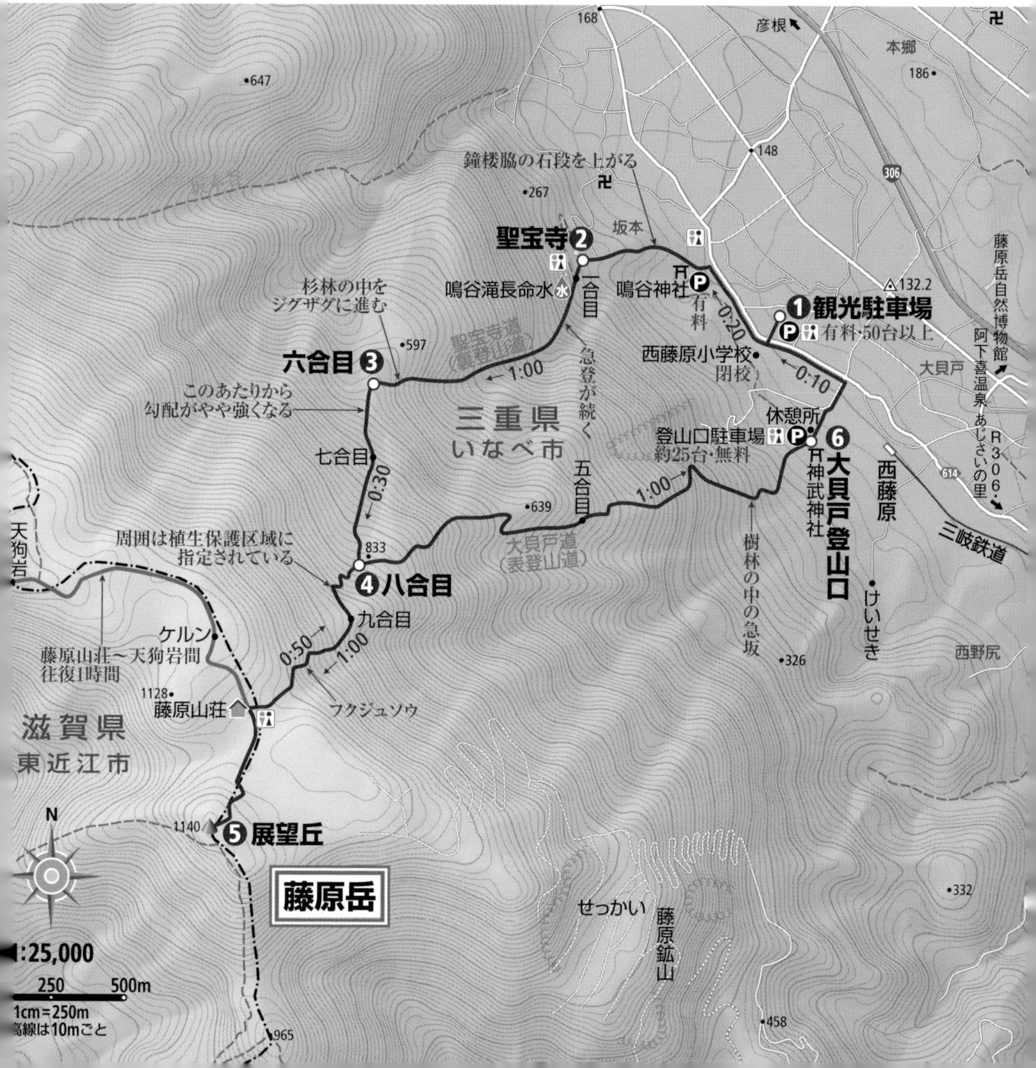

彦根
本郷
鐘楼脇の石段を上がる
坂本
聖宝寺❷
鳴谷滝長命水
一合目
鳴谷神社
有料
0:20
❶観光駐車場
有料・50台以上
西藤原小学校
閉校
0:10
杉林の中をジグザグに進む
聖宝寺道（裏登山道）
1:00
急登が続く
六合目❸
このあたりから勾配がやや強くなる
三重県
いなべ市
休憩所
登山口駐車場
約25台・無料
❻大貝戸登山口
神武神社
七合目
0:30
五合目
1:00
西藤原
大貝戸
藤原岳自然博物館
阿下喜温泉あじさいの里
R306
三岐鉄道
周囲は植生保護区域に指定されている
833
❹八合目
大貝戸道（表登山道）
樹林の中の急坂
けいせき
天狗岩
九合目
ケルン
0:50
1:00
藤原山荘～天狗岩間往復1時間
1128
藤原山荘
フクジュソウ
西野尻
滋賀県
東近江市
1140
❺展望丘
藤原岳
せっかい
藤原鉱山
1:25,000
250　500m
1cm＝250m
等高線は10mごと

三重県・滋賀県

[標高] 1,247m

鈴鹿山脈最高峰で高原散歩を楽しむ

御池岳（おいけだけ）

▼藤原岳展望丘からの御池岳。鈴鹿山脈最高峰だがいたって穏やかな姿だ

アクセス情報 …… 往復 6,240円

吹田IC	102km 名神高速	彦根IC	6km R306	多賀交差点	16km R306	鞍掛トンネル入口広場	御池岳
	3120円		0円		0円		

名神高速吹田ICから彦根ICまで約102km（約1時間10分）。彦根ICからR306を三重県いなべ市方面へ向かう。約6km先の多賀交差点を左折しさらに約16km先の鞍掛トンネルを抜けた三重県側の出口付近の左手に駐車スペースがある。

P駐車場情報

鞍掛トンネル三重県側の出入口に3カ所の駐車スペースがあり、合わせて20数台が収容可能。ほかにコグルミ谷登山口の約300m先の左手に約10台分の駐車スペースがある。

登山口NAVI　緯度：35°11'58 ／経度：136°25'07

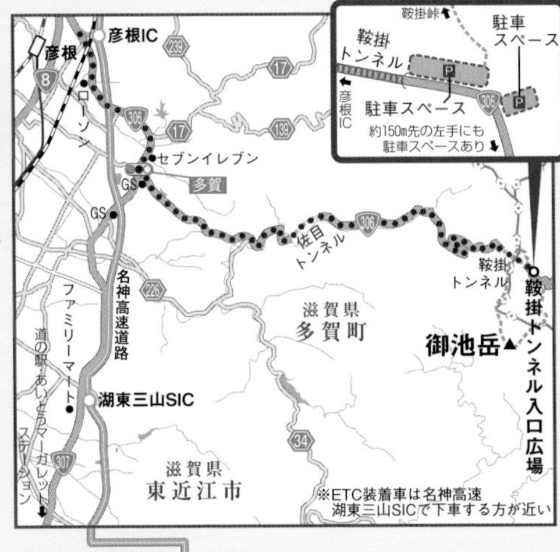

眺め　花　紅葉　道の駅　温泉

欄外情報 登山口の鞍掛トンネルへと通じるR306は数年にわたった土砂崩れによる通行止めが2019年に解除されたが、天候によっては通行止めになることもある。また、冬季は通行止め。

山のプロフィール

鈴鹿山脈の北部にゆったりとした山容を横たえる御池岳は標高1200mを超える鈴鹿山脈の最高峰。カルスト地形特有のドリーネ（窪地）が池となって点在し、名前の由来となっている。春の花も見逃さないようにしたい。

御池岳は、山麓から望むことのできない奥深い山。公共交通機関利用でアプローチするには不便で、まさに車利用に向いた山といえる。頂上は最高峰の丸山で、その周辺は台地状になっていて、複雑な地形をしている。東にあるボタンブチや、鈴北岳周辺では、ガス発生時は進行方向に注意したい。早春にはフクジュソウ、春たけなわになるとカタクリなどの花が楽しめる。

関西から車でのアプローチは、滋賀県側からが近い。鞍掛トンネルを抜けたところに**❶鞍掛トンネル入口広場**があるので、そこに車を停めて国道を東に下っていく。

▲山上の池で最も大きい元池から丸山を見る

右手の「心の山」の碑が立っているところが**❷コグルミ谷登山口**。登山道は谷道なので、春先は荒れていることもあるので足元には注意が必要だ。涸れ谷を登り、長命水からは谷を離れて山腹を歩くようになる。斜面が直登気味になって登り切ると**❸カタクリ峠**に着く。

▲山上にはカレンフェルトが見られる

峠からは右の尾根をたどり、尾根を一つ越えるようにして真ノ谷へと降りていく。涸れた谷に下り立ったら右に少しさかのぼり、左の斜面を登る。登り着いた尾根を左へ行くと奥ノ平を経てボタンブチ。右に少しで御池岳最高点の丸山だが、樹林に囲まれて展望がいまひとつなので、ボタンブチに立ち寄って眺望を楽しんでから丸山に行くのがよいだろう。

❹丸山からは北に向かって下っていく。下り切って西にたどっていくと真ノ池を経て広々とした草原に飛び出す。周辺にはカレンフェルト（石塔）が点在し、日

レベル	初級者 向け
歩行時間	4時間10分
歩行距離	7.9km
参考地図	篠立

問合せ	
いなべ市役所	☎0594-46-6309
多賀観光協会	☎0749-48-1553

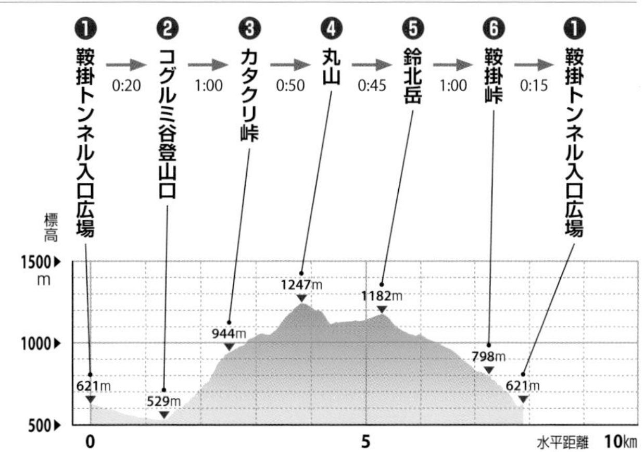

本庭園と呼ばれている。北上すると❺**鈴北岳**で、丸山ののっぺりとした山容が目に入る。

鈴北岳からは尾根道を一気に鞍掛峠へと下っていく。下りはじめは急なので、滑らないようゆっくりと下っていこう。地蔵尊の祠のある❻**鞍掛峠**に着いたら、右に取る。山腹に設けられた道を下り続け、❶**鞍掛トンネル入口広場**へと戻る。

▲鈴北岳から鞍掛峠への登山道

周辺の立ち寄りスポット

道の駅　あいとうマーガレットステーション

自然の香に包まれた田舎生活が満喫できる田舎生活館では、ハーブ製品などの売店をはじめ、近江牛や地元新鮮野菜を盛り込んだメニューが楽しめるレストランがそろう。ほかにも地元野菜の直売所、安全な農産物を素材にした焼き菓子やジャムなどを製造販売するフルーツ工房が人気だ。

▶滋賀県東近江市妹町184-1　☎0749-46-1110　営業=9～18時（12～4月は～17時30分）　休み=火曜（祝日の場合は営業）・年末年始

鞍掛峠
焼尾山
•922
•786
632
鞍掛トンネル西口
彦根IC
544•
306
624.1•
鞍掛トンネル
❻
黒田谷
742•
471•
0:15→
送電線巡視路
西側を巻く
❶鞍掛トンネル入口広場
駐車スペース（台数少ない）
コグルミ谷登山口の約300m先に約10台分の駐車スペースがある
550
滋賀県
多賀町
御池谷
0:20→
•806
508
306
1:00→
三重県
いなべ市
529.0
❷コグルミ谷登山口
1056
•708
犬帰し橋
タテ谷
1:00
鈴ヶ岳
1130
沢伝いの道
雪解け期以外はほとんど水がない
ササ原の急坂をほぼ一直線に下る
•801
濃霧時ルート注意
❺鈴北岳
1182
長命水
1165•
元池
池ノ平
真ノ池
1148
❸カタクリ峠
六合目のポイントになる
日本庭園
←0:45
←0:50
東近江市
•906
源流部
真ノ谷
•1182
N
1054
冷川岳
白瀬峠
1:25,000
❹丸山
1247
一周約1時間
御池岳
•1241
奥ノ平
0　250　500m
1cm=250m
等高線は10mごと
展望よいボタンブチ
幸助ノ池
藤原岳

奇岩の連なる稜線から山岳仏教の聖地を訪ねる

金勝（こんぜ）アルプス

10
滋賀県
[標高]
491m

新名神高速道路

眺め
花
紅葉
道の駅
温泉

▼鶏冠山北峰縦走線

アクセス情報 ……………………………… 往復3,560円

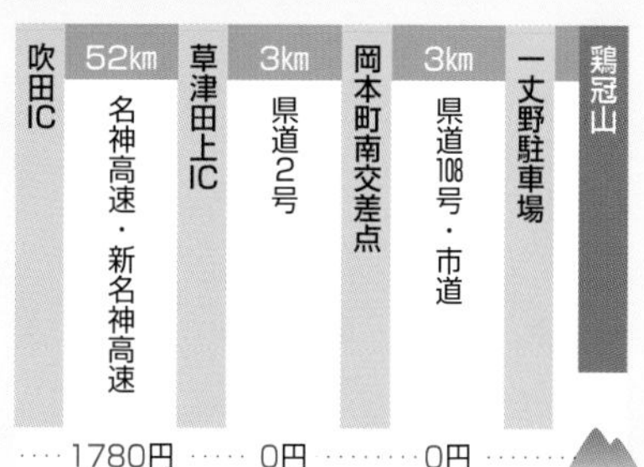

名神高速吹田ICから草津JCTを経て新名神高速草津田上ICまで約52km（約40分）。県道2号を北東へ進み岡本町南交差点を右折して県道108号を南下する。約2km先で市道に変わり、「桐生若人の広場」を目指す。1kmほどで一丈野駐車場に着く。

P駐車場情報

「桐生若人の広場」前に一丈野駐車場があり、バイオトイレも整備されている。駐車場は4～6月の土・日曜・祝日と7月下旬～11月は有料となる。

登山口NAVI　緯度：34°58'11 ／経度：135°59'31

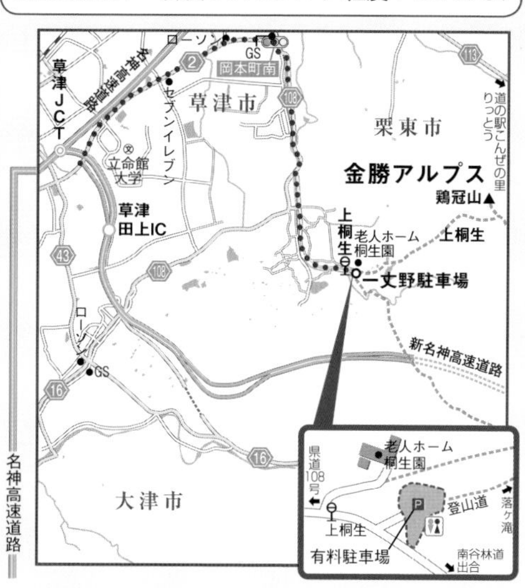

欄外情報　今回紹介した金勝アルプスに対して湖南アルプスは、天神川渓谷から東海自然歩道をたどり堂山や太神山をめぐるコース。低山ながら花崗岩の露岩あり、史跡ありと、変化に富んだコースが人気だ。

山のプロフィール

草津市南部にある金勝アルプスは、鶏冠山や金勝山、竜王山からなり、「東の湖南アルプス」とも呼ばれている。稜線は奇岩・巨岩が連なり、中腹には平安時代作の狛坂磨崖仏などの史跡も多く、変化に富んだ登山が楽しめる。

起点となる❶一丈野駐車場に車を停めて、広場の奥へ延びる北谷林道に入る。しばらくはなだらかな地道が続き、やがて道標のある分岐に出る。直進すればそのまま鶏冠山へたどるが、道標に従い右の落ヶ滝への道を取る。すぐに右に大きな奥池が現れ、桐生小屋の脇を過ぎたら雑木林の中へ入っていく。沢沿いの道を進むと落ヶ滝の分岐があり、これを右に折れる。❷落ヶ滝は落差20mほどあり、3段に分かれ花崗岩を滑り落ちる様が清々しい。再び分岐まで戻り、落ヶ滝を巻くように高度を上げていく。道はこのあたり特有の花崗岩が露出しており、滑りやすいので注意。滝の上部を過ぎ、道脇に古い石垣跡を見ながら進むとほどなく❸北峰縦走路出合に出る。

出合を左へ進み、急登が緩やかになると❹鶏冠山の頂上にたどり着く。北側に少し展望が開け、近江富士·三上山が遠望できる。ひと息ついたら道を戻り、先ほどの❸北峰縦走路出合を越えて白石峰を目指す。展望の岩尾根道が続き、前方には花崗岩の岩峰が見えてくる。巨大な岩峰の❺天狗岩はコース中、最も展望に優れ、人気のポイントだ。さらに耳岩を経て、ピークのひとつ❻白石峰にいたる。東に延びる稜線を進むと金勝アルプス最高点の竜王山（標高605m）にたどり着く。往復40分ほどなので、立ち寄ってみるのもよい。

▲落差約20mの落ヶ滝

▲花崗岩の岩塔・天狗岩

帰路は道標に従い西に下り、大きな岩が重なった重岩、展望の開けた国見岩を過ぎ、谷筋の岩道を急降下すると狛坂寺跡に出る。向かいには高さ約6.5m、幅4.5mの花崗岩に三尊仏を彫った狛

▲巨岩があちこちで見られる

レベル	中級者向け
歩行時間	5時間25分
歩行距離	9.7km
参考地図	瀬田／三雲

問合せ

栗東市観光協会
☎077-551-0126

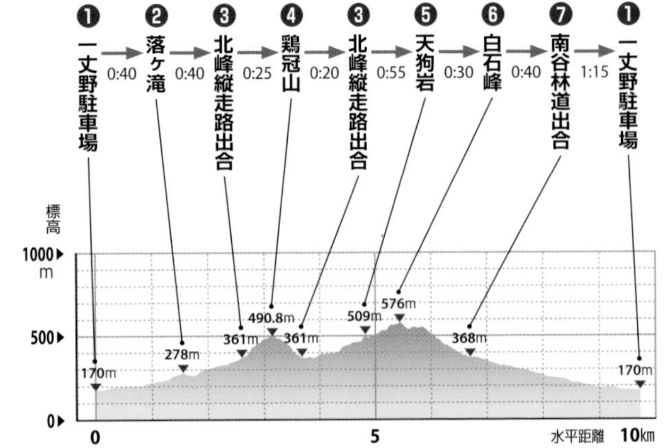

坂磨崖仏がある。沢沿いにさらに下っていくと❼**南谷林道出合**。ここから先はしばらく道幅の広い林道が続く。新名神高速道路の高架をくぐると、やがて右手にさかさ観音の案内板が立っている。100mほどを往復してさかさ観音を見たあとは、先ほどの林道をさらに進み、一丈野キャンプ場、オランダ堰堤を経て❶**一丈野駐車場**に戻る。

▲狛坂磨崖仏

周辺の立ち寄りスポット

道の駅 **こんぜの里 りっとう**

こんぜの里の拠点となる施設。レストランのイチ押しメニューは、猪肉をゴボウなどと一緒にじっくり煮込んだしし丼。売店では名産のイチジクをはじめ、地元産の新鮮野菜や金勝みそなどを販売している。竹炭入りの足湯（火曜、12～3月休）も併設しておりハイカーに好評だ。4～10月は裏手の牧草地で羊の放牧を行っている。

▶滋賀県栗東市荒張1-11　☎077-558-3858　営業＝9～17時　休み＝水曜（祝日の場合は翌日）・年末年始

金勝アルプス

草津
上田上桐生町
老人ホーム
上桐生
一丈野駐車場❶
P 有料
オランダ堰堤
桐生若人の広場
三田六池
北谷林道
沢沿いの道
杉林
分岐
0:40
分岐
道標（北谷林道落ケ滝線起点）
一丈野キャンプ場
❷落ケ滝
0:40
❹鶏冠山
490.8
0:20
0:25
ナメ状の道
かなり急な坂
道標あり
❸北峰縦走路出合
北峰縦走路
花崗岩の風化した尾根道
眺望よし
大きな岩が多い
0:55
栗東市
天狗岩❺
道標あり
眺望最高
昼食に最適
0:30
所要往復40分
茶沸観音
竜王山
耳岩
❻白石峰
重岩
国見岩
0:40
休憩所
狛坂磨崖仏
さかさ観音
1:15
広い林道
滋賀県
大津市
新名神高速道路
水晶谷出合
高速道路の高架下をくぐる
南谷林道
スリップ注意
❼南谷林道出合
N
1:25,000
250 500m
1cm=250m
等高線は10mごと

奇岩・絶壁の鎧をまとった鈴鹿山系の主峰

御在所岳（ございしょだけ）

▼東面から仰ぎ見る御在所岳は、荒々しい岩肌に風格が感じられる

アクセス情報 ………… 往復 6,620 円

地点	距離	道路	料金
吹田IC	111km	名神高速・新名神高速	3310円
菰野IC	1.5km	町道	0円
緑橋南交差点	4km	県道577号	0円
ロープウェイ湯の山温泉駅		町道・R477・	
御在所岳			

名神高速吹田ICから草津JCTを経て新名神高速菰野ICまで約111km(約1時間30分)。西へ約1.5km進み緑橋南交差点を直進する。約1.5kmでR477に出て右折、さらに約2km先を左折してかもしか大橋を渡り、右折するとロープウェイ湯の山温泉駅に着く。

P駐車場情報

御在所ロープウェイ湯の山温泉駅（300台）や県道577号の湯の山パーキングセンター手前に有料駐車場があるほか、R477沿いの裏道登山口や中道登山口付近に無料駐車場がある。

登山口NAVI　緯度：35°01'51 ／経度：136°26'50

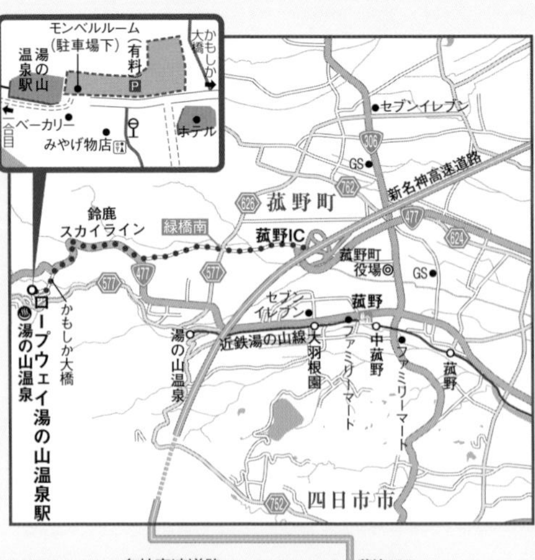

欄外情報　登山道は紹介した中道、裏道のほか、表道や一ノ谷新道などがある。表道は初心者向けのコースで、一時通行止めになっていたが2011年に復旧。一ノ谷新道は中道より急登がきつく、上級者向けのコースだ。

山のプロフィール 標高こそ御池岳に比べわずかに及ばないが、三重県側から仰ぐ御在所岳は岩の鎧をまとい、1000m級の山々が連なる鈴鹿山系の主峰たる風格を漂わせている。急峻な岩壁と四季の花、麓に湧く名湯に多くの登山者が魅了される。

麓に湧く湯の山温泉から仰ぎ見る御在所岳は、岩峰が天を突き圧倒的な存在感を見せている。早くから山岳信仰の山として崇められ、頂上に祀られる御嶽大権現や中腹の三岳寺にその歴史を伺うことができる。温泉街から頂上までロープウェイが結び、頂上付近は山上公園として整備されており、観光の山としての一面も持ち合わせているのも特徴だ。ロープウェイを使えば手軽にピークハントができる一方、豪快に岩峰を登るメインルートや多くのクライマーを育てた藤内壁の岩壁、冬には氷壁や氷瀑のアイスクライミングを楽しめるなど、初心者から上級者までが満足できる、多彩なルートが用意されている。

ここでは巨岩・奇岩や急登、鎖場のある中道で頂上に立ち、藤内壁を望む裏道を下る周回コースを行く。ロープウェイ❶**湯の山温泉駅**から駅の裏手を通って三滝川沿いの車道に出る。西に温泉街を抜けて三滝川をさかのぼる。川を離れて車道を大きく蛇行しながら登り、一の谷茶屋跡を過ぎて車道から左に折れて鈴鹿スカイラインの高架をくぐった先が❷**中道登山口**だ。この先、花崗岩が露出した山道が続くので、滑らないように注意しながら登る。

▲三滝川にかかる赤い欄干の大石橋

▲クサリ場のある中道のキレット

▲地蔵岩などの奇岩が多く点在

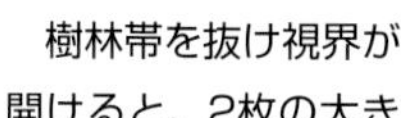

樹林帯を抜け視界が開けると、2枚の大きな板を立てかけたような「おばれ岩」のある尾根に出る。登山道には花崗岩の巨石がいくつも立ちふさがり、その間を縫うようにして登っていくと尾根道に出る。2つの石柱の間にサイコロのような岩をのせて絶妙なバランスで保っている「地蔵

レベル	上級者 向け
歩行時間	5時間50分
歩行距離	9.0km
参考地図	御在所山

問合せ

菰野町役場	☎059-391-1129
菰野町観光協会	☎059-394-0050
湯の山温泉協会	☎059-392-2115

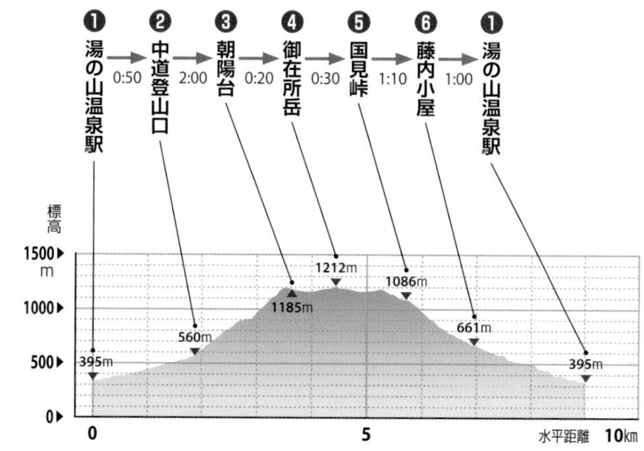

欄外情報 中道に御在所一の谷山荘（☎059-392-2654）、裏道に藤内小屋（☎090-3151-7236、主に週末と祝日営業）、日向小屋（☎059-392-2188、主に週末と祝日営業）がある。

▲富士見岩展望台

▲頂上付近に咲くアカヤシオ

▲シロヤシオは5～6月が見頃

▲一等三角点。最高点は望湖台にある

岩」をはじめ、奇岩・怪石が続々と現れる。これら自然のオブジェはまさにアートであり、まるで不思議な力を秘めたパワースポットのようだ。岩尾根は展望に優れ、背後には伊勢平野と伊勢湾が、北に目をやれば国見岳の尾根越しに釈迦ヶ岳を望むことができる。稜線部が切り立ったキレットではクサリを使って下り、再び急登。滑りやすい岩壁の斜面を横断し、最後の急登を登りきると富士見岩展望台。山上公園東端にある❸ **朝陽台**はそのすぐ先だ。ここから先は整備された舗装路を歩き、20分ほどで❹**御在所岳**頂上にたどり着く。少し西に展望所の望湖台があり、展望を楽しむならこちらで。鈴鹿山系の山々が指呼のもと、遠く琵琶湖の展望も得られ、絶景が満喫できる。

帰路はいったん朝陽台方面へ進み、手前で北の道を取って国見峠へ向かう。このあたりはシロヤシオが自生し、5月中旬頃に白く美しい花を楽しませてくれる。雑木林がササヤブに変わると、四辻の❺**国見峠**に出る。そのまま直進すれば往復15分ほどで国見岳へ行けるので、立ち寄ってみるのもおすすめ。峠を右に折れて谷沿いの裏道へ入る。この北谷は2008年の集中豪雨による大規模な土石流で、七合目あたりから下の登山道が崩壊した場所。現在は再整備されているが、随所で土石流の生々しい崩壊跡が残っている。かつては木々の間からわずかに見える程度だった藤内壁はその全貌を現し、岩に取りつくクライマーの姿もよく見えるようになった。

巨大な花崗岩が転がる谷道を進むと、❻**藤内小屋**に着く。さらに下り、鈴鹿スカイラインの高架をくぐると旧蒼滝茶屋がある。ここから御在所ロープウェイをくぐってその先の分岐（裏登山道一合目）を左に取ると、ロープウェイ❶**湯の山温泉駅**に出る。

▲迫力ある裏道からの藤内壁

登山コースアドバイス

御在所ロープウェイ

麓にある湯の山温泉街から山上公園駅まで結ぶロープウェイは、標高差780mで全長が2161mと日本最大級。眼下には温泉街から伊勢湾までの大パノラマが広がり、左右に奇岩が林立する尾根を眺めながら約12分間の空中散歩が楽しめる。山上公園駅からは頂上直下まで観光リフト（所要8分）も運行。

▶三重県三重郡菰野町湯の山温泉　☎059-392-2261
営業＝9時～上り17時、下り17時20分（12～3月は～上り16時、下り16時20分）　休み＝無休

周辺の立ち寄りスポットをCHECK!!

道の駅 菰野

湯の山街道沿いにある湯の山温泉や菰野町の情報拠点。売店では町名にもなったとされるイネ科の「マコモ」が町の特産品で、ドーナツやプリンなどのスイーツから、麺類やウィンナーなどさまざまなマコモ入り商品、菰野町の地場産品が販売されている。併設する食事処・マコモの里ではまこものコロッケ、まこコロカレーが人気だ。▶三重県三重郡菰野町菰野2256 ☎059-394-0116 営業＝9～18時（11～3月は～17時） 休み＝無休（マコモの里は土・日曜・祝日営業）

温泉 湯の山温泉

御在所岳の東麓に湧く、豊かな自然と四季折々の景観美が人気のいで湯。温泉街には10軒ほど日帰り入浴のできる宿があるので、山登りのあとにほっこりと温泉が満喫できる。10月初旬に催される三岳寺の僧兵まつりは、僧兵装束に身を包んだ男たちが「火炎みこし」を担いで温泉街を練り歩く奇祭で有名だ。炎がすさまじく燃えさかる様は迫力満点。三岳寺はまた、恋愛成就の寺でも知られている。
▶問合せ：湯の山温泉協会☎059-392-2115

釈迦ヶ岳
N
1:25,000
0 250 500m
1cm=250m
等高線は10mごと
三重県
菰野町
滋賀県
東近江市
国見岳
国見尾根
藤内小屋
国見峠
0:05
0:10
石がゴロゴロして歩きにくい
1:10→
一の谷・中道への分岐
御在所岳
5
水 6
裏道
北谷
藤内壁
1:00
日向小屋
七の渡し
大堰堤
蒼滝不動尊
湯の山温泉駅
御在所岳 4
1209.4
0:30
朝陽台 3
御在所スキー場
キレット
地蔵岩
裏道登山口
望湖台
1212
頂上駅
リフト
0:20
2:00
中道
立石
おばれ岩
長者池
山上公園駅
富士見岩
蒼滝茶屋跡
御在所ロープウェイ
一ノ谷新道
御在所一の谷山荘
湯の山
大かもしか
菰野IC
大石公園
0:50
1
湯の山温泉街
急坂やクサリ場などの難所があるルート展望がすばらしい
中道登山口 2
表道
武平峠道
冬季通行止め
鈴鹿スカイライン
477
一の谷茶屋跡
三岳寺
蔵之助売店
裏登山道二合目
東海自然歩道
湯の山パーキングセンター
577
湯の山温泉駅
鈴鹿スカイラインの真下を歩く
武平峠
表道は湯の山温泉駅～御在所岳間登り3時間
甲賀市
鎌ヶ岳

12 滋賀県・福井県 [標高] 824m

人気の高島トレイル北部の山へ

赤坂山（あかさかやま）

名神高速道路

▼明王ノ禿から見た赤坂山はすっきりとした山容だ

アクセス情報 往復 2,740円

吹田IC	37km 名神高速	京都東IC	63km 西大津バイパス・湖西道路・志賀バイパス・R161	沢交差点	4.5km 県道287号・市道	マキノ高原	赤坂山
	1370円		0円		0円		

名神高速吹田ICから京都東ICまで約37km（約30分）。西大津バイパス・湖西道路を経て志賀バイパス終点となる北小松南交差点へ。R161を北上して高島市マキノ町で沢交差点を左折、県道287号に入り、約4.5km先の東漸寺のあるY字路を左折、市道に入ると登山者用の駐車場がある。

P駐車場情報
東漸寺のあるY字路の先に広い登山者用の無料駐車場がある（計100台以上）。高原内の駐車場は温泉やキャンプ場などの施設利用者向け。

登山口NAVI　緯度：35°29'34／経度：136°02'15

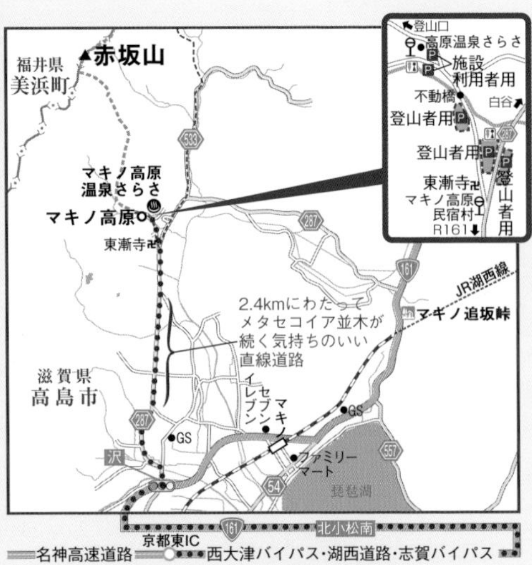

欄外情報　マキノ高原の手前にあるメタセコイア並木は、2.4kmにわたって約500本のメタセコイアが植えられ、高原らしい景観を演出している。遠景する野坂山地の山々とも調和し、快適なドライブが楽しめる。

上級
中級
初級

山のプロフィール 高島市マキノにそびえる赤坂山は、山麓にマキノ高原を抱き、古くから人気の高い山だ。近年、高島市境に中央分水嶺高島トレイルが整備され、その中心的存在としてさらに人気が高まっている。

赤坂山は、従来はその北にある三国山と併せて登られることが多かったが、現在は南の大谷山と組むケースも多くなった。ここではオーソドックスな赤坂山・三国山を歩くコースを紹介するが、機会があれば、大谷山を加えた三山をめぐるコースも歩いてみたい。

春にはカタクリやオオバキスミレなどの花々が楽しめ、初夏はブナの新緑、秋は紅葉、冬はスノーシューハイクの場として、オールシーズン楽しめる。マキノ高原に温泉があり、下山後、ひと汗流して帰ることができるのも人気の理由だ。

駐車場から❶**マキノ高原**の山の手へと歩く。スキー場の上部にトイレがあり、そこから右の斜面に登山道がつけられている。最初は急坂だが、やがて緩やかな尾根道をたどるようになる。休憩舎のある❷**ブナの木平**まで来たら、ひと息つくとよいだろう。

▲灌木帯になると粟柄越はもうすぐ

ブナの木平からは少し下りとなって、谷を絡んで美しいブナ林の山腹道を歩くようになる。樹林帯を抜け出し、草原状の台地まで上がれば峠となった❸**粟柄越**は近い。峠近くの岩には地蔵尊が彫られている。右折して草原をひと登りすれば、❹**赤坂山**頂上だ。琵琶湖の展

▲カタクリは4月下旬に見られる

登山コースアドバイス

中央分水嶺を歩く高島トレイル

高島トレイルとは、R161の滋賀と福井の県境に位置する愛発越から滋賀と京都の府県境にある三国岳の約80kmに及ぶ登山道のことで、日本海側と太平洋側を区切る中央分水嶺になっている。若狭湾や琵琶湖を望みながらブナやミズナラの混成林を抜け12山12峠を越える道中は、四季折々に楽しめるネイチャートレイルとして多くのハイカーに親しまれている。▶滋賀県高島市山域 ☎0740-20-7450（NPO法人高島トレイルクラブ）

レベル	中級者向け
歩行時間	6時間05分
歩行距離	14.0km
参考地図	海津／駄口

問合せ

NPO法人高島トレイルクラブ ☎0740-20-7450
びわ湖高島観光協会 ☎0740-33-7101

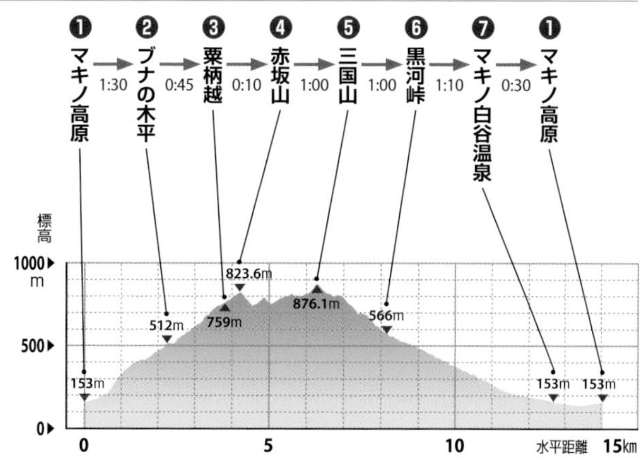

望はもちろん、中央分水嶺の山だけあって日本海も望むことができる。

赤坂山から北へ、ツゲの目立つ草原を下る。樹林を抜けると、明王ノ禿と呼ばれる風化した岩場がある。足場がもろいので、張られたクサリより先は立ち寄らないようにしたい。春には林床にトクワカソウ（イワウチワの亜種）の咲く樹林のなかを歩いて三国山の分岐に着く。このあたりはカエデ類も多く、紅葉の頃は楽しみな道だ。分岐から道標に従い、湿地帯を抜けて❺**三国山**へ。ただし、展望は期待できないので、ピークハントにこだわらないなら、分岐をそのまま直進してもいいだろう。直進すると、スゲの茂る三国山湿原に出る。7月頃ならキンコウカの咲く姿が見られる。湿地を木道で抜けると、展望のよい山腹道を下るようになる。絶好の展望地であるアザラシ岩を過ぎると再び樹林に囲まれた道となって、林道の通る❻**黒河峠**に出る。ここには立派なトイレもある。

あとは林道をひたすら白谷に向けて下っていく。❼**マキノ白谷温泉**の先でバス道に出たら、右折して❶**マキノ高原**の駐車場を目指す。

▲荒々しい明王ノ禿

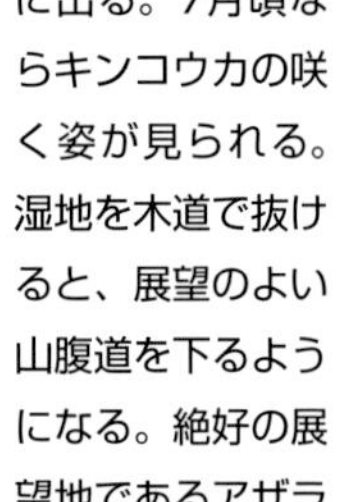

▲明王ノ禿から琵琶湖方面を望む

▲イワカガミもたくさん咲く

周辺の立ち寄りスポットをCHECK!!

道の駅 マキノ追坂峠

レストランでは、絶景の琵琶湖の風景を楽しみながら、食事ができる。おすすめは天ざる。マキノ産のそば粉を石臼で自家製麺したざるそばと、サクッとした食感と野菜の甘みが楽しめる地元野菜の天ぷらが好評だ。地元米を自家製粉し、焼きたての米粉パンを製造販売するパン工房も併設。
▶滋賀県高島市マキノ町海津897-27　☎0740-28-8081　営業＝9～18時　休み＝5・6・9・12～3月の火曜・年末年始

温泉 マキノ高原 温泉さらさ

マキノ高原の一角にある立ち寄り湯で、露天風呂では高原の爽やかな空気を感じながら温泉が満喫できる。水着着用のバーデゾーンもあり、マキノ高原や赤坂山系が一望できる屋外ジャクジーは、開放感もたっぷりだ。アルカリ性単純泉の湯は疲労回復などにおすすめ。▶滋賀県高島市マキノ町牧野931　☎0740-27-8126　営業＝10～21時　休み＝第2・4水曜（ただし冬季は毎週水曜、祝日の場合は翌日）。バーデゾーンは土・日曜・祝日のみ営業

赤坂山
敦賀
敦賀市
黒河峠 6
620
高島トレイル
651.5
三国山湿原には6月に
キンコウカが咲く
三国山 5
876.1
665
展望はない
1:00
登山口
三国山分岐
アザラシ岩
林道黒河マキノ線
この付近
道が荒れている
814
1:00
435
風化した花崗岩
569
明王ノ禿
ゲート
駐車スペース
滋賀県
高島市
1:10
赤坂山 4
823.6
360度の展望
0:10
346
R161
533
福井県
美浜町
3 粟柄越
地蔵尊
送電線の鉄塔
高島トレイル
石畳
0:45
620
224
舗装道を歩く
313
水
2 ブナの木平
休憩舎
483.4
794
赤坂山自然遊歩道
1:30
八王子川
466
高原展望台
マキノ町白谷
マキノ白谷温泉 7
324
マキノ遊歩道
白谷荘歴史民俗
博物館
登山口
マキノ高原
マキノ高原温泉さらさ
白谷
287
R161
0:30
187
マキノスキー場
1
143
不動橋
マキノ高原キャンプ場
トレッキングセンター
132
登山者用
登山者用
マキノ高原民宿村
東漸寺
マキノ町牧野
知内川
368.8
N
1:25,000
250
500m
1cm=250m
等高線は10mごと
287
388.5
R161

［標高］1,214m

快適な展望尾根を歩き比良山系の最高峰へ

武奈ヶ岳（ぶなたけ）

▼南方の蓬莱山から望む武奈ヶ岳（中央左のピーク）

アクセス情報 …… 往復 2,740円

吹田IC	37km 名神高速	京都東IC	32km 西大津バイパス・湖西道路・志賀バイパス	比良ランプ	0.8km 県道322号	イン谷口	武奈ヶ岳
	1370円		0円		0円		

名神高速吹田ICから京都東ICまで約37km（約30分）。京都東ICから西大津バイパスに入り、湖西道路・志賀バイパスを経て比良ランプを左折して県道322号に入る。約800mでイン谷口に着く。

🅿駐車場情報
イン谷口～大山口間に駐車スペースとその奥に約30台分の無料駐車場とトイレ、イン谷口から旧リフト山麓駅へ向かう県道３２２号沿いに数箇所の無料駐車場がある。

登山口NAVI　緯度：35°14'19／経度：135°55'36

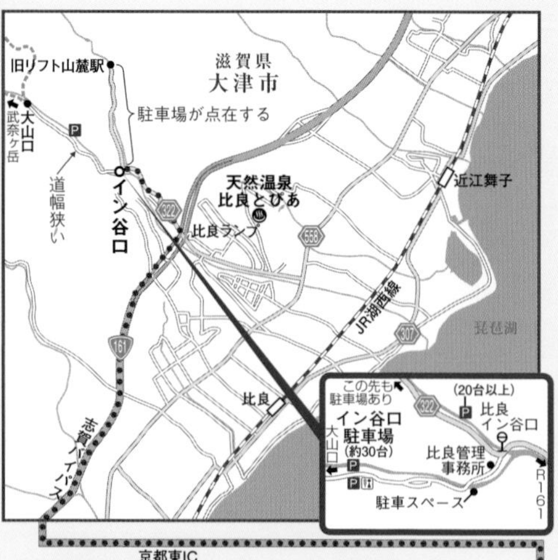

欄外情報　ガリバー旅行村を起点に八淵ノ滝を経由するコースは、大小の滝をめぐり渓谷をさかのぼる変化に富んだ山歩きが楽しめる。途中、クサリ場やハシゴのかかる場所があるので、細心の注意を持って通過しよう。

山のプロフィール

琵琶湖西岸に1000m級の山々が屏風のように横たわる比良山系。その連峰の最高峰である武奈ヶ岳の山中は、渓谷や滝、湿原、原生林の樹林帯、そして爽快な展望の尾根と変化に富み、バリエーション豊かな山歩きが楽しめる。

▲なだらかな稜線が頂上まで延びる西南稜

標高1000mを越える峰が16も連なる比良山系。日本海側気候の影響を強く受けるため冬は積雪が多く、特に主峰たる武奈ヶ岳の稜線は強風にさらされるため樹木が生育せず、360度のすばらしい眺望を創りだしている。かつては琵琶湖側の麓からリフトとロープウェイを利用すれば手軽に標高1000m近くまで到達できたため、特に紅葉の時期は多くのハイカーでにぎわったが、2004年の事業廃止後は登り応えのある山となり、比較的、静かな山歩きが楽しめるようになった。頂上へいたる代表的な登山道は南西麓の葛川(かつらがわ)坊村(ぼうむら)を起点にした御殿山(ごてんやま)コース、北東麓のガリバー旅行村から八淵(やつぶち)ノ滝を経由するコースなどがあるが、ここでは以前のリフト乗り場に近い南東麓のイン谷口から登るコースを歩く。登山口へのアクセスがしやすいのが魅力だが、コース自体は1000m近い標高差の登降や、岩が堆積して落石の恐れがある青ガレの通過など、思いのほか難易度が高い。

▲大石が積み重なった正面谷の青ガレ

▲西南稜の紅葉

バス停のある❶イン谷口(たにぐち)で三差路を左に進み、少し先の比良管理事務所で登山届を提出する。まずは林道を歩き、大山口を目指す。トイレのある駐車場を過ぎ、30分ほどで❷大山口(おおやまぐち)の分岐に着く。右に折れるのは北比良峠へたどるダケ道（下山で利用する）。分岐を直進し、正面谷へと入る。堰堤を左から通

レベル	上級者 向け
歩行時間	6時間55分
歩行距離	11.9km
参考地図	北小松／比良山

問合せ

びわ湖大津観光協会
☎077-528-2772

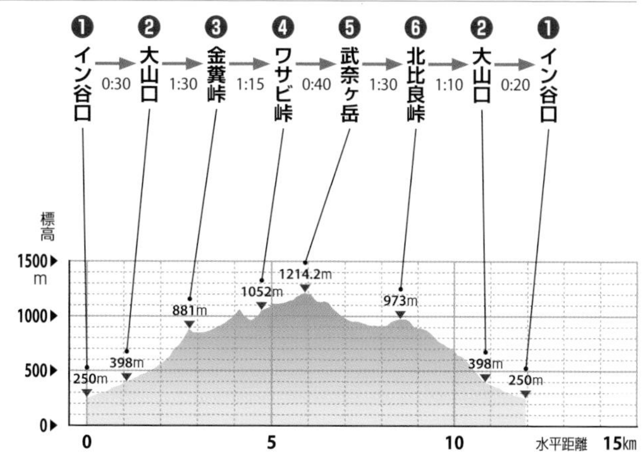

過していくとやがて大きな堰堤に出て、直下を徒渉する。ここが青ガレ基部だ。巨石などの岩場が続く青ガレから落石に注意しながら登ると、しだいに谷は狭まる。急斜面を登り詰めると❸**金糞峠**に出る。琵琶湖の展望がよく、先ほど登ってきた正面谷が一直線に琵琶湖へと延びている。ここで分岐を直進して奥ノ深谷に入り、しばらく沢の流れに沿って下る。手作りの木橋を渡ると右からヨキトウゲ谷が合流、これを右に折れて谷を登ると中峠に出る。峠から反対の谷に降りると口ノ深谷の源流で、春にはニリンソウの群落が見られる。

▲ワサビ峠。武奈ヶ岳へは右に進む

小さな谷を登り詰めれば、御殿山コースと合流する❹**ワサビ峠**にたどり着く。

峠を右に取ると視界が一気に開け、あとは頂上まで緩やかに延びる西南稜の尾根歩き。足取りも軽やかに爽快な稜線を高原気分で進むと、やがて❺**武奈ヶ岳**頂上にたどり着く。360度視界を遮るものはなく、南北に比良山系、西には京都北山の山々を、東に目をやれば眼下に雄大な琵琶湖が広がり、晴れた日には遠く白山やアルプスの山々までが望める。

▲遮るものは何もない、絶景広がる武奈ヶ岳頂上

▲木道が敷かれた八雲ヶ原湿原

最高の眺望を満喫したら西南稜を少し戻り、ガレ場の歩きにくい斜面をコヤマノ岳との鞍部へと下る。鞍部からはイブルキノコバへ向かい、イブルキノコバの分岐を右に取って緩やかに下れば、やがて湿地保護のために木道が敷かれた八雲ヶ原に出る。ここは比良山系有数の高層湿原で、ウメバチソウやサワギキョウなど植生も豊かだ。湿原の先から少し谷間を登ると、大きなケルンが残る比良ロープウェイ山上駅跡地の広場。そのすぐ先が❻**北比良峠**で、右の道を進めばシャクナゲ尾根を経て金糞峠に出る。峠から南東に延びるダケ道に入り、左手に釈迦岳を見ながら尾根道を下る。快適な尾根道はやがて急直下となり、やがて❷**大山口**の分岐に降り立つ。ここから❶**イン谷口**までは20分ほど。

周辺の立ち寄りスポット

温泉　天然温泉 比良とぴあ

志賀バイパス・比良ランプにほど近い、比良山系が間近に望める立ち寄り湯。男女別に八雲乃湯、武奈乃湯があり、それぞれに岩造りの庭園風呂が設けられている。弱アルカリ性単純泉で、筋肉痛や疲労回復などに効能があるという。館内にフードコートを併設しており、麺類などの軽食のほか、鮎そばといった琵琶湖らしいメニューもそろう。

▶滋賀県大津市北比良1039-2　☎077-596-8388　営業＝10～21時　休み＝不定休

登山コースアドバイス

坊村の明王院から歩く御殿山コース

比良ロープウェイの廃止以降は、西南麓の大津市葛川坊村から御殿山を経て武奈ヶ岳を目指す御殿山コースがポピュラーになった。明王院などの見どころがあるのも魅力だ。マイカー登山の場合、坊村駐車場が利用できる。明王院から登山道に入り、最初は杉林の急斜面を登る。自然林が増えると道は緩やかになり、やがて西に開けた広場に出る。御殿山へはもうひと登りで、あとは正面に武奈ヶ岳を見ながらの快適な西南稜歩きが待っている（往復約4時間半）。

武奈ヶ岳
釣瓶岳
1098
細川越
北稜
所要登り2時間50分、
下り2時間15分
沢道で足を
滑らせない
ようにしよう
高島市
ガリバー旅行村
516
773
851
752
R161
山系の最高峰だけに
度の大展望
5 武奈ヶ岳
1214.2
岩の多い急な下り
991
イブルキノコバ
オガサカ分岐
0:40
1:30
西南稜
ブナ林
コヤマノ岳
1181
道標
比良スキー場跡
木道が敷かれた高層湿原。
サギソウなどの湿生植物が
見られる
1060.1
釈迦岳
八雲ヶ原
ロノ深谷源流
1097
御殿山
滋賀県
大津市
中峠
1121
シャクシコバの頭
1:15
6 北比良峠
登り下りとも40分
前山
999
シャクナゲ尾根
5月にはシャクナゲの
花が咲き乱れる
1:10
急な下り
カモシカ台
ヨキトウゲ谷出合
広場
3 金糞峠
丸木橋を渡る
落石注意
大きな堰堤の
直下を徒渉する
青ガレ
青ガレ基部
ザレ場の登り
涸れ沢を左岸から右岸へ
931
591
1:30
2 大山口
春先はヤシャブシの
花粉に注意
0:20
0:30
旧リフト山麓駅
比良管理事務所
登山届箱
比良イン谷口
322
奥ノ深谷
堂満岳
1057
東稜
1006
南比良峠
暮雪山多目的保安林の
看板がある
駐車スペース
1 イン谷口
615
鳥谷山
1076.5
1:28,000
250
500m
1cm=280m
等高線は10mごと

14

滋賀県

［標高］1,174m

眼下に琵琶湖を望みながらの稜線漫歩

蓬莱山（ほうらいさん）

名神高速道路

▼南麓から望む。右から打見山、蓬莱山、ホッケ山、権現山

眺め
花
紅葉
道の駅
温泉

アクセス情報 …… 往復2,740円

吹田IC	37km 名神高速	京都東IC	27km 西大津バイパス・湖西道路	志賀IC	4.5km 県道345号・県道558号ほか	びわ湖バレイ山麓駅	蓬莱山
	1370円		0円		0円		

名神高速吹田ICから京都東ICまで約37km（約30分）。西大津バイパスに入り、湖西道路を経由して敦賀方面へ北上し志賀ICへ。県道345号・558号経由でびわ湖バレイ口交差点を右折し、約2kmでびわ湖バレイ駐車場に着く。

P駐車場情報

ロープウェイ山麓駅に約1700台の有料駐車場があるが、駅に近い駐車場が満車になると随時下方の駐車場に停めることになる（駐車場内循環バス運行）。駐車場の開設時間はロープウェイの運行15分前～17時30分頃。

登山口NAVI　緯度：35°12'08／経度：135°54'27

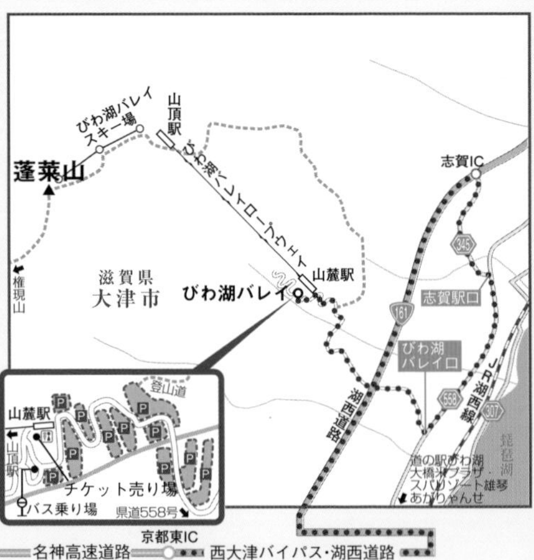

欄外情報　琵琶湖の夕日はここならではのもので、おすすめは大橋を渡り湖周道路近江八幡湖岸にある喫茶店「シャーレ水ヶ浜」（☎0748-32-3959）。テラスからは登った蓬莱山が対岸正面にそびえて絶景だ。

山のプロフィール 近江八景の比良暮雪は、湖畔から雄大な姿を見せるこの山をいう。打見山〜蓬莱山〜権現山間の稜線は高低差が少なく、両側に展望が開けて快適に登ることができる。伝説に彩られた山上の池、小女郎ヶ池も味わい深い。

湖西道路を北上すると比良山系の山並がぐんぐん近づいて、登高欲がそそられる。そのなかで、ひと際高くそびえるドーム状の山が蓬莱山だ。さらに頂上から南へ肩をいからせるようにスカイラインが続いている。これが今日歩く権現山、ホッケ山、小女郎峠の稜線であり、最高峰は武奈ヶ岳に譲るものの、比良山系を代表する登山コースとなっている。

起点となるびわ湖バレイロープウェイの駐車場は山麓駅から下方まで続くが、下山時は下の駐車場に出るので、駐車位置はあまりこだわる必要はない。ロープウェイを5分ほど乗ると、標高約1100mの❶**山頂駅**に着く。まずは蓬莱山の頂上を目指す。

リフト沿いの道を下ると、まもなくレストランなどがある鞍部に出る。ここから登り返すと蓬莱山の頂上だが、周囲の斜面は約30万球ものスイセン畑になっていて、5月には一帯が黄色と緑のあざやかなコントラストとなる。❷**蓬莱山**頂上は広々とした場所で、比良連峰最高峰の武奈ヶ岳をはじめ、琵琶湖の向こうに伊吹山や鈴鹿山脈などが一望のもとだ。

▲山頂駅のびわ湖テラス展望エリア

▲ドウダンツツジの紅葉と近江舞子

山頂をあとに、標識の「小女郎ヶ池」を指す方向の道へと入る。下り始めはやや急だが、やがてなだらかな尾根道になり、❸**小女郎峠**へ。右へ行くと10分ほどで小女郎池があるが、帰りに立ち寄ることにして、そのまま尾根を進んでいく。峠からは

▲蓬莱山斜面のスイセン畑

レベル	中級者 向け
歩行時間	6時間30分
歩行距離	14.6km
参考地図	比良山

問合せ

びわ湖バレイ ☎077-592-1155
びわ湖大津観光協会 ☎077-528-2772

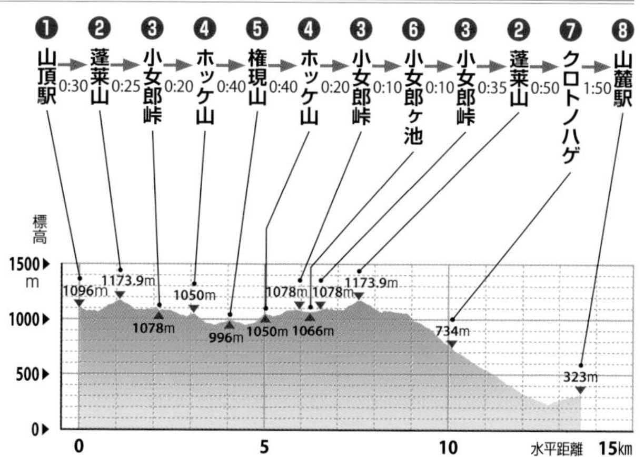

▲琵琶湖や比叡山などの雄大な景観が広がる蓬莱山頂上。一角に法華供養塔と九地蔵が佇んでいる

展望のよい❹**ホッケ山**、さらに権現山を目指すが、途中左手の琵琶湖側が崩壊している箇所がある。

❺**権現山**で琵琶湖などの景観を楽しんだら往路を❸**小女郎峠**まで引き返し、小女郎池を往復する。❻**小女郎池**は蓬莱山を前にした静かな場所だ。

小女郎池からは❷**蓬莱山**を経て山頂駅方向に戻るが、下山路のキタダカ道は駅の手前に分岐がある。なお、キタダカ道から山頂駅へは2時間ほどの下りなので、山頂駅着が14時半を過ぎた場合は、日の長い時期以外はロープウェイで下山すること。

分岐から打見山南の巻き道を通り、ロープウェイをくぐってさらに進むと❼**クロトノハゲ**に出る。琵琶湖の最後の展望を楽しんだら、樹林の道を下っていく。途中天狗杉を見て、ひたすら標高を下げていく。やがて林道に出てキタダカ谷沿いに進むと分岐があり、これを右に取る。山腹の道を進むと再び分岐があり、右へ行くとびわ湖バレイ下方の駐車場に出る。あとは車道を❽**山麓駅**方向へ進む。

▲風化した花崗岩が点在するクロトノハゲ

▲小女郎ヶ池越しに見る蓬莱山

登山コースアドバイス

びわ湖バレイロープウェイ

駐車場がある山麓駅と山頂駅間の標高差約780m・全長約1.8kmを5分で結ぶ（15分間隔の運行）。ガラス張りの大型キャビンからは360度のパノラマが展開する。山頂駅と蓬莱山頂上にある「びわ湖テラス」は、琵琶湖を眼下に優雅なひとときを楽しめる人気スポット。▶☎077-592-1155　営業＝9時30分～17時（11月9～23日は～16時30分）、メンテナンス運休あり

周辺の立ち寄りスポットをCHECK!!

道の駅 びわ湖大橋米プラザ

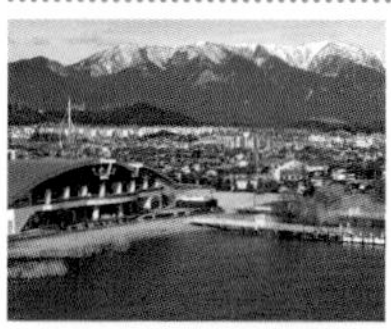

琵琶湖大橋の西詰にある道の駅。琵琶湖を眺めながら食事が楽しめるレストランがあり、地元の新鮮な野菜を取り入れた地産地消メニューをはじめ、季節料理や定食類、麺類など充実している。地元の生産者が作った農産物の直売所「おいしやうれしや」や、琵琶湖の名産品が多数そろう売店も人気だ。

▶滋賀県大津市今堅田3-1-1　☎077-572-0504　営業=9～19時(3・10・11月は～18時、12～2月は～17時)休み=無休

温泉 スパリゾート雄琴 あがりゃんせ

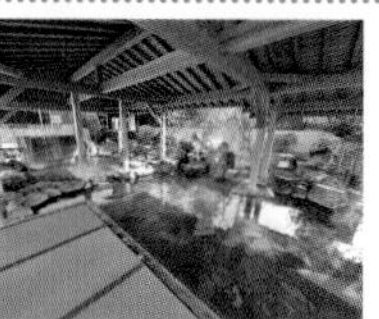

内湯に第一天然源泉「美肌の湯」、露天風呂に第二天然源泉「大湖の復活」を使用し、一度に2種類の湯が楽しめるスパリゾート。ロウリュのサービスが大好評の高温サウナや話題の岩盤浴など、施設も充実している。琵琶湖を一望できるリクライニングルームもあり、湯上がりに絶景を眺めながらのんびり過ごせる。レストランはフレンチ、イタリアン、和食、焼肉、割烹と豊富。

▶滋賀県大津市苗鹿3-9-5　☎077-577-3715　営業=10～翌1時　休み=無休

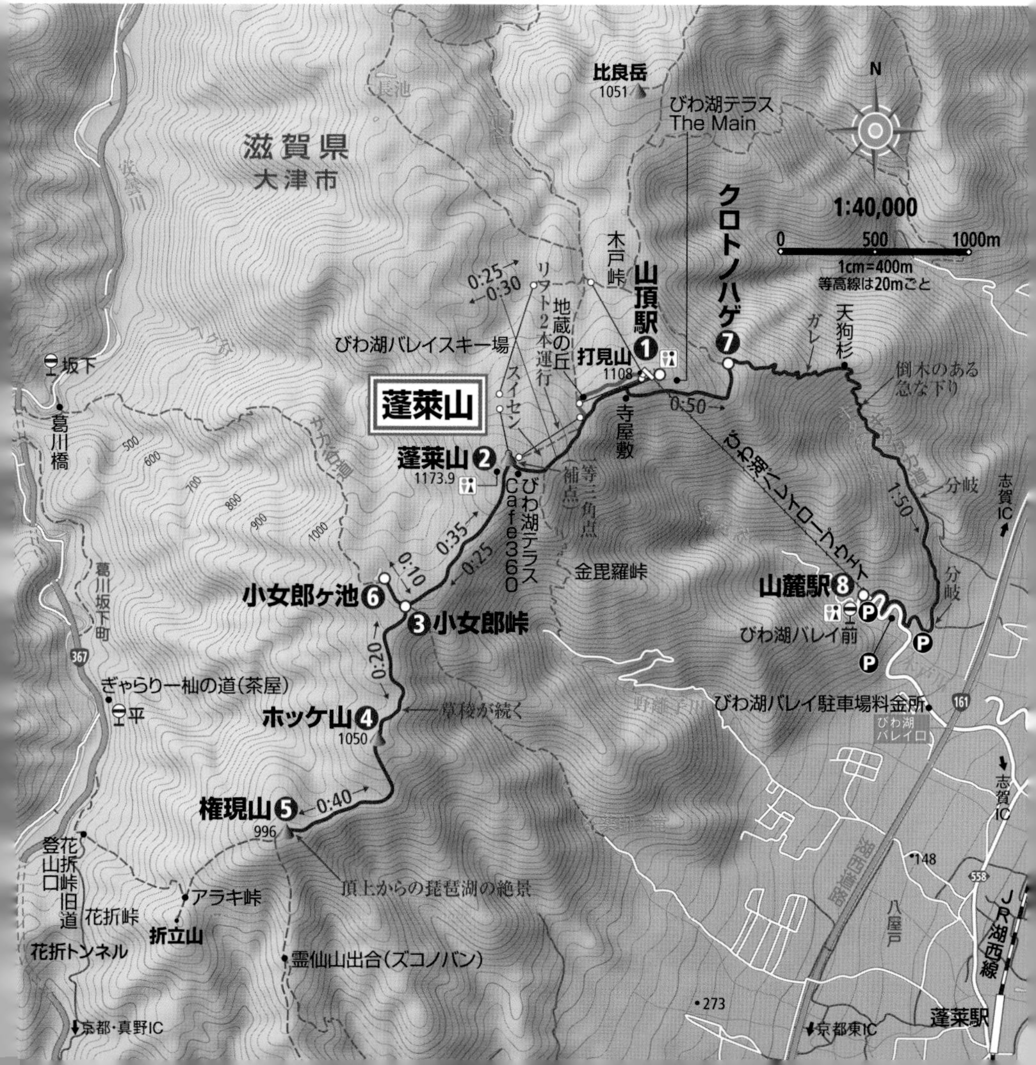
蓬莱山
比良岳
1051
びわ湖テラス
The Main
N
1:40,000
0
500
1000m
1cm=400m
等高線は20mごと
滋賀県
大津市
長池
安曇川
木戸峠
山頂駅 1
クロトノハゲ 7
天狗杉
ガレ
倒木のある急な下り
リフト2本運行
地蔵の丘
びわ湖バレイスキー場
打見山
1108
0:25
0:30
0:50
寺屋敷
スイセン
坂下
葛川橋
蓬莱山 2
1173.9
びわ湖テラス Cafe360
等三角点
(補点)
びわ湖バレイロープウェイ
分岐
1:50
志賀IC
0:35
0:25
0:10
金毘羅峠
小女郎ヶ池 6
3 小女郎峠
山麓駅 8
びわ湖バレイ前
葛川坂下町
367
0:20
ぎゃらりー杣の道(茶屋)
平
ホッケ山 4
1050
草稜が続く
野離子川
びわ湖バレイ駐車場料金所
161
びわ湖バレイ口
権現山 5
996
0:40
湖西道路
148
558
JR湖西線
登山口
花折峠旧道
花折峠
アラキ峠
折立山
頂上からの琵琶湖の絶景
花折トンネル
霊仙山出合(ズコノバン)
八屋戸
273
京都・真野IC
京都東IC
蓬莱駅
500
600
700
800
900
1000

15

滋賀県・福井県

[標高] 931m

歴史が刻まれた峠道と美しいブナ林の山

百里ヶ岳（ひゃくりたけ）

▼百里新道から見上げる均整のとれた姿の百里ヶ岳

名神高速道路

眺め
花
紅葉
道の駅
温泉

アクセス情報 ……… 往復 2,740 円

吹田IC	37km 名神高速	京都東IC	18km 西大津バイパス・湖西道路	真野IC	36km R477・R367・県道781号	小入谷越	百里ヶ岳
	1370円		0円		0円		

名神高速吹田ICから京都東ICまで約37km（約30分）。西大津バイパスに入り、湖西道路を経由して敦賀方面へ北上、真野ICでR477を京都方面へ向かい、途中口交差点を右折してR367を朽木方面へ北上する。約13km先の大津市葛川梅ノ木町の三差路を左折して県道781号に入り、久多川合町を経て高島市朽木生杉集落で右折すると小入谷越に着く。

P駐車場情報

小入谷越の登山口に約10台分の駐車スペースがある。

登山口NAVI　緯度：35°21'52 ／経度：135°48'14

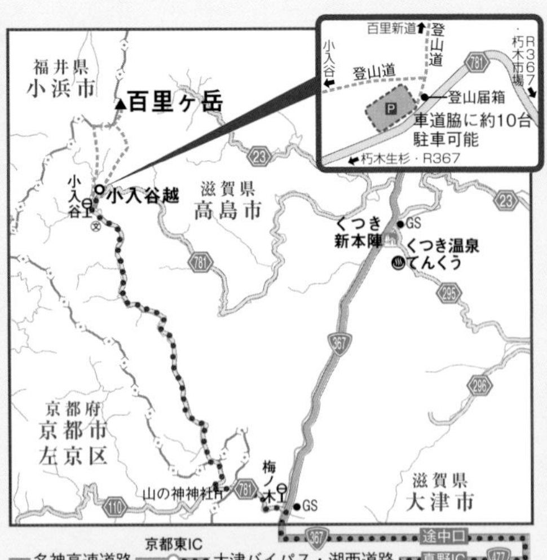

欄外情報　福井県側も上根来を起点として根来坂、百里ヶ岳、木地山峠、上根来と周回できる登山道がある。また稜線の根来坂から百里ヶ岳頂上間は高島トレイルとして設定され、道標や目印等は多い。

山のプロフィール

現在は頂上からは樹林に囲まれてあまり眺望は利かないが、百里四方が見渡せるところから名付けられたという。歴史ある峠からブナ林を縫って登る道は美しく、スケールの大きな山名に負けない魅力を持っている。

朽木と若狭を結ぶ根来坂は若狭の魚を京へと運んだ道筋にあり、鯖街道という名で知られる歴史が刻む峠道である。ブナの巨木のもとに石塔や石仏を祀る峠をはじめとして、随所に古い峠道の風情を残している。こんな峠から美しいブナ林を縫って登る百里ヶ岳は、江若国境上にある一等三角点の静かな山で、稜線は高島トレイルとしてよく歩かれている。

駐車地の❶**小入谷越**から浅い谷沿いに下るとすぐに❷**小入谷バス停**のある集落に出る。上流へと進み車道が分かれたところで、右へ流れを渡って大倉谷林道へ入ると鯖街道の道標に出合う。ここから昔の雰囲気が残る切り返しの峠道を登っていくと、小入谷林道に出た先に❸**焼尾地蔵堂**がある。休憩を取るにはよいところで、眼下の眺望もよく、秋には雲海を見ることができる。このお堂から再び旧道に入り、峠まで車道と何度か出合いながら登ると❹**根来坂峠**に出る。峠にはブナの大木、石仏を祀る小祠、石塔などがあり、情趣豊かな峠の風情が今なお漂っている。

▲百里ヶ岳頂上直下に広がるブナ林

▲北側がわずかに開けた百里ヶ岳頂上

峠から東へ稜線通しに百里ヶ岳に向かう。ブナ林と植林地のなかの道はよく整備されて歩きやすい。ゆったりとしたアップダウンがあって、右へと小入谷越への道を分ける❺**百里新道分岐**に着く。ここから百里ヶ岳へ登りが続き、整然と美しいブナの道となる。最後の急登を登り切ると❻**百里ヶ岳**の頂上だ。樹林があり展望はあまり利かない。

帰路は❺**百里新道分岐**まで戻り、左に下る尾根道（百里新道）に入る。シチクレ峠に下ってから大きなアップダウンが続く長い尾根で、春はイワウチワの群生が見られる。長い下りが続いて車道の❶**小入谷越**に戻る。

レベル	中級者向け
歩行時間	5時間25分
歩行距離	8.9km
参考地図	古屋

問合せ

NPO法人高島トレイルクラブ
☎0740-20-7450

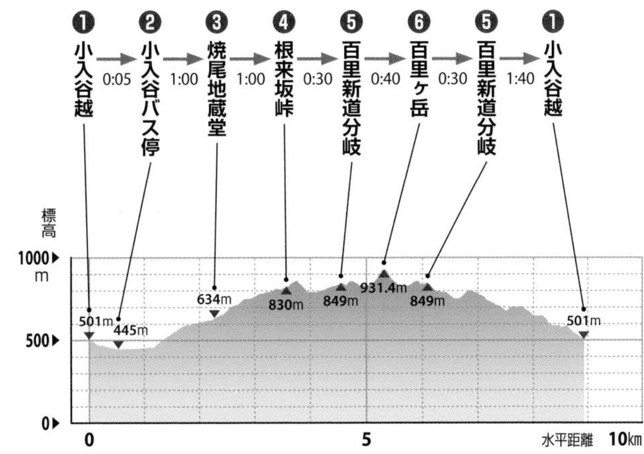

周辺の立ち寄りスポットをCHECK!!

道の駅　くつき新本陣

館内にある食事処さとでは、地元の野菜をふんだんに使った田舎仕立てのバイキング(平日11時～、土・日曜・祝日10時30分～14時30分)が人気。日曜と祝日には7～12時の間、朝市が開かれる。朽木の特産品や旬野菜、手づくり惣菜をはじめ、鯖寿司・鯖のなれずしなどが並び、地元の人との交流の場となっている。

▶滋賀県高島市朽木市場777　☎0740-38-2398　営業=9（食事処は10時30分～）～17時　休み=火曜（祝日の場合は翌日）

温泉　くつき温泉 てんくう

スポーツやアウトドアの複合施設・グリーンパーク想い出の森にある立ち寄り湯で、水着着用のプールゾーンと男女別お風呂ゾーンを用意。プールゾーンはユニークな天狗面の露天風呂が人気で、温水プール、滝湯などがある。お風呂ゾーンには大浴場のほか、露天風呂、サウナなどがそろっている。

▶滋賀県高島市朽木柏341-3　☎0740-38-2770　営業=10～21時（プールは～19時）　休み=無休（メンテナンス休館あり、プールは冬季休）

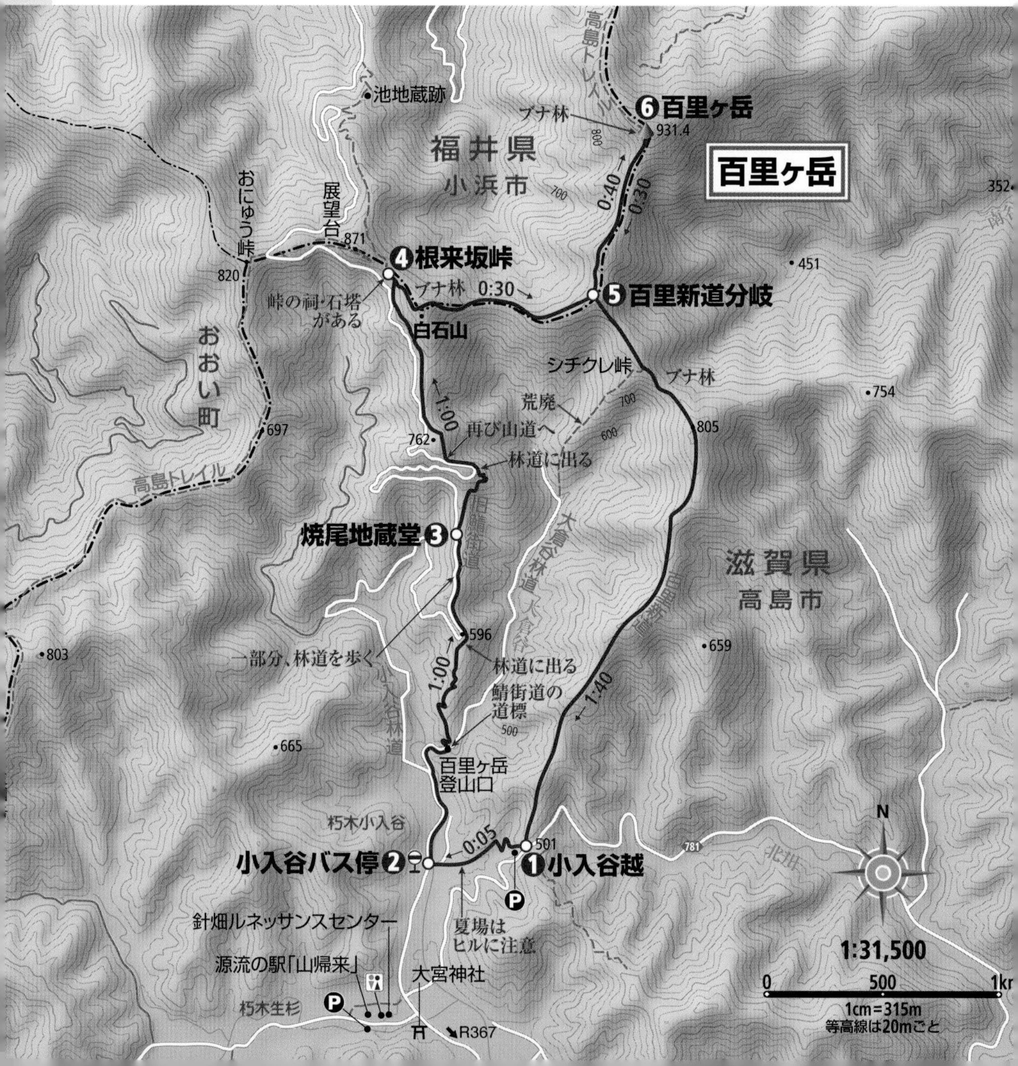

百里ヶ岳

❻百里ヶ岳
931.4
ブナ林
福井県
小浜市
池地蔵跡
展望台
871
おにゅう峠
820
❹根来坂峠
峠の祠・石塔がある
ブナ林　0:30
白石山
❺百里新道分岐
0:40
0:30
シチクレ峠
ブナ林
荒廃
おおい町
1:00
再び山道へ
762
林道に出る
697
805
高島トレイル
焼尾地蔵堂❸
滋賀県
高島市
大倉谷林道
一部分、林道を歩く
596
林道に出る
1:00
鯖街道の道標
1:40
803
659
665
451
754
352
百里ヶ岳登山口
朽木小入谷
0:05
501
小入谷バス停❷
❶小入谷越
781
夏場はヒルに注意
針畑ルネッサンスセンター
源流の駅「山帰来」
大宮神社
朽木生杉
R367
N
1:31,500
0　500　1km
1cm=315m
等高線は20mごと

京丹波の最高峰、絶景の頂へ

長老ヶ岳（ちょうろうがたけ）

▼コースの見どころのひとつ、カツラの古木「七色の木」

アクセス情報 ……………… 往復4,400円

吹田IC	60km 名神高速・京都縦貫道	丹波IC	13km R9・R27	市場交差点	12km 府道12号・府道51号・林道仏主本谷線	仏主・オマツ谷出合	長老ヶ岳
	2200円		0円		0円		

登山口NAVI　緯度：35°19'29 ／経度：135°27'42

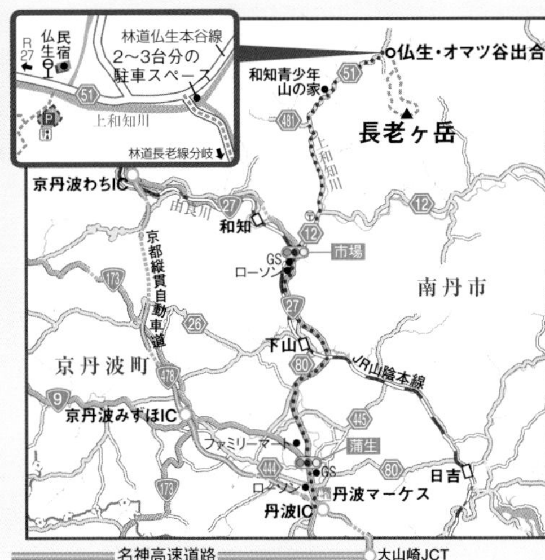

名神高速吹田ICから大山崎JCTを経て京都縦貫道丹波ICまで約60km（約50分）。R9・27を北上し京丹波町市場交差点を右折。府道12・51号で仏主集落のオマツ谷出合へ。

P駐車場情報

オマツ谷出合、または林道大松線分岐の無名橋の脇にある数台の駐車スペースを利用する。また、仏生バス停右横の橋を渡った先に駐車場とトイレがある。森林公園にも広い駐車場があるが、アクセスの林道長老線に難がある（詳細はP71欄外参照）。

欄外情報　2018年の豪雨により車両通行止めだった森林公園への林道長老線は、2020年6月時点では通行可能。ただしもともと路面に落石が多い道だっただけに、下の駐車スペースを利用したい。

山のプロフィール

標高900mを超える、京丹波町の堂々たる最高峰で、地元では「長老さん」として親しまれている。古くは数多くの密教寺院があったという。シャクナゲやイワカガミなど花が多い山で、頂上からの眺めも最高だ。

長老ヶ岳は、京丹波町のシンボルとして地元に親しまれ、関西百名山にも選ばれている。紹介するオマツ谷出合起点の周回ルートは、山道の区間の自然林の美しさや、一等三角点の頂上からの絶景は、往復の舗装林道区間の長さを補って余りある。標識もあるので、ルートさえ誤らなければ初心者にも危険が少ない。

❶オマツ谷出合の路肩に駐車。2018年7月の豪雨で登山道入口がかなり傷んだが、迅速な工事で通行できるようになった。駐車スペースがある**❷林道長老線分岐**を鋭角に右に回り込み、森林公園へ向かう。仏主集落が見下ろせるポイントを過ぎると、ほどなく**❸森林公園管理棟**と公衆トイレがある広場に着く。ここでやっと、舗装道から解放される。

▲森林公園への登りにある仏主集落の展望スポット

▲森林公園の広場は休憩適地だ

落葉広葉樹の美しい森林を見ながら、歩きやすい登山道を行く。初夏にはヤマボウシが咲く。ものの数分で立派な休憩舎に着く。カエデやブナを通り抜ける風が心地よい。続いて標高約670m付近にも東屋がある。5月初旬にシャクナゲ、5月末にはタニウツギが見られる美林を過ぎると、急登もなく植林帯に入る。

途中の分岐を左に取り、立ち並ぶ電波塔の脇を通り過ぎる。頂上直下の一本坂を登り切ると、一等三角点や国体採火台、東屋がある**❹長老ヶ岳**頂上だ。今は痕跡すらないが、飛鳥時代に円能法師が開山した密教寺院が建っていたという。その頂上では、思う存分に展望を楽しもう。特に南北が開け、北に日本海や青葉山、弥仙山、南に京都北山が一

▲初夏に見られるヤマボウシ

レベル	初級者向け
歩行時間	3時間45分
歩行距離	10.7km
参考地図	和知

問合せ

京丹波町観光協会 ☎0771-89-1717

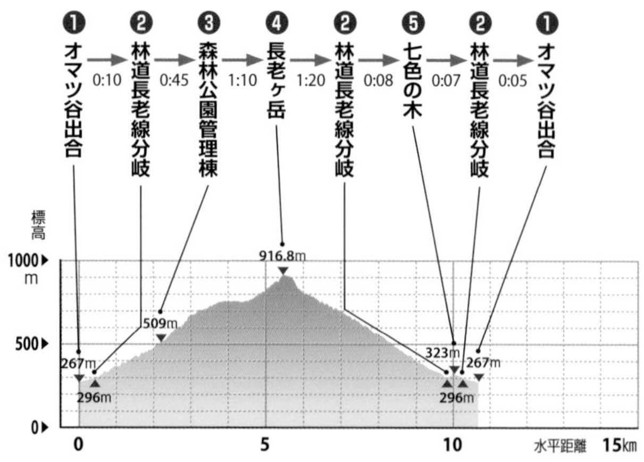

▲自然林が美しい道を行く

望できる。国体採火台は、昭和63年（1988）京都国体の際に採火したものだという。

頂上の北東直下は、イワカガミの大群落だ。5月上旬が花期。5月下旬はナナカマドの白い花が咲く。管理道に合流すると、この先はひたすら舗装道を下る。❷林道長老線分岐まで戻ったら、最後に❺七色の木に寄り道したい。幹径7mを超すカツラの古木に、6種類の樹木（スギ、カヤ、ケヤキ、カエデ、フジ）が共生しているという。その先にある権現さんの岩屋への渓流沿いの道は経験者向きだ。

あとは❶オマツ谷出合の駐車地に戻ろう。

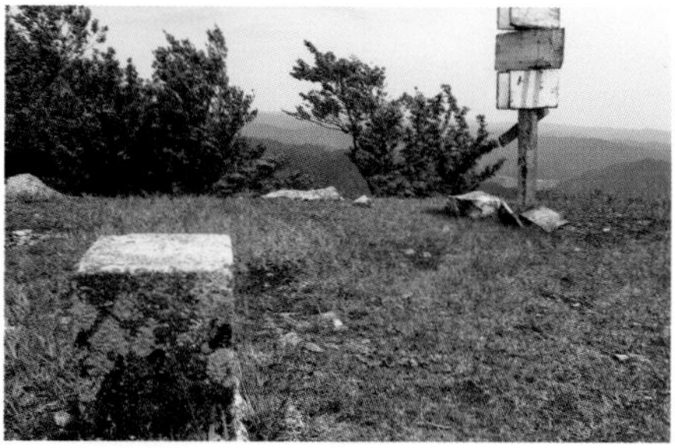

▲一等三角点が据わる長老ヶ岳の頂上

周辺の立ち寄りスポット

道の駅 **丹波マーケス**

京都縦貫自動車道丹波ICのすぐ北にある道の駅。敷地内にスーパーがあり、喫茶軽食も可能。薬局もテナントに入っており、いざという時にも安心。お土産処もある。京丹波町観光協会の案内所も入っているので、行きに立ち寄って登山や観光情報を入手していくとよいだろう。ちなみに「マーケス」とは、デンマーク語の市場のこと。

▶京都府船井郡京丹波町須知色紙田3-5　☎0771-82-3180　営業＝9～20時　休み＝無休

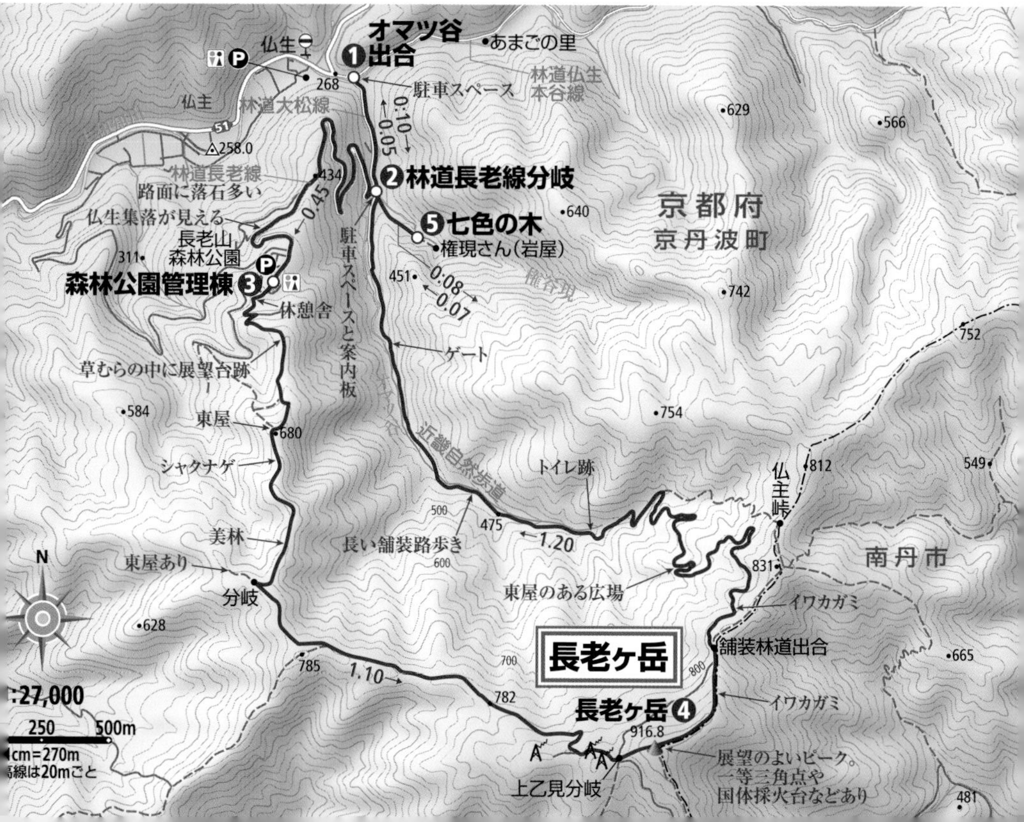

❶オマツ谷出合
❷林道長老線分岐
❸森林公園管理棟
❹長老ヶ岳 916.8
❺七色の木
仏生　あまごの里　駐車スペース　林道仏生本谷線　林道大松線　林道長老線　路面に落石多い　仏生集落が見える　長老山森林公園　休憩舎　草むらの中に展望台跡　東屋　シャクナゲ　美林　東屋あり　分岐　権現さん（岩屋）　駐車スペースと案内板　ゲート　近畿自然歩道　長い舗装路歩き　トイレ跡　東屋のある広場　仏主峠　イワカガミ　舗装林道出合　上乙見分岐　展望のよいピーク。一等三角点や国体採火台などあり
京都府　京丹波町　南丹市　仏主
0:10 0:05　0:45　0:08 0:07　1:20　1:10
:27,000　250　500m　1cm=270m　線は20mごと

京都府

［標高］

924m

愛宕さんの名で親しまれる庶民の山

愛宕山（あたごやま）

▼火伏せの神を祀る全国愛宕神社の総本社が愛宕山の頂上に置かれている

アクセス情報 ……… 往復 2,080円

吹田IC	27km	京都南IC	11km	福王子交差点	4km	清滝	愛宕山
	名神高速		R1・R9・R162		府道29号・府道137号		
	1040円		0円		0円		

名神高速吹田ICから京都南ICまで約27km（約20分）。R1を京都市街地方面へ北上、堀川五条交差点を左折しR9を亀岡方面へ、五条天神川交差点を右折してR162を高雄方面へ北上する。約4km先の福王子交差点を左折して府道29号を大覚寺方面へ向かう。大覚寺門前交差点を越えた突き当たりのT字路を右折、府道137号の清滝トンネルを抜けると清滝に着く。

🅿駐車場情報

清滝に駐車場（有料）があり、約100台収容可能。公衆トイレあり。

登山口NAVI　緯度：35°02'23 ／経度：135°39'30

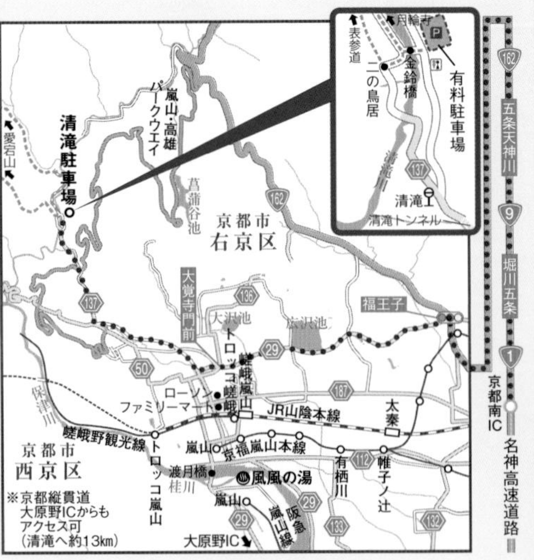

欄外情報 7月31日の夜から8月1日早朝にかけて参拝すると、千日分の火伏・防火のご利益があるとされ、この日は多くの参拝者が訪れる。清滝から頂上の愛宕神社まで、約4kmの表参道が提灯で照らされる。

山のプロフィール

「愛宕さん」京都の人々は親しみをこめてこの山をこう呼ぶ。頂上には火伏せの神様を祀る愛宕神社があり、古くから人々の暮らしの中で深く根付いた歴史がある。市内から秀麗な山容が望め、四季を通じて訪れる人も多い山だ。

嵐山・渡月橋から望む愛宕山は緩やかな稜線を優美に広げ、東の比叡山にひけを取らない堂々とした風格がある。

❶清滝駐車場から清滝川に架かる金鈴橋を渡ると、ほどなく表参道の登山口である赤い二の鳥居が現れる。階段状の道はよく整備されて歩きやすく、道の脇には1丁ごとにお地蔵様が祀られている。頂上の愛宕神社まで50丁あり、山行の目安にするといいだろう。急坂を進み、左に大きく折れる角にお助け水がある。これを見送りしばらく進むと尾根伝いの登りとなる。五合目のすぐ先に、老杉を祀った**❷大杉神社跡**が現れる。急な登りはここまでで、この先は比較的平坦な道と登り坂のくり返しが水尾分かれまで続く。

▲お助け水を過ぎると石段が続く

七合目まで来ると、左手の視界が開けて京都市街が望める。急な坂をさらに進むと、**❸水尾分かれ**にたどり着く。分岐を右に取り花売り場跡の小屋を見送り進むと、往路最後の急坂であるガンバリ坂。階段道を登り切ると黒門が現れ、鳥居跡を過ぎると休憩場のある社務所へとたどり着く。広場や屋根付きの避難所、トイレがある。社務所の先には燈籠がズラリと並ぶ急な石段があり、登り切ると愛宕神社のある**❹愛宕山**の頂上だ。

▲三合目にある最初の東屋

本殿を参拝したあとは、石段を降りて林道を左に進み帰路につく。月輪寺への案内に従い山道に入るが、往路より道は細く、急な斜面をジグザグに降りていく。途中には岩が露出して歩きづらい箇所もあるので注意する。尾根道をさらに下ると、

▲渡月橋の奥にそびえる愛宕山（左は小倉山）

レベル	初級者向け
歩行時間	5時間05分
歩行距離	9.1km
参考地図	京都西北部

問合せ

京都市右京区役所 ☎075-861-1101
愛宕神社 ☎075-861-0658

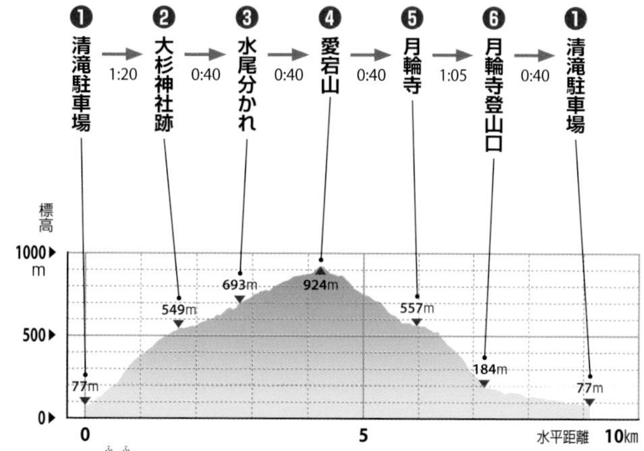

欄外情報 阪急嵐山線嵐山駅近くに立ち寄り入浴施設の「風風の湯」がある。入浴後に大阪方面に帰宅する際は、府道29号経由で京都縦貫道大原野ICに向かうとよい。☎075-863-1126　12～21時30分、無休。

▲落差約15mの空也滝

❺月輪寺に出る。本堂に平安期作の阿弥陀如来像を安置する古刹で、ホンシャクナゲの名所としても知られている。

岩が露出する急斜面をジグザグに下ると、❻月輪寺登山口に降り着く。右の沢沿いの道を10分ほど進むと空也滝があるので、余力があれば立ち寄ってみるのもいいだろう。林道を堂承川沿いにしばらく歩くと、❶清滝駐車場に戻る。

周辺の立ち寄りスポット

ドライブ　嵐山・高雄パークウエイ

嵐山・清滝と高雄を結ぶ約11kmのドライブコース。沿道には菖蒲谷池遊園地や観空台遊園地、ドッグランなどのレジャー施設がある。なかでもいち番の絶景スポットが保津峡展望台。山々に囲まれた保津川が望め、時折、川下りの舟やトロッコ列車といったのどかな情景が見てとれる。愛宕山展望台からは愛宕山の美しい景観と京都市街地が一望できる。▶京都府京都市右京区高雄　☎075-871-1221　通行有料　営業＝8～19時(11月は～20時、12～3月は9～18時)　休み＝無休

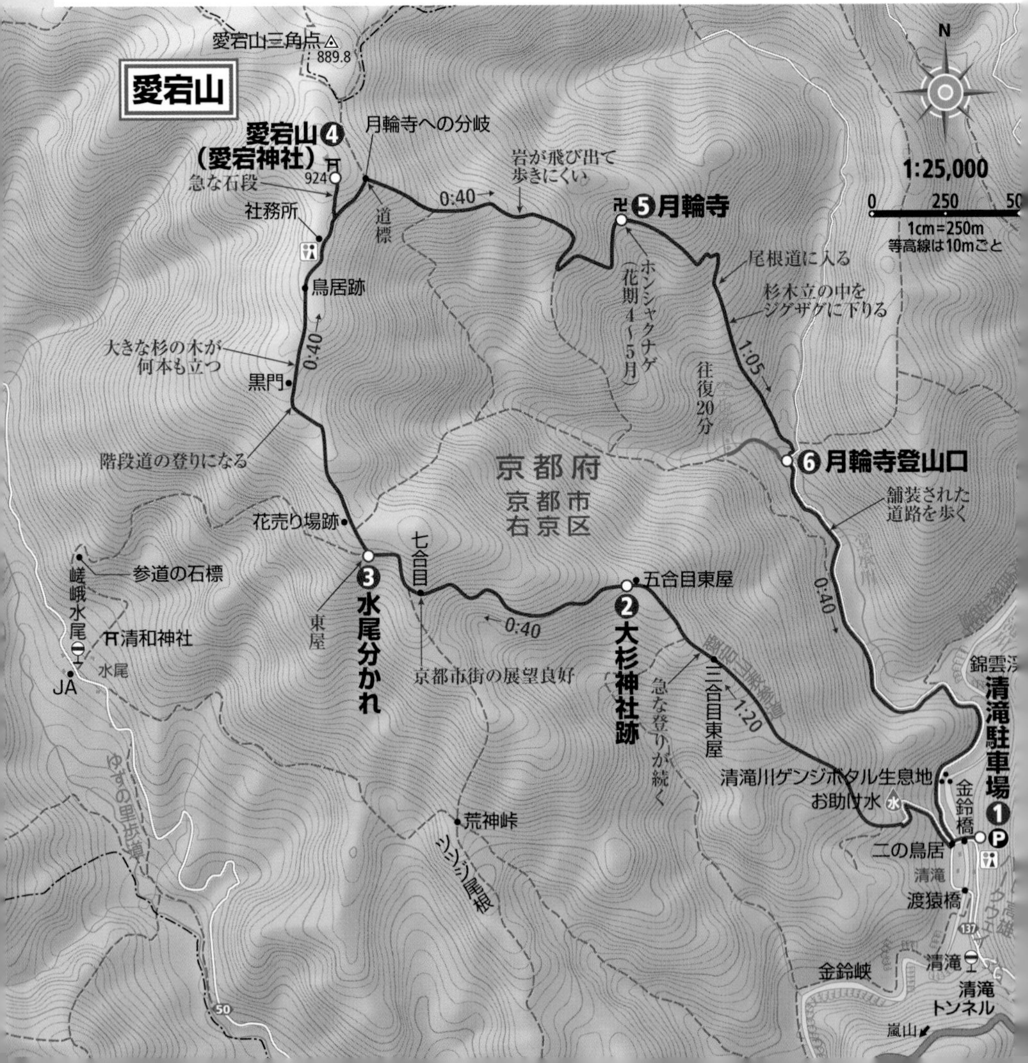

里山から史跡をめぐり大原の里を一望する頂上へ

金毘羅山（こんぴらさん）

▼東麓からの眺め。左から金毘羅山、翠黛山、焼杉山と続く

アクセス情報 …… 往復 2,080円

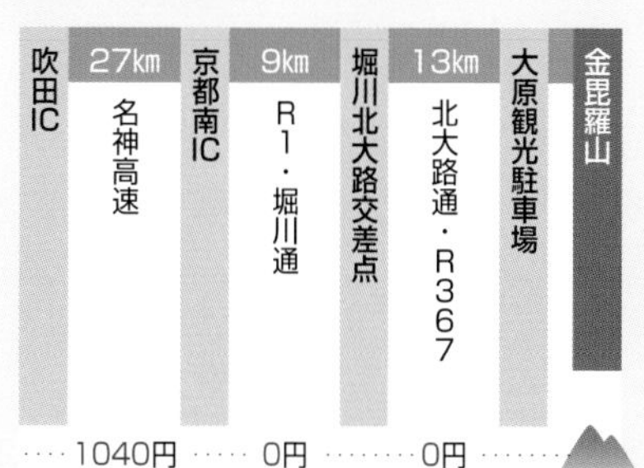

名神高速吹田ICから京都南ICまで約27km（約20分）。R1を京都市街地へ北上、京阪国道口交差点を右折し近鉄線高架を抜けた先の九条油小路交差点を左折、堀川五条交差点から堀川通に入る。堀川北大路交差点を右折し北大路通を経てR367に入り、花園橋交差点を右折する。高野川沿いに北上し約8kmで大原に着く。

P駐車場情報

大原には国道沿いを中心に、民営駐車場（有料）が多く点在している。

登山口NAVI　緯度：35°07'09 ／経度：135°49'44

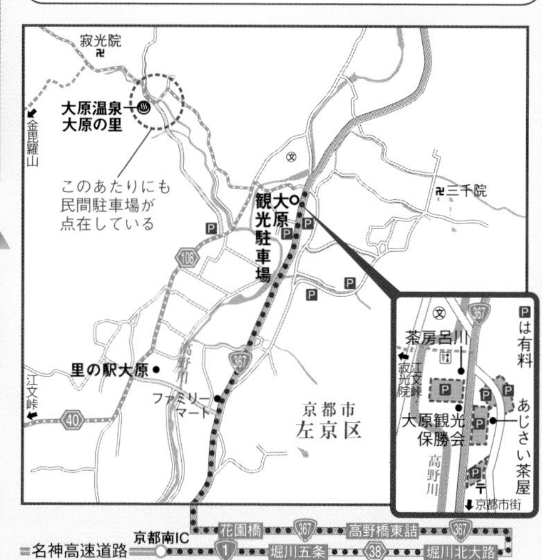

欄外情報 三千院や寂光院など、観光ポイントに近いほど混んでいるので、少し離れた駐車場を選ぶといいだろう。詳細は京都大原観光保勝会HP（http://kyoto-ohara-kankouhosyoukai.net/access）を参照のこと。

山のプロフィール 京都大原の名山で山肌に白い露岩を持つ金毘羅山は、早くからロッククライミングのゲレンデとして知られる山。頂上付近からの展望に優れ、麓には永い歴史を刻む古刹や神社があるなど、京都らしい趣が楽しめるコースだ。

大原の里から仰ぎ見る金毘羅山は、中腹を縦に延びる岩肌を見せ、ロッククライミングの人気ゲレンデとして知られている。古くから信仰の山とされ、平安京の鬼門に当たることから南麓に江文神社が置かれ“江文山”と呼ばれた時期もあったという。ここでは大原を起点に静原へ抜ける江文峠から頂上を目指し、寂光院へ下る周回コースを歩く。

▲頂上直下にある岩場の見晴台。眼下に大原の里が望める

大原バスターミナル付近の❶**観光駐車場**に車を停め、登山口のある江文峠を目指す。いったん寂光院へ向かいすぐに府道を南下。金毘羅山を右手にして、しばらくはのどかな里山歩きが続く。左手に小松均美術館が見えたら十字路を右折し、しばらく進むと京都一周トレイルの標柱が立つ江文神社の分岐に出合う。これを左に折れて植林帯の中の道を進むと車道に出て、右に行くと❷**江文峠**に着く。

▲金毘羅山の南麓に鎮座する江文神社

峠脇の鳥居から参道に入り、江文寺跡の石碑を見送ってひと登りすると琴平新宮社が現れる。境内右手の石段を登り、つづら折りの急斜面を進むと尾根筋の分岐点に出る。右に下ればロッククライミングのゲレンデ、頂上へは左の尾根道を進む。ほどなく大原と金毘羅神社奥社、頂上への分岐点。真ん中の道を進み、雨・風・火の三壺大神を祀った祠を越えると、神代文字が刻まれた標柱のある見晴らしのいい岩場に出る。三等三角点の埋まる頂上はさらに鞍部を登り返した先にある。少し開けた❸**金毘羅山**頂上には小さな祠があり、樹木に囲まれているため残念ながら展望は望めな

▲金毘羅山頂上

レベル	初級者向け
歩行時間	2時間45分
歩行距離	6.7km
参考地図	大原

問合せ

京都大原観光保勝会
☎075-744-2148

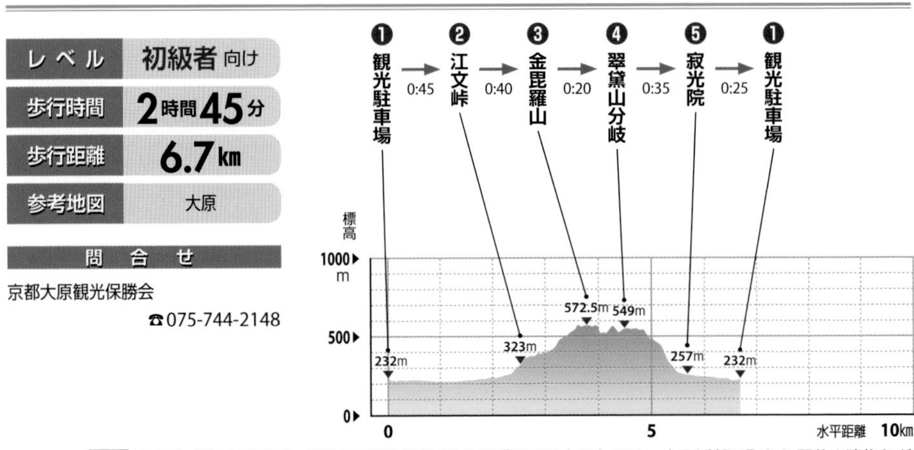

欄外情報 大原から江文峠方面へ向かう府道108号近くの「里の駅大原」では、大原近郊で取れた野菜や漬物などの加工品、餅などが購入できる。☎075-744-4321　9～17時、月曜休（祝日の場合は翌日）

い。休憩を取るなら先ほどの岩場の展望所がおすすめ。南方向の展望がすばらしく、大原の里から比叡山、洛中までが遠望できる。

帰路はいったん先ほどの分岐まで戻り、北に延びる道を進む。しばらくは急な下りが続き、一枚岩の見晴台を見送ってピークを一つ越えた鞍部に降りたら❹**翠黛山分岐**に出る。これを右に取り、翠黛山の山腹を巻くように進むとほどなく尾根道となる。大きな岩場を越え、谷筋の急な道を下っていくと、やがて沢音が聞こえはじめ、❺**寂光院**に降り立つ。そのまま車道を歩き、20分強で❶**観光駐車場**に戻る。

周辺の立ち寄りスポット

温泉 **大原温泉 大原の里**

2004年開湯の温泉で、湯量は毎分120ℓと豊富。美肌効果のあるナトリウムイオンと炭酸水素イオンが多く、またラドンを多く含有し、療養泉としての効果も高い。民宿だが日帰り入浴も食事とのセットで受け付けており、昔ながらの製法にこだわった自家製味噌を使用した鍋を食してみたい。なお、味噌は寂光院参道にある「味噌庵」で購入できる。▶京都府京都市左京区大原草生町41　☎075-744-2917　営業＝11時30分～20時頃　休み＝無休（メンテナンス休業あり）

金毘羅山

1:28,100
250　500m
1cm=281m
等高線は10mごと

黄金に輝くススキ原から断崖の尾根を経て山上へ

倶留尊山（くろそやま）

▼二本ボソから倶留尊山を望む。紅葉に色づき、美しさを際立たせている

アクセス情報 ………… 往復3,200円

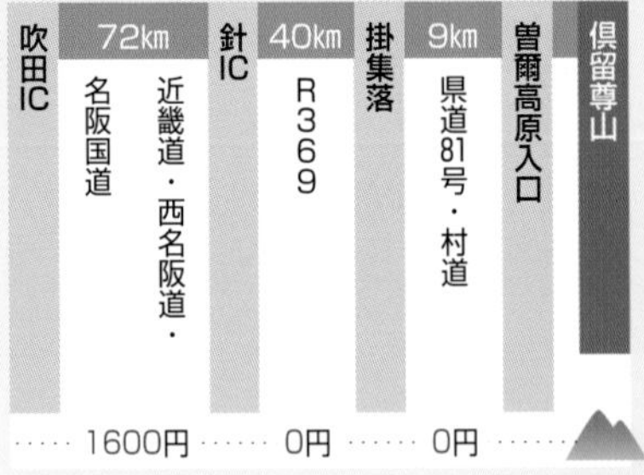

近畿道吹田ICから松原JCTで西名阪道に接続し名阪国道（R25）針ICまで約72km（約1時間）。R369を三重県津市方面へ向かい、榛板バイパスのトンネルを抜けて約3km先の信号機のある交差点を直進し県道81号に入る。5kmほど名張方面へ向かい太良路バス停手前の三差路を曽爾高原の案内板に従い右折、4kmほど山道を登れば曽爾高原山上に着く。

🅿駐車場情報

曽爾高原入口に有料駐車場が2ヵ所あり、合わせて150台ほどが収容可能。

登山口NAVI　緯度：34°31'05 ／経度：136°09'38

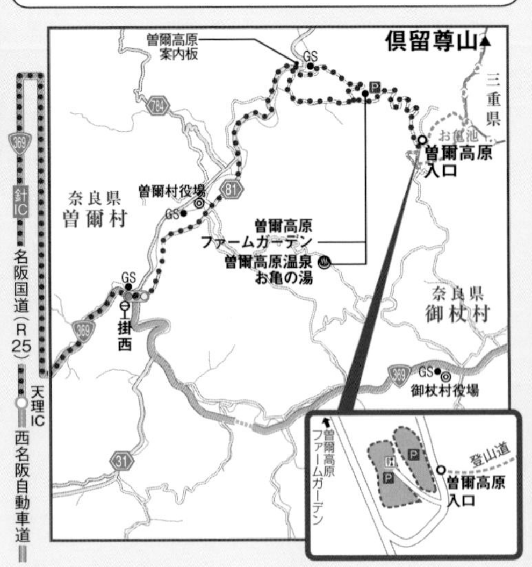

欄外情報 村道を1kmほど下った曽爾高原ファームガーデンに150台ほど収容できる無料駐車場があるので、ここを起点にするのもよい。曽爾高原入口まで登り40分、下り30分。

山の
プロフィール

室生火山群の最高峰で、奈良と三重の県境に位置する倶留尊山。東面に断崖を連ね、南西のすそ野には一面ススキの原に覆われた曽爾高原が広がっている。優美な山容が魅力で、四季折々に変わる自然美も見どころの山だ。

約1500万年前の火山活動によって形成された山域で、東西25km・南北16kmにわたって山々が連なる室生火山群。その最高峰である倶留尊山は山容にも火山の名残が見られ、東面にはマグマが冷却固結する際にできる柱状節理の岩壁をまとっている。すそ野に抱える曽爾高原はススキの原が広がり、春は新緑のじゅうたん、秋の夕暮れは黄金に輝くススキの穂波が幻想的な風景を見せ、多くのハイカーやアマチュアカメラマンが訪れる人気の景勝地となっている。

駐車場に車を停め、車道を横切って❶**曽爾高原入口**の階段を上ると、景色は一変してススキ原の広がる曽爾高原に出る。前方にお亀池を中心としたススキの原が広がっている。右に赤い屋根の建物、左にテーブルが2基ある分岐で左斜めに下る道に入って❷**お亀池**へ向かう。周囲800mほどで、池というより湿原化しており、ヨシやマアザミ、サワギキョウなど50種近い草木が自生する。

▲亀山峠からお亀池を見下ろす

▲東面の池ノ平高原から。右から倶留尊山、二本ボソと連なる

ベンチ付きテーブルの置かれた広場の先で国立曽爾少年自然の家からの道が左から合流し、これを直進してすぐ斜面に取りつけられた木段を上がって亀山峠へ向かう。傾斜はしだいにきつくなり、振り返れば右下にお亀池、高原の全貌も徐々にわかるようになる。峠は近くに見えるのだが思いのほか遠く、20分ほどかけてようやく❸**亀山峠**に

▲亀山峠から頂上まで稜線を歩く

レベル	初級者 向け
歩行時間	2時間40分
歩行距離	4.7km
参考地図	倶留尊山

問合せ

曽爾村観光協会　☎0745-94-2106

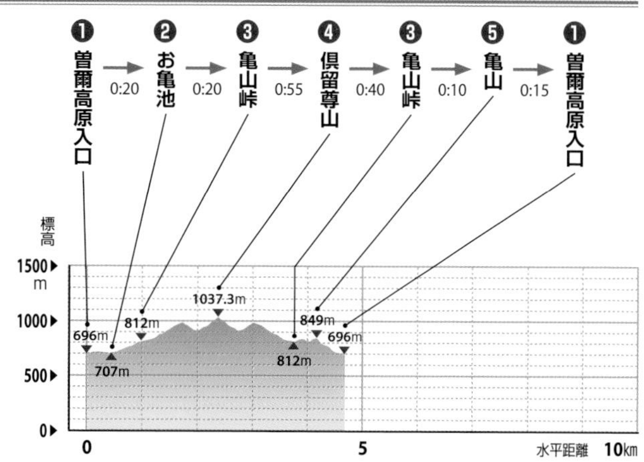

たどり着く。

峠からの眺望はすばらしいのひと言。西側は眼下に緩やかなスロープを描く曽爾高原が広がり、その先には曽爾三山をなす国指定天然記念物の鎧岳・兜岳、屏風岩が切り立った岩肌を見せている。さらに北を仰げば、倶留尊山頂上へと連なる岩尾根が見える。

▲すり鉢状にススキ原が広がる曽爾高原

絶景をあとに、しばらくは岩尾根の急坂を登る。途中、展望広場があり、南に先ほどの峠と亀山のピーク、さらに後古光山、古光山が続く。周囲には山野草も見られ、夏にはキキョウやクルマユリ、ギボウシなどが咲き競っている。さらに進むとコナラやリョウブなどの樹林帯に入り展望が利かなくなると、入山料の徴収小屋が現れる。ここから先は入山料500円が必要だ。二本ボソの絶壁からは東側に池ノ平高原が広がり、伊賀富士の名で愛される尼ヶ岳や大洞山などが間近に望める。尾根道はいったん下りに変わり、ロープの付けられた岩場を経て鞍部のケヤキ谷のコルに降り立つ。ここから再び登り返すが頂上手前で傾斜がきつくなり、ロープを使いながら岩場を急登すれば❹**倶留尊山**頂上に飛び出す。小広い台地状の頂上は、主に西側の展望が開けている。

帰路は登ってきた道を❸**亀山峠**までたどる。峠の四ツ辻は東海自然歩道と交差しており、右の道を取れば往路をたどって高原入口に、左に下れば三重県側の中太郎生集落に出る。四ツ辻を直進して、南に見える亀山へ向かう。軽いアップダウンを10分ほど進むと❺**亀山**のピークに到着。ここもまた絶景ポイントで、お亀池を見下ろすことができる。

▲夕日に輝くお亀池

▲頂上付近の紅葉

ピークからはお亀池の周りをめぐるようにして下り、曽爾高原の遊歩道に出たら左折して、駐車場のある❶**曽爾高原入口**へ戻る。

登山コースアドバイス

真夏の大雲海

ススキの原が有名な曽爾高原だが、雲海のスポットとしても知られている。一般的に春や晩秋から初冬に発生することが多い雲海だが、曽爾高原では1年を通して発生し、特に夏に数多く見られるという。発生条件は低気圧の通過などで湿度が高まり、夜間に快晴で充分な放射冷却があること。条件によるが、夜明けから9時近くまで発生することがある。夏は早朝登山で、神秘的な雲海を体験してみては。

▶問合せ：曽爾村観光協会☎0745-94-2106

周辺の立ち寄りスポットをCHECK!!

買い物 曽爾高原ファームガーデン

曽爾高原の麓にある総合観光施設。絶景のなかで地ビールとオリジナルメニューが味わえる「すすきの館」、曽爾産の米を使った米パン工房「お米の館」など施設が充実。平成の名水百選」認定の涌水で仕込んだドイツ製法の曽爾高原ビールや、地元特産の高原トマトを使った加工品名などが土産におすすめ。

▶奈良県宇陀郡曽爾村大字太良路839 ☎0745-96-2888 営業＝10～18時30分（季節で変動） 休み＝水曜（祝日の場合は翌日）・年末年始

温泉 曽爾高原温泉 お亀の湯

曽爾高原ファームガーデンに併設する立ち寄り入浴施設。美人伝説のある「お亀池」に因んだ施設名で、肌にしっとりなじむ湯はまさに「美人の湯」。倶留尊山と対峙する兜岳や鎧岳が一望できる「木の浴室」と、曽爾高原が望める「石の浴室」の2つの露天風呂が自慢だ。

▶奈良県宇陀郡曽爾村大字太良路830 ☎0745-98-2615 営業＝11～21時(12～3月は～20時30分) 休み＝水曜（祝日の場合は翌日）

倶留尊山
名張
81
布浦
伊賀見
中村
名張曽爾線
青蓮寺川
十の場峠分岐
三重県
津市
倶留尊山 4
1037.3
0:55
奈良県
曽爾村
太良路
GS
太良路橋
ケヤキ谷のコル
危険な箇所にはロープが設置されている
私有地につき入山料500円
入山料徴収小屋
二本ボソ
0:40
極楽寺
太良路公民館
曽爾高原ファームガーデン
曽爾高原お亀の温泉湯
季節運行
垰tawaキャンプ場
なかよしホール
曽爾高原
季節運行
国立曽爾少年自然の家
岩場がある
東海自然歩道
木の階段
亀山峠 3
お亀池 2
0:20
0:20
一面、ススキ原が広がる
曽爾高原キャンプ場
建物
0:10
曽爾高原入口 1
0:15
5 亀山
849
御杖村
西浦峠
中太郎生
N
1:25,000
250 500m
1cm＝250m
高線は10mごと
古光山
長尾

西名阪自動車道

桜の里から大和・伊賀・伊勢の山々を望む頂上へ

大洞山（おおぼらやま）

▼西麓から見た大洞山全景。右が雌岳で、左が最高点の雄岳だ

アクセス情報 ……………… 往復 3,200円

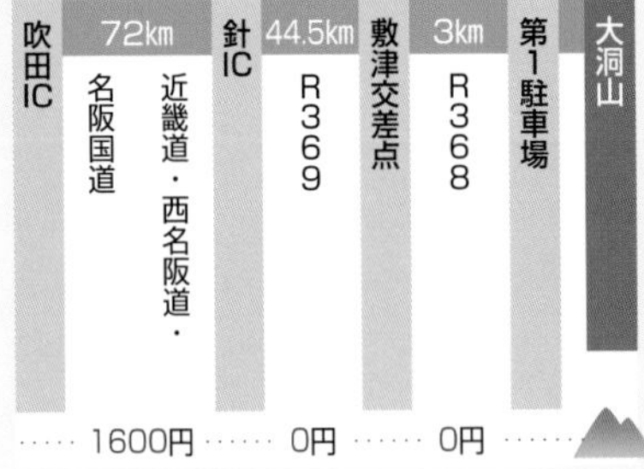

近畿道吹田ICから松原JCTで西名阪道に接続し名阪国道（R25）針ICまで約72km（約1時間）。R369を三重県津市方面へ向かい、御杖村敷津交差点を右折してR368へ。三重県に入り杉平バス停の三差路を左折し、約700mで第1駐車場に着く。

P駐車場情報

津市美杉町の三多気集落内に第1・第2駐車場があり、計100台以上が駐車可能。桜のシーズンは協力金が必要。

登山口NAVI　緯度：34°30'60経度：136°13'21

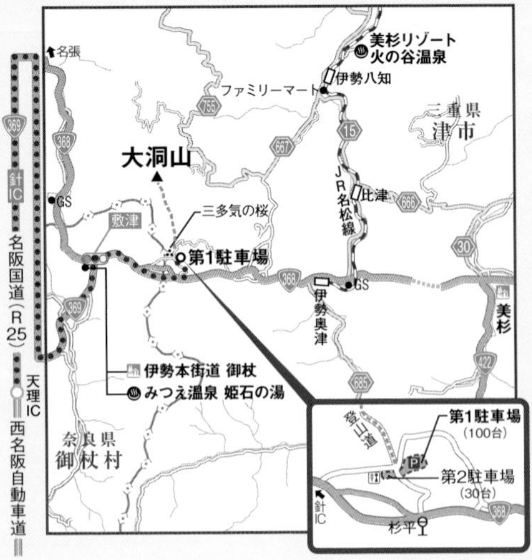

名張
美杉リゾート 火の谷温泉
ファミリーマート
伊勢八知
三重県 津市
大洞山
JR名松線
比津
針IC
GS
敷津
三多気の桜
第1駐車場
伊勢奥津
GS
美杉
名阪国道（R25）
伊勢本街道 御杖
みつえ温泉 姫石の湯
天理IC
西名阪自動車道
奈良県 御杖村
登山道
第1駐車場（100台）
第2駐車場（30台）
針IC
杉平

眺め
花
紅葉
道の駅
温泉

欄外情報　桜のシーズンは三多気集落の駐車場が大変混むので、北面の倉骨峠に車を停め、まず東海自然歩道を経て大洞登山口から、雌岳、雄岳をたどるルートがおすすめ。倉骨峠には10台ほどの駐車スペースがある。

山のプロフィール

布引山地の南端に位置し、雄岳・雌岳の双耳峰がドーム状の穏やかな山容をみせる大洞山。三角点のある雌岳、約800m北にある最高点の雄岳ともに好展望のピークだ。南麓の津市三多気集落は桜の名所で知られている。

北に位置する尼ヶ岳とともに室生火山群に属する大洞山。西麓からは双耳峰の緩やかな稜線が女性的な山容を、南麓の三多気集落からは秀麗な富士形の姿を見せてくれる。

春は桜の名所でにぎわう三多気集落の❶**第1駐車場**から桜並木の参道を登り、まず真福院へ向かう。茅葺きの古民家などの里山風情を楽しみながら進むと、やがて鮮やかな朱塗りの山門が現れる。これをくぐった先が❷**真福院**。白鳳時代、役行者の創建と伝えられ、早くから修験道の霊場として開けた古刹である。真福院を見送り、三多気キャンプ場跡を抜けると車道に出合う。このすぐ左に❸**大洞山登山口**があり、杉・桧林の中へ延びる階段に取りつく。ここから雌岳との標高差は300mほど。これを一気に急登する。長々と続く石積み階段をあえぎ登ると❹**大洞山**［雌岳］の頂上にたどり着く。展望盤とベンチがあり、展望もよく、北に目をやれば樹木の奥に目指す雄岳が見える。いったん鞍部へ下り少し登り返せば、富士浅間の石碑の立つ大洞山最高点の雄岳頂上に着く。ここからは主に西側の展望が開けている。

▲大洞山最高点・雄岳頂上

▲約1.5kmにわたり約500本のヤマザクラ並木道が続く三多気

▲苔むした石畳の東海自然歩道

下山は稜線を北へたどり四ノ峰、三ノ峰を経て、東海自然歩道と合流する❺**倉骨峠**まで下りる。峠で右折して、大洞山の東斜面を絡む東海自然歩道に入る。苔むした石畳の敷かれた平坦な道が続き、50分ほどで大洞園地の一角にある❻**桔梗平**に出る。あとは❸**大洞山登山口**を経て、❶**第1駐車場**まで戻る。

レベル	初級者向け
歩行時間	4時間15分
歩行距離	8.7km
参考地図	倶留尊山

問合せ

津市観光協会 ☎059-246-9020
津市美杉総合支所 ☎059-272-8085

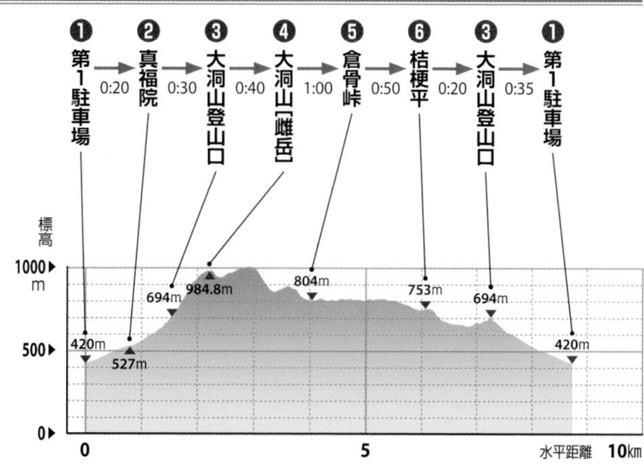

尼ヶ岳
二ノ峰
5 倉骨峠
倉骨林道
三ノ峰
四ノ峰 894
三重県
津市
太郎生
倉骨峠への分岐
1:00
苔むした石畳の道
0:50
急な下り
雄岳 1013
大洞山の最高点。
富士浅間の石碑あり
スカイランド
おおぼら
大洞山
鞍部
駐車スペース
キャンプ場
大洞山 4
[雌岳]
984.8
桔梗平 6
東屋
展望よい。
三等三角点と展望盤あり
0:40
0:20
661
石積みの階段の急登
775
755
車道に出る
大洞山登山口 3
ベンチ
三多気キャンプ場跡
0:30
0:20
三重県天然記念物のケヤキ
山門
2 真福院
奈良県
御杖村
鳥居
棚田がある
0:15
0:20
美杉町
三多気
三多気の桜並木。
古木が多い
真福院参道
道の駅伊勢本街道御杖
桜シーズンは
この道を入る
1 第1駐車場
第2
368
名張
敷津
小屋
桜のシーズンは
協力金が必要
みつえ温泉
姫石の湯
神末
伊勢本街道
鏡山公園
茶畑
1:20,600
369
0
250
500m
1cm=206m
等高線は10mごと
杉平
伊勢地川
美杉町
杉平
針IC

春のシロヤシオ、冬の霧氷と楽しみが多い山

三峰山（みうねやま）

21

奈良県・三重県

［標高］1,235m

▼三峰山頂上から見た室生火山群の一峰・古光山

アクセス情報 ……往復 3,200 円

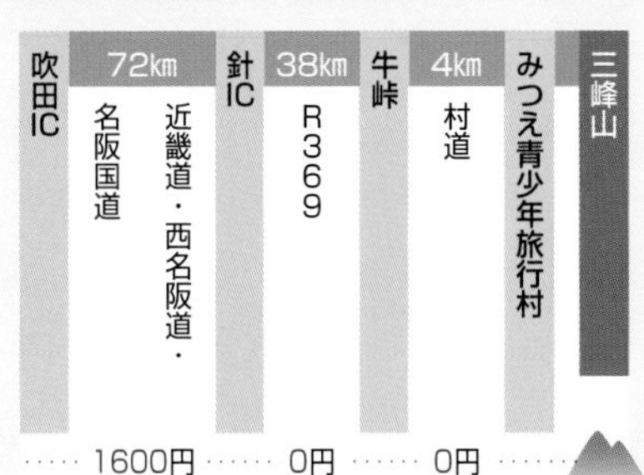

近畿道吹田ICから松原JCTで西名阪道に接続し名阪国道（R25）針ICまで約72km（約1時間）。R369を三重県津市方面へ向かい、約36km先の御杖村役場から2kmほど先の牛峠でみつえ青少年旅行村の案内板に従い右折する。神末川沿いに村道を南下し、約4kmでみつえ青少年旅行村に着く。

P駐車場情報

みつえ青少年旅行村に約50台分の無料駐車場があるほか、400mほど戻った村道沿いに約30台分の無料駐車場がある。

登山口NAVI　緯度：34°28'07 ／経度：136°11'31

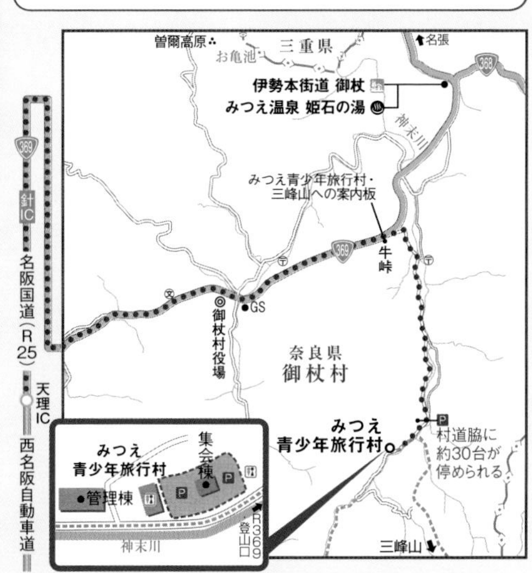

欄外情報 下山路に避難小屋から不動滝へ下るコースもおすすめ（登り尾コース分岐へ約1時間）。不動滝は厳冬期に氷瀑が見られることでも知られている。

山のプロフィール 台高山脈の北端、高見山から東に延びる山並みを高見山地、あるいは三峰山地と呼ぶことがある。三峰はその中心に位置する。頂上近くに八丁平という草原があり、春はシロヤシオの花、冬は霧氷が楽しめることで知られる。

三峰山は緩やかな山稜を持つ山で、顕著なピークではないが、頂上からは室生火山群、南の八丁平からは台高山脈を望む展望も魅力の一つ。また、三畝峠から新道峠への縦走が人気となっていて、美しい樹林歩きが楽しめる。

❶みつえ青少年旅行村の駐車場から、いったん旅行村ゲートの方に戻り、橋を渡って大タイ林道方面に向かう。右手に現れる**❷登り尾コース入口**から登り尾コースに入っていく。整備された木段の道を登り、いったんトイレが設置された林道を横切って再び登る。登りはじめてまもなく、2階建ての展望小屋がある。周囲は時折自然林が混じるものの、おおむね植林帯に覆われている。左手の斜面上にログハウス風の避難小屋が見えると、登り尾コース・不動滝コース出合に着く。

ここからは自然林を登り、主稜線に出たところが**❸三畝峠**だ。左に道をとって緩やかに登れば、樹林に囲まれた**❹三峰山**頂上にたどり着く。北側の室生方面の展望が開けている。南に下ると、すぐに広々とした草原の八丁平に飛び出す。春はシロヤシオ（ゴヨウツツジ）、冬は霧氷の白い花が咲く。グリーンシーズンならここでたっぷりと時間をとればよいだろう。

▲広葉樹とササ原が囲む緩やかな道

▲広々とした八丁平

▲清楚なシロヤシオの花

山腹の道で**❸三畝峠**に戻り、西へ向けて尾根を歩こう。ブナを主体とした自然林が楽しめる。登り尾峰を越えていったん大きく下って登り返していく。赤い幹が特徴的なヒメシャラの群落を過ぎ、登

レベル	初級者向け
歩行時間	4時間45分
歩行距離	9.1km
参考地図	菅野

問合せ

御杖村役場 ☎0745-95-2001
みつえ青少年旅行村 ☎0745-95-3088

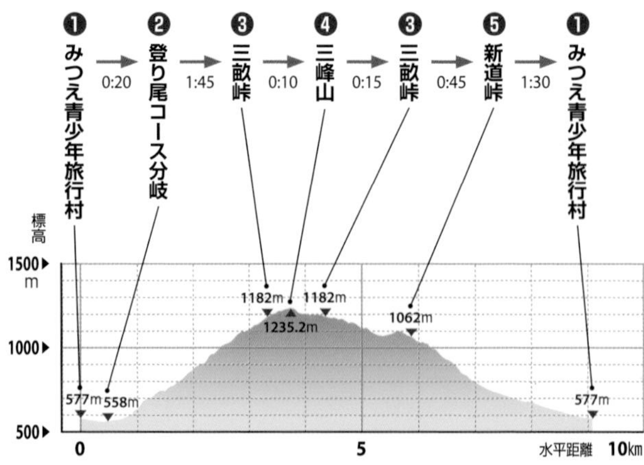

欄外情報 冬の三峰山といえば霧氷が有名だが、霧氷シーズンにはみつえ青少年旅行村で「三峰山霧氷まつり」が開催される。地域の特産品の販売や雑煮などのふるまいのほか、温泉入浴券のプレゼントなどもある。

り返した1102mのピークから再び下ると❺新道峠（しんどうとうげ）で、ここで北へと進路を変えて下っていく。下り始めは谷の地形を歩くが、シカ避けゲートで山腹道へと変わり、植林帯に入ってしばらく歩くと、青少年旅行村から上がってきた林道に合流する。

▲青空に霧氷がよく映える

あとは、❶みつえ青少年旅行村（せいしょうねんりょこうむら）を目指して、林道をひたすら下っていけばよい。

周辺の立ち寄りスポット

温泉 みつえ温泉 姫石の湯

R368とR369が交差する、道の駅「伊勢本街道 御杖」に隣接する立ち寄り入浴施設。単純温泉の湯はやさしい湯ざわりで、美肌の湯やぬくもりの湯で親しまれている。男女別の浴場それぞれに露天風呂や樽風呂などがある。食事処「山桜」では、地元産のアマゴや大和牛を使った料理が人気だ（要予約）。

▶奈良県宇陀郡御杖村大字神末6330 ☎0745-95-2641 営業＝11～20時 休み＝火曜（祝日の場合は営業）

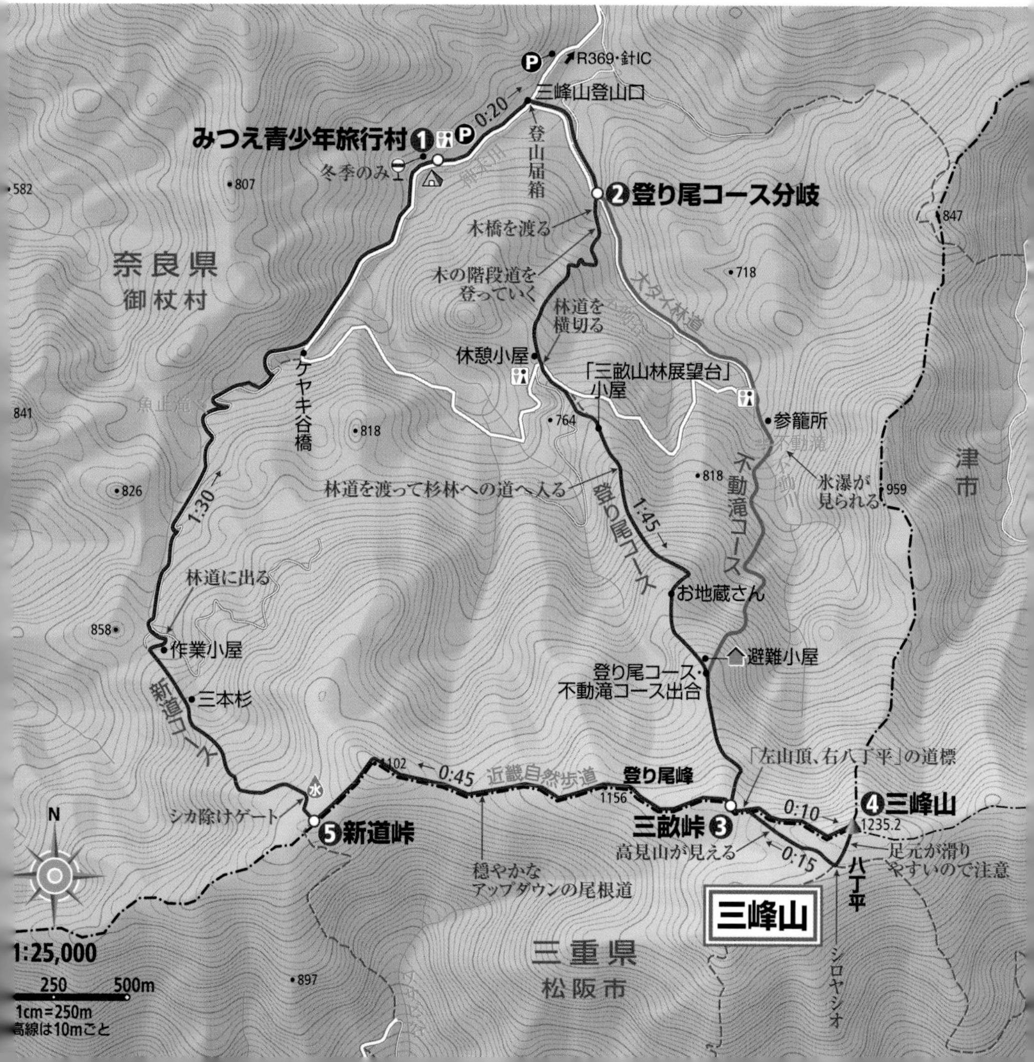

R369・針IC
三峰山登山口
0:20
みつえ青少年旅行村 ❶
冬季のみ
登山届箱
❷登り尾コース分岐
木橋を渡る
木の階段道を登っていく
林道を横切る
大タイ林道
休憩小屋
「三畝山林展望台」小屋
参籠所
不動滝
氷瀑が見られる
ケヤキ谷橋
奈良県
御杖村
津市
林道を渡って杉林への道へ入る
1:30
1:45
登り尾コース
不動滝コース
お地蔵さん
林道に出る
作業小屋
三本杉
新道コース
避難小屋
登り尾コース・不動滝コース出合
「左山頂、右八丁平」の道標
1102
0:45
近畿自然歩道
登り尾峰
1156
0:10
❹三峰山
1235.2
シカ除けゲート
❺新道峠
三畝峠 ❸
高見山が見える
0:15
八丁平
足元が滑りやすいので注意
穏やかなアップダウンの尾根道
三峰山
三重県
松阪市
シロヤシオ
1:25,000
250 500m
1cm＝250m
高線は10mごと

22
奈良県・三重県
[標高]
1,695m

多雨地帯が育んだ自然豊かな高原台地ハイク

大台ヶ原（おおだいがはら）

南阪奈道路

▼木製階段が設置された正木峠からの日出ヶ岳。頂上に建つ展望台が見える

眺め
花
紅葉
道の駅
温泉

アクセス情報 …… 往復3,560円

吹田IC	49km	新庄IC	59km	新伯母峯トンネル北詰	17km	大台ヶ原ビジターセンター	大台ヶ原
	近畿道・阪和道・南阪奈道路		R165・R24・R169		大台ヶ原ドライブウェイ		
	1780円		0円		0円		

近畿道吹田ICから松原JCTを経て阪和道へ、美原JCTを経て南阪奈道路新庄ICまで約49km(約40分)。大和高田バイパス(R165・R24)を桜井方面へ向かい、橿原市小房交差点を右折してR169を南下、大淀町土田交差点を左折して上北山村を目指す。新伯母峯トンネル北口で右折し、大台ヶ原ドライブウェイを約17km進むと大台ヶ原駐車場に着く。

P駐車場情報
大台ヶ原山上に約200台収容できる無料駐車場がある。トイレ、自販機、売店なども設置。

登山口NAVI　緯度：34°10'52 ／経度：136°05'49

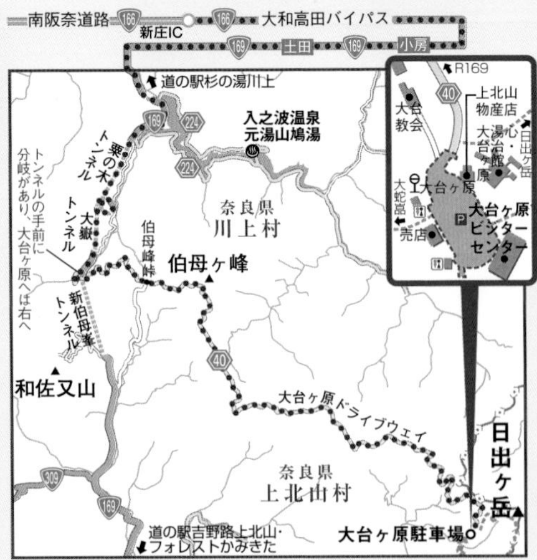

欄外情報　大台ヶ原ドライブウェイは12月1日～翌年4月中旬まで冬季通行止め。西大台地区は入山規制があり、入山するには事前申請（有料）をして、大台ヶ原ビジターセンターでレクチャーを受ける必要がある。

山のプロフィール

昔は「山上に巨大な湖あり」との噂が立つほどに、特殊な地形を持ち、国内有数の雨量を誇る大台ヶ原。その湿潤な気候は豊かな自然林を創り、高度差1000mほどの岩稜と深い谷に、この山のスケールの大きさが伺える。

台高山脈の南部に位置する大台ヶ原は、最高峰の日出ヶ岳を筆頭に正木峠、巴岳、さらに牛石ヶ原、大蛇嵓、正木ヶ原などの総称である。山上は、利用調整地区で入山の際は事前に申請手続きが必要な西大台と、ここで紹介する東大台に大きく分かれている。東大台は日出ヶ岳の標高が1695mあるが、麓から山上まで大台ヶ原ドライブウェイが通じているため、実際の標高差は120mほど。東大台をひと回りしても標高差は270m足らずで、ファミリーでも歩けるコースだ。歩行時間も4時間ほどで少し歩き足りない感もあるが、それでも自然林の植生は豊か。さまざまな動植物に出会うことができ、大台ヶ原の魅力が充分味わえる。

大台ヶ原ドライブウェイの終点に駐車場があり、その奥に位置する❶**大台ヶ原ビジターセンター**が起点となる。日出ヶ岳へはビジターセンターの手前から回遊路に入るが、その前にちょっと寄り道を。心・湯治館大台ヶ原の左手から苔探勝路に入る。一周700mほどの散策路で、うっそうとした木々が生い茂る樹林帯ではさまざまな種類の苔が観察でき、ウォーミングアップとしてもちょうどよい。探勝路は心・湯治館大台ヶ原の裏手で回遊路と出合い、これを左折してしばらくは平坦な道を歩く。シオカラ谷の源流部に差しかかるとコンクリートの階段があり、上がりきると展望デッキが設けられた鞍部に出る。ここを左に折れ、急な木製階段を上がると大台ヶ原最高峰の❷**日出ヶ岳**頂上に着く。展望台からは東には伊勢湾、

▲頂上展望台からの尾鷲湾の眺め

▲正木ヶ原

▲東ノ川をはさんで対峙する竜口尾根から見た大台ヶ原

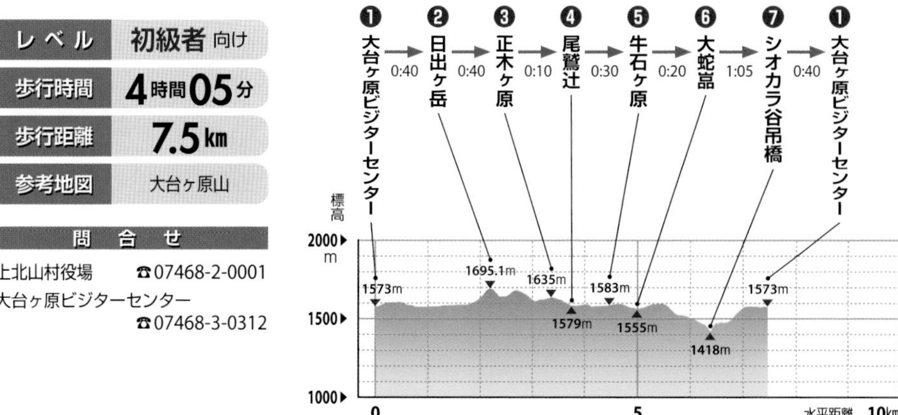

レベル	初級者向け
歩行時間	4時間05分
歩行距離	7.5km
参考地図	大台ヶ原山

問合せ

上北山村役場 ☎07468-2-0001
大台ヶ原ビジターセンター ☎07468-3-0312

欄外情報 大台ヶ原駐車場の一角に、宿泊施設の「心・湯治館大台ヶ原」が建っている（冬季休業）。6〜8畳の個室と35人収容の相部屋がある。夕食は地場の食材を使用した和定食。☎07468-2-0120

運がよければ早朝に遠く富士山までもが望めるという。西を見れば峰々が折り重なるダイナミックな大峰山脈の大パノラマが広がっている。

展望を堪能したら再び先ほどの鞍部まで戻り、次は正木ヶ原を目指す。長い木製階段をたどり正木峠を越えると、一帯に立ち枯れしたトウヒが林立するようになる。ミヤコザサ草地と立ち枯れたトウヒや倒木の間に、群れをなした野生のシカが遊ぶ姿も見られる。大台ヶ原山を象徴するこの独特な風景を眺めながら周遊路を下っていくと、やがて❸**正木ヶ原**（まさきはら）に着く。振り返れば日出ヶ岳が望め、ここから牛石ヶ原までは緩やかな下りが続く。東屋のある❹**尾鷲辻**（おわせつじ）まで下ると、駐車場からの中道が右から合流する。左の道は、名前の通り尾鷲へと続くロングコース。四辻をそのまま直進するとほどなく❺**牛石ヶ原**（うしいしはら）の草原に出る。広々としたミヤコザサ群落の台地で、ここで休憩を取るハイカーも多い。草原には神武天皇像や、高僧が法力によって魔物を封じ込めたという牛石などが見られる。

草原を過ぎてブナの森に入るとすぐに分岐があり、これを左に進む。西へ延びる細長い岩稜を下った先が、コース最大の見どころである❻**大蛇嵓**（たいじゃぐら）だ。

▲大蛇嵓から見た、鮮やかな紅葉に彩られた不動返し。大台ヶ原最大の見どころだ

▲トウヒの立ち枯れが印象的な正木峠附近

約800mもの断崖絶壁の上にあり、クサリで囲まれた岩頭に立つとまるで大蛇の背に乗ったようなスリル感が味わえる。日本有数の雨量は永い年月をかけて硬い岩石を浸食し、深く鋭い谷や岩峰を形成してきた。この谷頭浸食は世界的にも珍しく、見るものを圧巻する。眼前には大峰山脈や西大台の大パ

▲野生のシカもよく見られる

登山コースアドバイス

大台ヶ原ビジターセンター

大台ヶ原山一帯の自然や動植物について情報提供を行う施設で、登山前の予習としてもぜひ訪れておきたい。館内では大台ヶ原の歴史から動植物についての解説をはじめ、四季折々の美しい写真や映像、苔やトウヒの実験展示などでわかりやすく紹介している。自然観察会などの自然教育活動も行っている。▶奈良県吉野郡上北山村小橡字大台ヶ原山 ☎07468-3-0312　入館無料 開館＝9～17時 11月下旬～4月下旬冬季閉鎖

ノラマが広がり、特に秋には山から谷へと幾重にも折り重なる紅葉・黄葉はすばらしいのひと言だ。

絶景を堪能したらいったん分岐まで戻って左に取り、初夏には見事なシャクナゲのトンネルとなる坂道を下る。長い下り坂を進むとやがて**❼シオカラ谷吊橋**に到着する。橋の上からは眼下に渓流が望め、清らかな流れが岩盤を滑り滝となる渓谷美が楽しめる。吊橋から先は急勾配の登りに変わり、つづら折りの長い階段を上がる。右手に旧大台山の家を見て、さらに広く平坦になった道を進み樹林帯を抜ければ、山上駐車場のある**❶大台ヶ原ビジターセンター**に着く。

周辺の立ち寄りスポット 

道の駅 **吉野路 上北山**

R169沿いにあり、大台ヶ原や大普賢岳など山岳観光の休憩施設として便利。北山側の渓流が望めるレストランでは、山菜や川魚など地元食材を活かしたメニューが味わえる。道の駅の対岸に、宿泊・温泉施設「フォレストかみきた」がある。わずかに白濁した湯は滑らかな重曹泉。

▶奈良県吉野郡上北山村大字河合1-1 ☎07468-2-0169 営業=7～20時（レストランは11時30分～15時30分） 休み=火曜（レストランは火・水曜）・年末年始

23
奈良県
[標高]
1,780m

スリリングな登山道が連続する大峯奥駈道の一峰

大普賢岳（だいふげんだけ）

南阪奈道路

▼南西の七曜岳付近から見る大普賢岳（左）から日本岳への稜線

アクセス情報 …… 往復 3,560円

吹田IC	49km 近畿道・阪和道・南阪奈道路	新庄IC	60km R165・R24・R169	新伯母峯トンネル南口	3km 和佐又林道	和佐又山キャンプ場	大普賢岳
	1780円		0円		0円		

登山口NAVI　緯度：34°13'06／経度：135°59'09

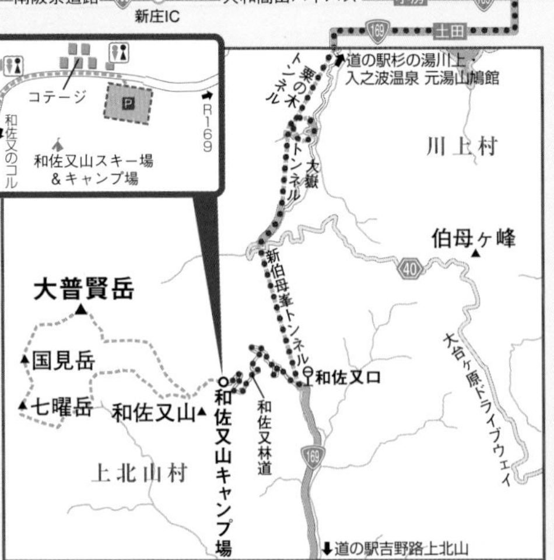

近畿道吹田ICから松原JCTを経て阪和道へ、美原JCTを経て南阪奈道路新庄ICまで約49km（約40分）。大和高田バイパス（R165・R24）を桜井方面へ向かい、橿原市小房交差点を右折してR169を南下、大淀町土田交差点のT字路を左折して上北山村を目指す。和佐又山への案内に従い新伯母峯トンネル南口で右折し、和佐又林道を3kmほど登ると和佐又山キャンプ場に着く。

P駐車場情報
和佐又山キャンプ場に50台ほどが収容できる駐車場（有料）がある。

眺め
花
紅葉
道の駅
温泉

欄外情報　和佐又山キャンプ場と隣接する駐車場は、施設解体工事のため2020年は使用不可（予定）。駐車場はヒュッテ跡500m手前の臨時駐車場（無料・約10台）を利用する（キャンプ場へ徒歩15分）。

山のプロフィール　大峰山脈北部にあり、ハシゴやクサリ場が連続する上級者向けの山で、近くには笙ノ窟など、修験道の重要な行場も多い。中腹にある和佐又山キャンプ場をベースにできることもあって人気が高い山である。

紀伊半島を南北に縦断する大峰山脈。その主稜線には、今も山伏が修行に利用する祈りの道「大峯奥駈道」が通っている。世界遺産「紀伊半島の霊場と参詣道」の一部である。大普賢岳から七曜岳に至る道は、そのなかでも難所といっていいだろう。公共交通機関を利用する場合は、和佐又山の麓にある和佐又山キャンプ場に幕営することになるが、車利用の場合は早朝に和佐又山キャンプ場に到着すれば日帰りも可能。ただし、相当なロングコースになるので、行程は日帰りであっても、キャンプ場に宿泊して、体調を整えて臨むほうがベターだ。

❶和佐又山キャンプ場の駐車場からスキー場を通り、大普賢岳を望む見返り台地へ。樹林帯の中を緩やかに登ると、**❷和佐又のコル**に着く。ここからはブナ林の尾根道を登っていく。岩場になると、指弾ノ窟、朝日ノ窟、**❸笙ノ窟**と、岩壁にうがたれた行場を見て歩くようになる。笙ノ窟は、大峯奥駈道の75ヵ所の行場(靡)のひとつだ。

▲日本岳のコルの道標

笙ノ窟の先、鷲ノ窟で、左に岩本新道を分け、斜面を登って、日本岳のコルへ。ここから尾根伝いにいくつもハシゴをよじ登り、好展望の石ノ鼻に着く。やがて小普賢岳の北側の山腹を横切るようになり、いったん下って、大普賢岳に取りつく。きつい登りが緩やかになると、大普賢岳の少し北で縦走路の奥駈道に合流する。ここで南に道をとると、すぐに**❹大普賢岳**の頂上。西にそびえる稲村ヶ岳の姿が印象的だ。

▲祠が祀られ錫杖が立つ笙ノ窟

休憩は南に下った水太ノ覗でとるとよいだろう。大普賢岳

▲見返り台地から大普賢岳を望む

レベル	上級者 向け
歩行時間	7時間05分
歩行距離	10.5km
参考地図	弥山

問合せ

上北山村役場(和佐又山キャンプ場も)
☎07468-2-0001

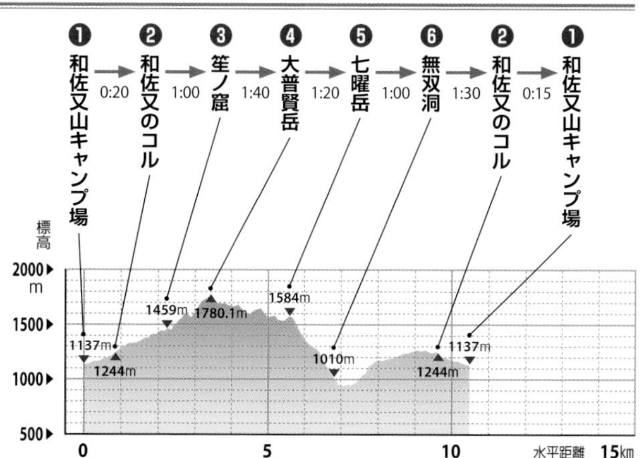

▲縦走路中の大普賢岳頂上

から東に延びる小普賢岳、日本岳の岩峰の連なりがよくわかる。弥勒岳を巻いて薩摩転びを通過し、次の国見岳も山腹を巻く。クサリ場が連続する屏風横駈の行場をしのぎ、広場になった稚児泊でようやくひと息つける。ここからピークを一つ越えると、別名「鬼の釜」とも呼ばれる七ツ池がある。池というより巨大な窪地が口を開けている。あとはひと登りすれば展望のよい岩峰の❺**七曜岳**頂上だ。

下山は七曜岳直下で奥駈道と離れ、急坂を下る。傾斜が緩やかになってから尾根を離れるところは、進行方向に注意。急坂はまだまだ続き、やがて岩の中から豊富な水が湧く❻**無双洞**に着く。すぐ下には水簾ノ滝が落ちている。ここからはしばらく水平に歩くが、登りに転じるとクサリが連続する岩場が現れる。よじっていくと、上部に底無し井戸がある。ここを登り切ればあとは坦々と山腹道をたどり、❷**和佐又のコル**を経て❶**和佐又山キャンプ場**に戻る。

▲小普賢岳下から見た大普賢岳の岩壁

▲七曜岳から見下ろす紅葉の谷

登山コースアドバイス

世界遺産・大峯奥駈道を歩く

奈良吉野山と熊野三山を結ぶ修験道の行場として開かれた古道で、大峯山系を縦走する大峯奥駈道。国の史跡であり、世界遺産の一部として登録されたことからその名をよく耳にするようになった。とはいえ1500mの山々をつなぐ全行程100kmの険しく過酷な道。その縦走には豊富な知識と経験、充分な体力が必要である。一気に縦走すれば6日ほどかかるが、分割すればその成功率も高くなる。大峯奥駈道を歩いて、いにしえの伝統と文化の香りを感じてみては。

周辺の立ち寄りスポットをCHECK!!

道の駅 杉の湯川上

R169沿いの大滝ダム湖に臨む道の駅で、隣にホテル杉の湯が併設。ホテルの湯盛温泉が日帰り入浴可能。奥吉野渓谷を眺めながら岩造りや高野槇造りの露天風呂が満喫できる。食事はホテルのレストラン山吹を利用。吉野杉を使った純和風の店で、茶粥や大和肉鶏など地元食材のメニューがそろう。

▶奈良県吉野郡川上村迫695 ☎0746-52-0006 営業＝9～17時（日帰り温泉は11～18時、レストランは11時～14時30分） 休み＝無休

温泉 入之波（しおのは）温泉 元湯山鳩湯

吉野川上流域の大迫貯水池畔に佇む秘湯感たっぷりの温泉宿で、日帰り入浴も可能。茶褐色の濁り湯の泉質は、ナトリウム－炭酸水素塩・塩化物泉。内湯には総丸太造りの、露天には巨大なケヤキ造りの湯船があり、浴槽を厚くコーティングする温泉成分の析出物に良泉であることが伺える。

▶奈良県吉野郡川上村入之波 ☎07465-4-0262 営業＝10～17時 休み＝水曜（11～3月は火・水曜・祝日・連休・お盆・正月は営業）

大普賢岳

山上ヶ岳
•1035
吉野町・新庄IC
川上村
新伯母峯トンネル
❹ 大普賢岳
1780.1
七窪尾根
1132
•1326
←1:40
日本岳のコル
石ノ鼻
朝日ノ窟
日本岳
•1505
指弾ノ窟
小普賢岳
鉄ハシゴが連続する
❸ 笙ノ窟
鷲ノ窟
岩本新道
2020年はキャンプ場500m手前の臨時駐車場を利用する
分岐に「和佐又山」の案内板
ブナ林が茂る尾根に沿ったルート
←1:00
和佐又スキー場
和佐又林道
1:30→
岩本新道分岐
九助の尾
底無し井戸
クサリ場を登る
平坦な道
1336
見返り台地
有料
❶ 和佐又山キャンプ場
2020年は休業（予定）
和佐又山登山口
952•
和佐又口
←0:20
0:15→
❷ 和佐又のコル
1344.2
和佐又山
水
上北山村
•1055
169
•1201
•693
850
800
和佐又トンネル
•1082
850
上北山村中心部↓

南阪奈道路

大峰山脈に横たわる関西の最高峰に登る

八経ヶ岳（はっきょうがたけ）

▼弥山の天河大辨財天社奥宮近くから見た八経ヶ岳

アクセス情報 ……… 往復 3,560円

吹田IC	49km	新庄IC	10.5km	御所南IC	47.5km	行者還トンネル西口	八経ヶ岳
	近畿道・阪和道・南阪奈道路		R165・R24（京奈和道無料区間）		R309		
	1780円		0円		0円		

登山口NAVI　緯度：34°11'20／経度：135°56'14

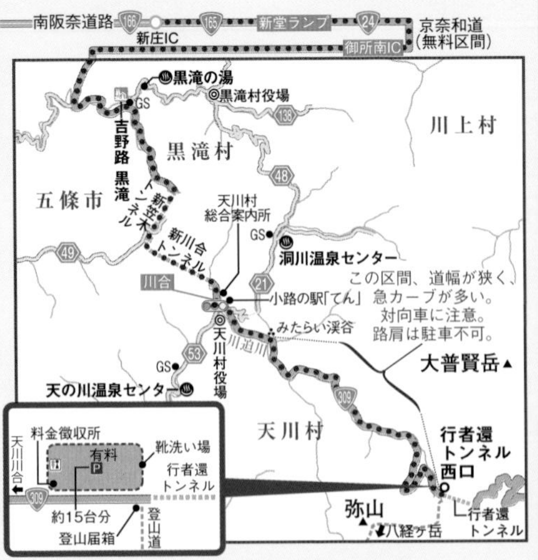

近畿道吹田ICから松原JCTを経て阪和道へ、美原JCTを経て南阪奈道路新庄ICまで約49km（約40分）。大和高田バイパスに入り新堂ランプを右折してR24（京奈和道無料区間）を南下、御所南ICを左折してR309に入ってそのまま天川村を目指す。天川村川合交差点から約14kmで行者還トンネル西口に着く。

P駐車場情報

行者還トンネル西口の国道脇に、15台ほどが停められる駐車場とトイレ（いずれも有料）がある。

眺め
花
紅葉
道の駅
温泉

欄外情報 弥山の頂上部に建つ弥山小屋は4月下旬～11月中旬の営業で、宿泊以外に休憩のみの利用もできる（有料）。宿泊の際は要予約（連絡の際は夕方が望ましい）。テント場もある。☎0747-52-1332

山のプロフィール 八経ヶ岳は標高1915mの関西最高峰。大峯奥駈道の主稜線上にあり、北隣の弥山とともに登られる。弥山には、関西では数少ない営業小屋の弥山小屋があるのが心強い。6月下旬には、大峰の名花オオヤマレンゲが咲く。

古くは奈良県天川村の川合から登られることが多く、日帰りの山ではなかった八経ヶ岳だが、現在はもっぱら行者還トンネル西口の登山口までマイカーで行き、日帰りで往復されることが一般的となった。関西の最高峰であり、日本百名山の一峰として人気のある山だ。

宗教上は、山伏の道、大峯奥駈道が通り、修験道の祖、役行者がここで自分の骸骨と出会い、また法華経八巻を埋めたともされる。

❶行者還トンネル西口の登山口には登山届箱があるので、記入してから入山しよう。登山道を歩きはじめてすぐに、橋を渡ってシャクナゲが多い尾根に取りつく。行程は往復だが、この道は下りには結構苦労する。1時間ほど登り、周囲にシロヤシオの古木が見られはじめると、**❷奥駈道出合**だ。ようやくここでひと息つける。縦走路を西に向けて歩き、苔むした暗い林を抜けると弁天ノ森に達する。下りになると、開けた場所があり、ここから目指す弥山や八経ヶ岳の姿が望める。再び緩やかに高度を上げていくと、聖宝ノ宿跡に着く。江戸時代に安置された、大峯中興の祖といわれる理源大師聖宝の坐像がある。

▲登山口にある登山届箱

▲シロヤシオの古木が多い奥駈道出合

▲花咲く奥駈道

ここからが聖宝八丁といわれる急坂になる。結構な難所であったが、世界遺産登録に伴い要所に木製の階段がつけられたので、思いのほか苦労しない。最初はつづら折りに登るが尾根に出たところで展望が開け、正面

レベル	中級者向け
歩行時間	5時間30分
歩行距離	9.3km
参考地図	弥山

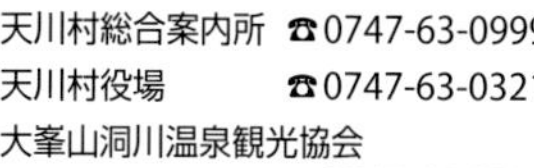

問合せ

天川村総合案内所 ☎0747-63-0999
天川村役場 ☎0747-63-0321
大峯山洞川温泉観光協会 ☎0747-64-0333

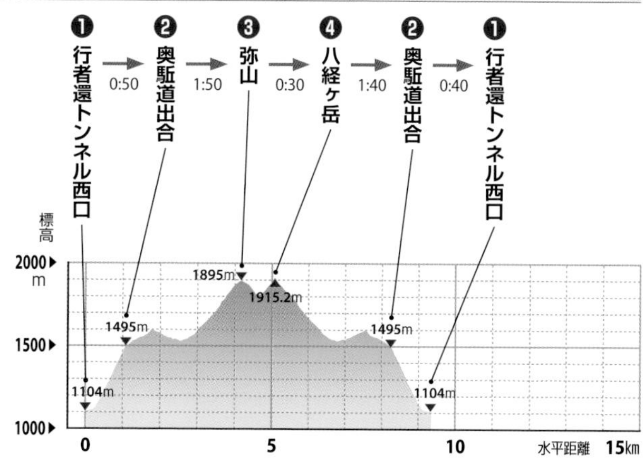

▲うっそうとした森を抜けて弁天ノ森へ

▲登山者の憩いの場・弥山小屋

に大普賢岳を望む場所があるので、このあたりでひと息入れるとよいだろう。登り切ると、弥山小屋の前に出る。テーブルやベンチがあるので、登山者の憩いの場になっている。冬季用の小屋も併設されている。**❸弥山**頂上はここからすぐで、南に八経ヶ岳を望みながら鳥居をくぐっていくと、天川村坪内にある天河大辨財天社の奥宮が建っている。

八経ヶ岳へはそのまま奥駈道をたどっていくが、向かう前に国見八方睨と呼ばれる台地に立ち寄っていこう。東から北への展望が得られ、ギザギザとした大普賢岳の山並みが印象的だ。奥駈道を鞍部まで下ると美しいオオイタヤメイゲツの林になっている。登りに転じたところで防鹿柵の扉があるので開けて入っていこう。一時はシカの食い荒らしによって絶滅寸前だったオオヤマレンゲが、この保護のおかげで多くの花をつけるようになったのはうれしい限りだ。防鹿柵を過ぎて、どっしりとした弥山を背に岩混じりの急坂を登り切ると、**❹八経ヶ岳**頂上に着く。錫杖が立ち、行者が残した碑伝（札）がたくさん置かれている。北東に大普賢岳から山上ヶ岳の大峰北部の山並み、東は大台ヶ原、南は釈迦ヶ岳など大峰南部の山、北は弥山と、天気がよければ金剛山地もかすんで見える。

▲八経ヶ岳頂上

下山は弥山小屋まで引き返し、往路を**❶行者還トンネル西口**へと戻る。途中の弥山小屋に宿泊するプランにすれば、翌日八経ヶ岳から奥駈道をさらにたどり、明星ヶ岳の肩にある弥山辻から日裏山経由で高崎横手に出て狼平を経由して弥山小屋に戻るオプションコース（約3時間）も楽しめるだろう。

▲オオヤマレンゲの花

登山コースアドバイス

霊山・弥山に座する天河大辨財天社奥宮

八経ヶ岳の北にそびえる弥山は、古くから霊山として崇められている。山麓の天川村坪内にある日本三大弁財天の一つ、天河辨財天の御神体となっており、標高1895mの弥山頂上には、奥宮が静かに鎮座している。境内には護摩壇と火伏渡りの場所もあり、ここが山岳修行の地であることが伺える。大峰山の最高峰・八経ヶ岳頂上へは、まず弥山で奥宮にお参りしてから登るといいだろう。

▶天河大辨財天社　☎0747-63-0558

周辺の立ち寄りスポットをCHECK!!

道の駅 吉野路 黒滝

黒滝村のR309沿いにある道の駅。北欧のロッジをイメージした建物で、そばを流れる黒滝川の畔には親水公園が整備されている。館内の物産コーナーでは村の94%を山林が占めるこの村ならではの木工品をはじめ、手作りこんにゃくやそうめん、柿の葉寿司などを販売。食事処では地元で採れた山菜を素材にした山の幸ピラフが人気。猪肉コロッケや串こんにゃくなどもおすすめ。▶奈良県吉野郡黒滝村大字長瀬22 ☎0747-62-2456 営業＝9～17時（季節により変動） 休み＝無休

温泉 天の川温泉センター

天河大辨財天社近くの天ノ川沿いに佇み、秘湯の風情もたっぷり。建物は吉野産の吉野杉や桧、カエデなどにこだわり、主浴槽も清々しい香りの高野槇を使用。石造りの露天風呂からは清流・天ノ川が見下ろせ、大峯山系の山々を仰ぎ見ながら湯浴みできる。炭酸水素ナトリウムを多く含む湯は、美人の湯としても人気。▶奈良県吉野郡天川村坪内232 ☎0747-63-0333 営業＝11～20時 休み＝火曜（祝日の場合は翌日）・年末年始

天川村川合・御所南IC↑
鉄山 1563
875
道幅狭く運転注意
309
R169・上北山村→
1094
行者還トンネル西口①
行者還トンネル
沢を離れる
奈良県
天川村
1204
修羅山 1846
急な露岩の登り
1453
0:40 0:50
弥山・八経ヶ岳が見える台地
聖宝ノ宿跡
天河大辨財天社奥宮
弥山小屋
聖宝八丁
弥山③ 1895
1819
一ノ垰
弁天ノ森 1600.5
②奥駈道出合
大峯奥駈道
1532
1:50
1:40 (④→②)
国見八方睨
理源大師聖宝坐像
オオヤマレンゲ自生地
展望よい
急な木の階段を登る
なだらかな稜線沿いの道
0:30
山の最高点
仏経岳原始林
1915.2
④八経ヶ岳
火吹谷
八経ヶ岳
上北山村
明星ヶ岳 1894
大峯奥駈道
↓仏生ヶ岳
N
1:25,000
0 250 500m
1cm=250m
等高線は10mごと

25

奈良県

[標高] 1,726m

ブナ林が豊かな女人大峯に登る

稲村ヶ岳（いなむらがたけ）

▼大峯奥駈道・大普賢岳から見た稲村ヶ岳（右奥）

南阪奈道路

アクセス情報　往復 3,560円

吹田IC	49km	新庄IC	10.5km	御所南IC	41km	母公堂		稲村ヶ岳
	近畿道・阪和道・南阪奈道路		R165・R24（京奈和道無料区間）		R309・県道21号			
	1780円		0円		0円			

登山口NAVI　緯度：34°15'57 ／経度：135°53'55

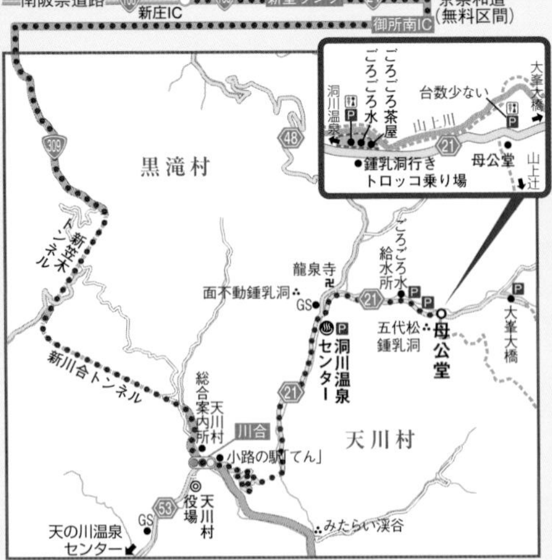

近畿道吹田ICから松原JCT、阪和道美原JCTを経て南阪奈道路新庄ICまで約49km（約40分）。大和高田バイパスに入り新堂ランプを右折してR24（京奈和道無料区間）を五條市方面へ南下、御所南ICを左折してR309に入り天川村を目指す。天川村川合交差点から200mほど先を左折して県道21号を北上、洞川温泉街を抜けるとまもなく母公堂に着く。

P駐車場情報

母公堂に約5台の駐車場（有料）があり、トイレを併設している。駐車料金はさい銭箱へ。

眺め　花　紅葉　道の駅　温泉

欄外情報　母公堂の駐車場は収容台数が少なく、満車時は西約400mのごろごろ水の有料駐車場（約35台、売店・トイレあり）を利用する。ほかに大峯大橋にも有料駐車場（売店・トイレあり）がある。

山のプロフィール 稲村ヶ岳は、「大峯山」ともいう山上ヶ岳の西隣に位置する。山上ヶ岳が女人禁制であるため、女性の修験者が登ることから女人大峯とも呼ばれる。主峰はラクダのような山容の首の部分にあたる大日山である。

奈良県天川村の洞川温泉が起・終点になるために下山後の温泉が楽しみな稲村ヶ岳。中腹までは植林帯だが、その上はブナを中心とした豊かな森に覆われ、初夏にはシャクナゲの花が登山道を彩る。余裕があれば、主峰の大日山に登ればよいが、ハシゴが連続するなど気を抜けないので、一般には標高の高い稲村ヶ岳の本峰だけを登ることが多い。

役行者の母を祀る❶**母公堂**前の駐車場を利用すれば歩行時間を短縮できるが狭いので、400mほど手前のごろごろ水駐車場を利用する。母公堂手前に稲村ヶ岳の登山口があるので、植林の中を登っていく。温泉街寄りの登山口から上がってきた五代松新道と合流して左へ行くと、❷**法力峠**に出る。峠から先は時折植林も混じるが、ブナが散見しはじめると、自然林の中を歩くようになる。途中いくつもの桟橋を渡って進んでいく。たどり着いた❸**山上辻**はトイレが設置され、稲村ヶ岳山荘も建つ。美しい樹林に囲まれた山上のオアシスだ。

▲母公堂

▲大日のキレット

ここから稲村ヶ岳を往復する。大日山の基部を巻いて、本峰との鞍部である大日のキレットに達すると、大日山の登り口がある。さらに本峰の基部を巻きクサリ場を経由して尾根の上に上がり、折り返すように尾根をたどると展望台のある❹**稲村ヶ岳**の頂上に着く。正面には山上ヶ岳のお花畑が見えている。

帰路は慎重にクサリ場を通過して❸**山上辻**に戻り、右折して樹林帯を徐々に高度を下げていくと、女人結界門の立つ❺**レンゲ辻**だ。山上ヶ岳へは直進だが、ここでは

▲山上辻には稲村ヶ岳山荘が立つ

レベル	上級者向け
歩行時間	6時間25分
歩行距離	13.1km
参考地図	洞川／弥山

問合せ

天川村総合案内所 ☎0747-63-0999
天川村役場 ☎0747-63-0321
大峯山洞川温泉観光協会 ☎0747-64-0333

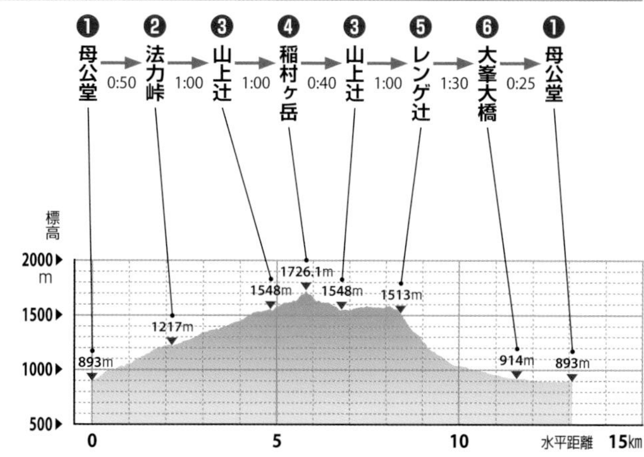

欄外情報 山上辻に建つ稲村ヶ岳山荘（収容30人・要予約）は、4月末～11月末の土・日曜中心の営業（平日は2名以上で宿泊可）。テント場もある。☎0747-64-0138（民宿翠嶺館）

▲レンゲ谷は小滝が連続する

左に折れてレンゲ谷を下っていく。荒れているところがあるほか、徒渉する箇所もあるので増水時は注意が必要だ。やがて林道終点に下り着き、長い林道歩きで山上ヶ岳登山口となる❻**大峯大橋**（おおみねおおはし）を経て、❶**母公堂**（ははこどう）の駐車場に戻る。下山後は洞川温泉でひと風呂浴びて帰るとよいだろう。

周辺の立ち寄りスポット

温泉 **洞川温泉センター**

洞川温泉街の入口にある村営の日帰り温泉施設。地下1000mから汲み上げた湯は無色透明の単純泉で、さらりとした肌ざわりが特徴。渓谷歩きや登山後に入浴すれば、やわらかな湯がほっこりと体を癒してくれ、疲労回復にも最適だ。平成20年に源泉が新しくなり、湯量や効能もさらにパワーアップしている。吉野杉を使った内湯と露天風呂が自慢。

▶奈良県吉野郡天川村洞川13-1 ☎0747-64-0800
営業＝11～20時 休み＝水曜

有料
R309
「名水百選」ごろごろ水
ごろごろ茶屋
母公堂
有料
近畿自然歩道
毛又大橋
950
大橋茶屋
有料
山上ヶ岳方面 女人結界
山上ヶ岳登山口
五代松新道
←0:25
1000
❻大峯大橋
965
1050
五代松鍾乳洞
0:50→
分岐（道標あり）
植林の単調な道
黒床谷
洞辻茶屋
川瀬谷
林道終点
1100
1150
1200
1250
硯谷
←1:30
❷法力峠
清流沿いに下っていく 所々谷を渡る。要所に道標あり
観音峰
1380
三ツ塚
アスナロ群落
ドアミ
白倉山
1300
1350
1400
1450
1500
法力谷
1:00→
小稲村の岩峰
栈橋が多い
クサリ
レンゲ谷
高崎横手
❺レンゲ辻
山上ヶ岳方面 女人結界
奈良県
天川村
狼尾
1642
1:00→
念仏山
山上辻❸
稲村ヶ岳山荘
原生林の美しいトラバース道
N
1:00
←0:40
岩本谷
ハシゴ、クサリ
大日山
1689
大日のキレット
クサリ
稲村ヶ岳
1726.1
シャクナゲ
ミノクサ尾
ウッドデッキの山頂展望台
❹稲村ヶ岳
1:29,000
0 250 500m
1cm＝290m
等高線は10mごと

ひと目百万本のツツジの大群落を楽しむ

大和葛城山（やまとかつらぎさん）

▼頂上の南斜面に広がるつつじ園からは金剛山が一望できる

アクセス情報 ……… 往復 3,560円

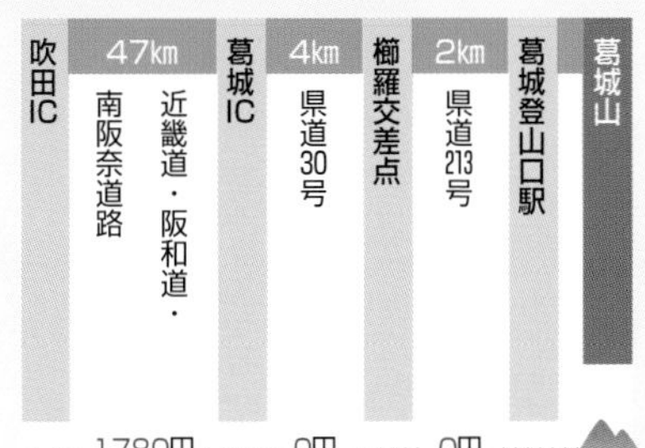

登山口NAVI　緯度：34°27'51／経度：135°42'07

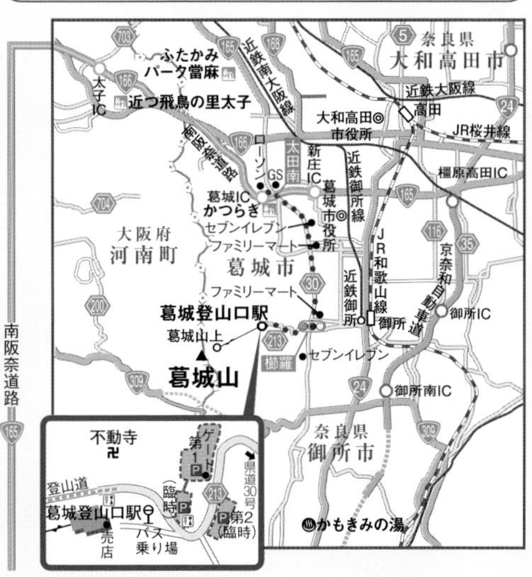

近畿道吹田ICから松原JCT、阪和道美原JCTを経て南阪奈道路葛城ICまで約47km（約40分）。太田南交差点を右折して県道30号を御所市方面へ南下、御所市櫛羅交差点を右折して県道213号に入り、5分ほどで葛城山ロープウェイ葛城登山口駅に着く。

P駐車場情報

葛城山ロープウェイ葛城登山口駅下に、100台以上が収容できる第1駐車場（有料）がある。また、週末やツツジのシーズンには臨時駐車場が（有料）開設される。

欄外情報　葛城山ロープウェイは葛城登山口駅～葛城山上駅間の標高差約560mを6分で結んでいる。9時10分～17時の運行で、30～50分（土・日曜、祝日は15～50分）間隔。☎0745-62-4341

山のプロフィール

大阪・奈良府県境の葛城山は、和泉山脈の葛城山と区別するために大和葛城山とも呼ばれる。山上の葛城高原には、ツツジの大群落が広がっている。ロープウェイが通じているためにファミリーにも人気の山である。

ツツジの大群落で有名な葛城山だが、その1ヶ月ほど前にはカタクリが咲くほか、秋はススキ、冬はスノーハイクと四季折々、魅力あふれるハイキングが楽しめ、人気が高いのもうなずける。台風で櫛羅の滝コースが一時不通になった折に、廃道であった北尾根コースが再整備され、「秋津洲展望コース」と名づけられたが、おかげでラウンドコースが組めるようになって、さらに充実した山行が楽しめるようになった。

駐車場から車道を上がり、ロープウェイ❶**葛城登山口駅**横の道を山の手にたどると、すぐに右手に北尾根コースの入口がある。つづら折りに登って尾根に達すると今度は左折する。ベンチが置かれた展望所もあって気持ちがいい。登山道は急だが、周囲は自然林なので櫛羅ノ滝コースより変化がある。左に自然観察路への道を見送って、登り詰めていくと❷**ダイヤモンドトレール出合**にたどり着く。合流する手前では、4月中旬ならカタクリの花も見られる。

▲櫛羅の滝

▲秋津洲展望コースにはベンチが設置されている

ダイヤモンドトレールを南にたどり、弘川寺方面とロープウェイ葛城山上駅から登ってきた道を合わせ、白樺食堂の前を通って右に林を抜けて、ススキの原に囲まれた❸**葛城山**頂上へ。つつじ園は尾根上を南にたどったところにある。ツツジの見ごろは5月中旬頃で、山肌を一面真っ赤に染める様は圧巻だ。

下山は弘川寺方

▲オブジェの立つ葛城山頂上

レベル	初級者向け
歩行時間	3時間35分
歩行距離	7.3km
参考地図	御所

問合せ

御所市役所 ☎0745-62-3001
千早赤阪村役場 ☎0721-72-0081
葛城高原ロッジ ☎0745-62-5083

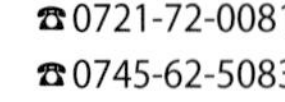

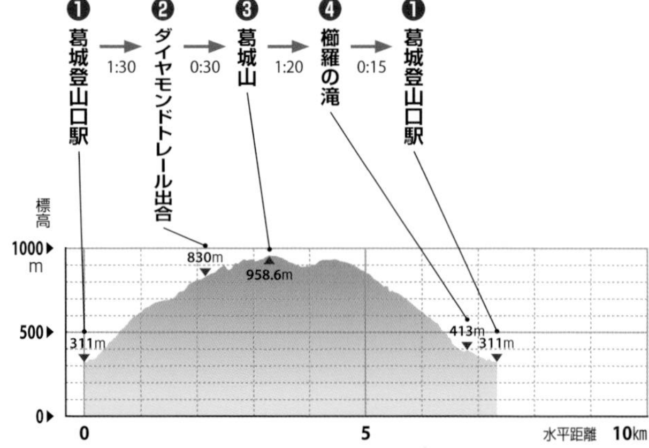

欄外情報　頂上南東面の葛城高原ロッジは宿泊以外に食事や入浴（11～15時）のみの利用もできる。大浴場は薬石の麦飯石を使用している。☎0745-62-5083

面とロープウェイ葛城山上駅からの道の分岐まで戻って右に取り、その先の葛城天神社前で右折してブナ林内を下っていく。しばらくは自然林だが、やがて植林に変わると急坂となる。台風被害でやや荒れた道をたどって❹櫛羅(くじら)の滝(たき)へ。修験道の祖・役行者は現御所市の出身とされ、櫛羅の滝も役行者が修行をしたと伝えられる。観瀑後、さらに下っていくと❶葛城登山口駅(かつらぎとざんぐちえき)に戻ってくる。

▲コース中に咲いていたカタクリの花

周辺の立ち寄りスポットをCHECK!!

道の駅　ふたかみパーク 當麻

二上山を西に望む、閑静な田園地帯にある道の駅。レストランや販売所のある當麻の家を中心に、芝生広場や水辺のテラス、散策路が設けられている。民芸風のレストランでは當麻の新鮮素材を使った郷土料理が味わえ、全粒粉の小麦を使用した自家製麺のうどん「當麻の家うどん」はもっちりした食感。いも掘りなどの農場体験や手づくり体験、加工体験といった体験教室（要予約）も家族連れに好評。▶奈良県葛城市新在家402-1　☎0745-48-7000　営業＝9～17時　休み＝無休

温泉　かもきみの湯

葛城山の東麓に湧く天然温泉で、遊具広場などのある四季の森の一角に立地。泉質は高濃度のナトリウム-炭酸水素塩・塩化物温泉。やわらかでヌメリ感のある湯が、リーズナブルな料金で堪能できると評判。ストレスなどの心身疲労に効果が高い。男女別にⅠ系・Ⅱ系の浴場があり、それぞれ趣の異なった浴槽や露天風呂が設けられている。
▶奈良県御所市大字五百家333　☎0745-66-2641
営業＝10～23時　休み＝無休（点検休館日あり）

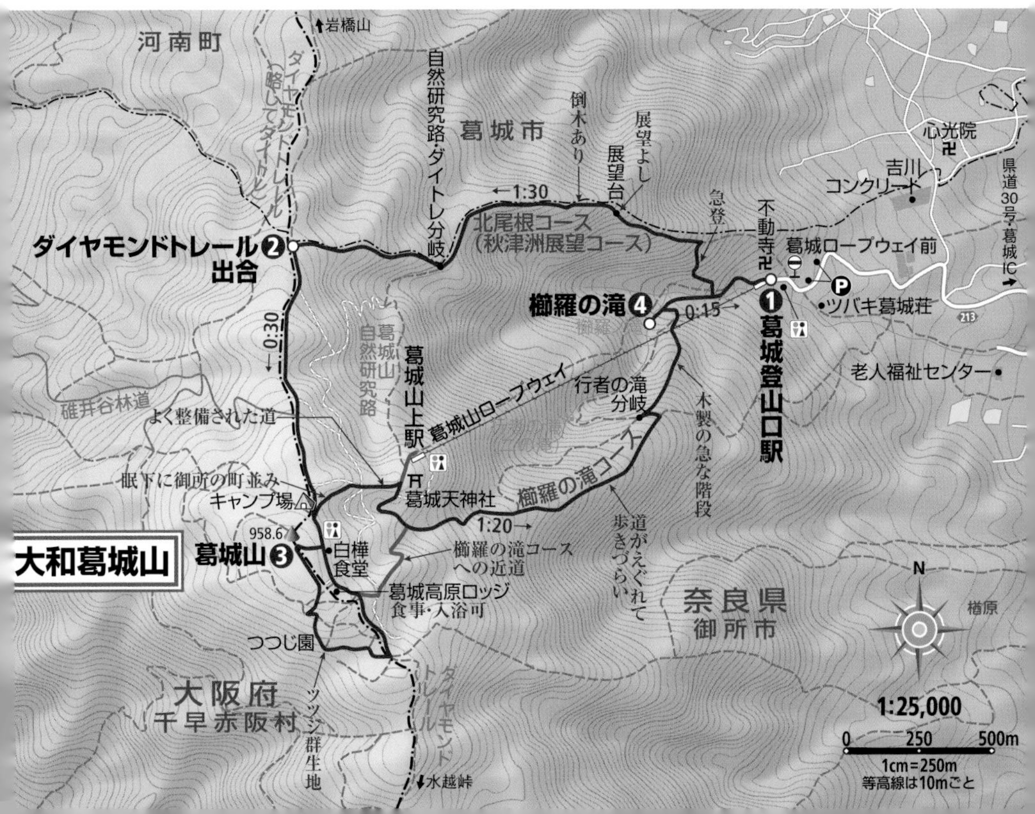

大和葛城山

↑岩橋山
河南町
葛城市
自然研究路・ダイトレ分岐
ダイヤモンドトレール（略してダイトレ）
倒木あり
展望よし
展望台
←1:30
北尾根コース（秋津洲展望コース）
急登
不動寺
葛城ロープウェイ前
心光院
吉川
コンクリート
県道30号葛城IC→
ダイヤモンドトレール❷出合
櫛羅の滝❹
0:15
❶葛城登山口駅
ツバキ葛城荘
老人福祉センター
↑0:30
葛城山自然研究路
葛城山上駅
葛城山ロープウェイ
行者の滝分岐
木製の急な階段
碓井谷林道
よく整備された道
眼下に御所の町並み
キャンプ場
葛城天神社
櫛羅の滝コース
1:20→
958.6
葛城山❸
白樺食堂
櫛羅の滝コースへの近道
葛城高原ロッジ 食事・入浴可
道がえぐれて歩きづらい
奈良県 御所市
つつじ園
ツツジ群生地
大阪府 千早赤阪村
ダイヤモンドトレール
↓水越峠
楢原
N
1:25,000
0　250　500m
1cm=250m
等高線は10mごと

27 大阪府・奈良県

［標高］1,125m

山上にブナ林が広がる関西きっての人気の山

金剛山（こんごうさん）

南阪奈道路

▼南河内を一望できる国見城跡

アクセス情報 往復 2,620円

吹田IC	37km 近畿道・阪和道・南阪奈道路	羽曳野IC	10km 市道・R170・府道33号・R309	森屋交差点	8km 府道705号	金剛登山口	金剛山
	1310円		0円		0円		

近畿道吹田ICから松原JCTを経て阪和道へ、美原JCTを経て南阪奈道路羽曳野ICまで約37km（約30分）。約1km先の新町南交差点を右折してR170を南下、本町北交差点を直進し、府道705号、R309経由で千早赤阪村の森屋交差点へ。右折して府道705号に入り、約8kmで金剛登山口に着く。

P駐車場情報

金剛登山口バス停付近に有料駐車場がある。金剛山ロープウェイ千早駅前にも有料駐車場がある。ともにトイレを設置している。

登山口NAVI 緯度：34°25'01／経度：135°38'55

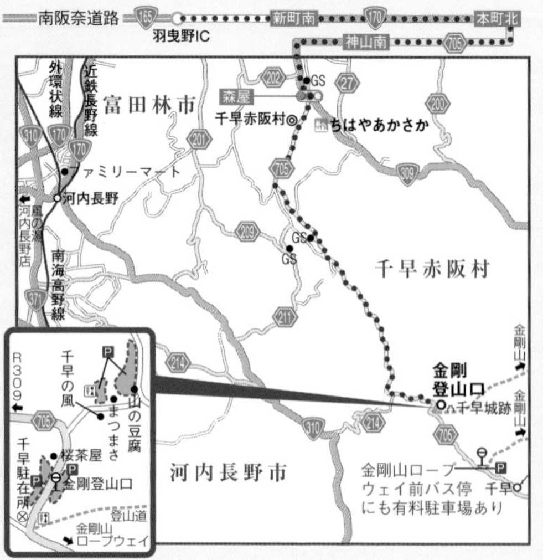

眺め
花
紅葉
道の駅
温泉

欄外情報 ここで紹介するのは千早城跡を経由するルートだが、取りつきに急勾配の石段が続くので、バス停を少し北上して右に折れ、食事処まつまさの前を通って千早本道に入るのもいいだろう。

山のプロフィール

大阪と奈良の府県境を走る金剛山地の主峰・金剛山。大阪府民にとってはなじみが深く、身近な山として親しまれている。頂上に至るルートはいくつも設けられ、四季を問わず山歩きが楽しめるのも大きな魅力だ。

修験道の開祖・役行者が修行したとされる霊山で、山上に役行者ゆかりの転法輪寺と一言主を祭神とする葛木神社を置く。山腹には『太平記』の英雄である楠木正成の城・千早城などの城跡が点在し、歴史的魅力も秘めている。その秀麗な山塊は大阪平野のどこからでも見て取れ、大阪ではもっとも身近な大衆登山の聖地となっている。山上からは大阪平野や大和盆地が一望でき、行楽シーズンのみならず冬は樹氷も見られ、四季折々に山歩きが楽しめる。登山者数は全国で屈指の数を誇り、健康登山、回数登山も盛んで、毎日頂上を目指すハイカーも少なくない。全国でも珍しい登山回数の記録システムがあるのも、この山ならではだ。大阪側からの登山ルートは西ルート、北ルート、南ルートなどがあるが、ここでは代表的な千早本道から頂上へたどり、ダイヤモンドトレールを歩いて伏見峠から念仏坂を下るルートを紹介する。

▲登山口から石畳の階段に取りつく

▲頂上付近の黄紅葉

金剛登山口バス停そばの駐車場に車を停めて府道を少し南下すると、左手に石段のある❶**金剛登山口**に出る。長く急な石段を登り切れば千早城跡に飛び出す。広場になっている四の丸跡、千早神社のある二の丸跡を見送ると、食事処まつまさからの分岐に出合う。これを右に折れ

▲山上にある葛木神社。金剛山の最高点は本殿の奥にある

レベル	初級者 向け
歩行時間	4時間
歩行距離	8.8km
参考地図	五條

問合せ	
千早赤阪村役場	☎0721-72-0081
千早赤阪村観光協会	☎0721-72-1447

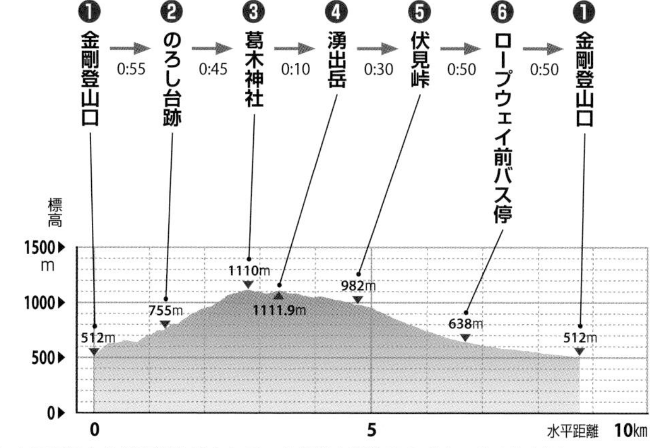

欄外情報 府道705号から黒栂林道に入ったところにある駐車場をはさんで、食堂兼土産物店の「まつまさ」と豆腐店の「山の豆腐」があり、登山後に立ち寄りたい。☎0721-74-0015（2店共通）

▲都市近郊では珍しい樹氷の見られる金剛山。かつては冬は学校行事で耐寒登山を行う小・中学校も少なくなかった

ると、すぐ先に楠木正成の三男・正儀の墓が現れる。この先、山上まで長々と続く丸太や石積みの階段を登っていく。時折、細い枝道が分岐しているが、迷わず幅広の階段を進もう。石段の急坂を登り切ると道は平坦になり、五合目の**❷のろし台跡**に着く。ここは以前茶店があった場所。新しくなった東屋と簡易トイレがあるので休憩ポイントにおすすめだ。

ひと息入れたら再び階段を登る。杉の植林が徐々にブナ林に変われば頂上はあとひと息。途中、新道と旧道の分岐があるが、その先で再び合流する。九合目で「左が楽な道・右が近道」の案内板が立つ分岐に出合い、左へ進むと国見城跡へ、右に折れると葛木神社の社務所に出る。分岐を左に進み、10分ほどで山上広場のある国見城跡にたどり着く。西に展望が開け、南河内一帯が一望のもとだ。一般的にこの国見城跡が頂上とされているが、金剛山最頂部の葛木岳頂上は**❸葛木神社**の本殿裏にあり、神域となっていて立ち入ることができない。

▲登山道の両脇に燈籠が立つ頂上付近

▲湧出岳の葛城第二十一番経塚

下山は葛木神社正面の階段を下り、伏見峠を目指す。縦走路を左に進むと、一の鳥居で左からのダイヤモンドトレールと合流する。そのすぐ先の分岐を左に取ると5分ほどで一等三角点のある**❹湧出岳**頂上に出る。分岐に戻って先ほどのダイヤモンドトレールに合流し少し登り返すと、右に大阪府最高地点（1053m）を示す標識を見る。この一帯は「府民の森ちはや園地」として整備され、展望台やちはや星と自然のミュージアムなどがある。ロープウェイが再開すればここから利用できるが、2020年6月現在運行休止中だ。

ダイヤモンドトレールを先へ進み、ピクニック広場、キャンプ場を経て**❺伏見峠**に出る。分岐を右折して念仏坂の舗装された急な坂道を下れば、**❻ロープウェイ前バス停**に降り立つ。あとは府道を南西へ向けて下り、**❶金剛登山口**を目指す。

欄外情報　冬季は葛木神社付近、ちはや園地周辺、念仏坂は凍結して滑りやすくなることが多い。軽アイゼンの携行は必須だ。

周辺の立ち寄りスポットをCHECK!!

道の駅 ちはやあかさか

南北朝時代の武将・楠木正成の生誕地を中心に整備された歴史の丘公園にある休憩施設。「日本一かわいい道の駅」をキャッチフレーズに、地元の農産物や土産品、工芸品などを販売。2階に展望休憩所があり、金剛山や葛城山が見渡せる。正成ゆかりの遺品や郷土の歴史などを展示する村立郷土資料館を併設。近くの『スイセンの丘』は、1・2月に訪れる人が多い。▶大阪府南河内郡千早赤阪村二河原邊7　☎0721-21-7557　営業=9～17時　休み=8月の3日間・年末年始

温泉 風の湯 河内長野店

河内長野市内を通るR170そばにあるスーパー銭湯。こぢんまりとした施設ながら露天風呂をはじめ、岩風呂、桧風呂、ジェットバス、エステティック風呂など趣向を凝らした湯がそろっている。サウナは遠赤外線とスチーム、塩の3タイプを用意。岩盤浴も併設し、お手頃な料金で利用できるのも魅力だ。館内には食事処や地元農家の野菜販売コーナーもある。

▶大阪府河内長野市上原西町15-1　☎0721-52-1726　営業=10～24時　休み=無休

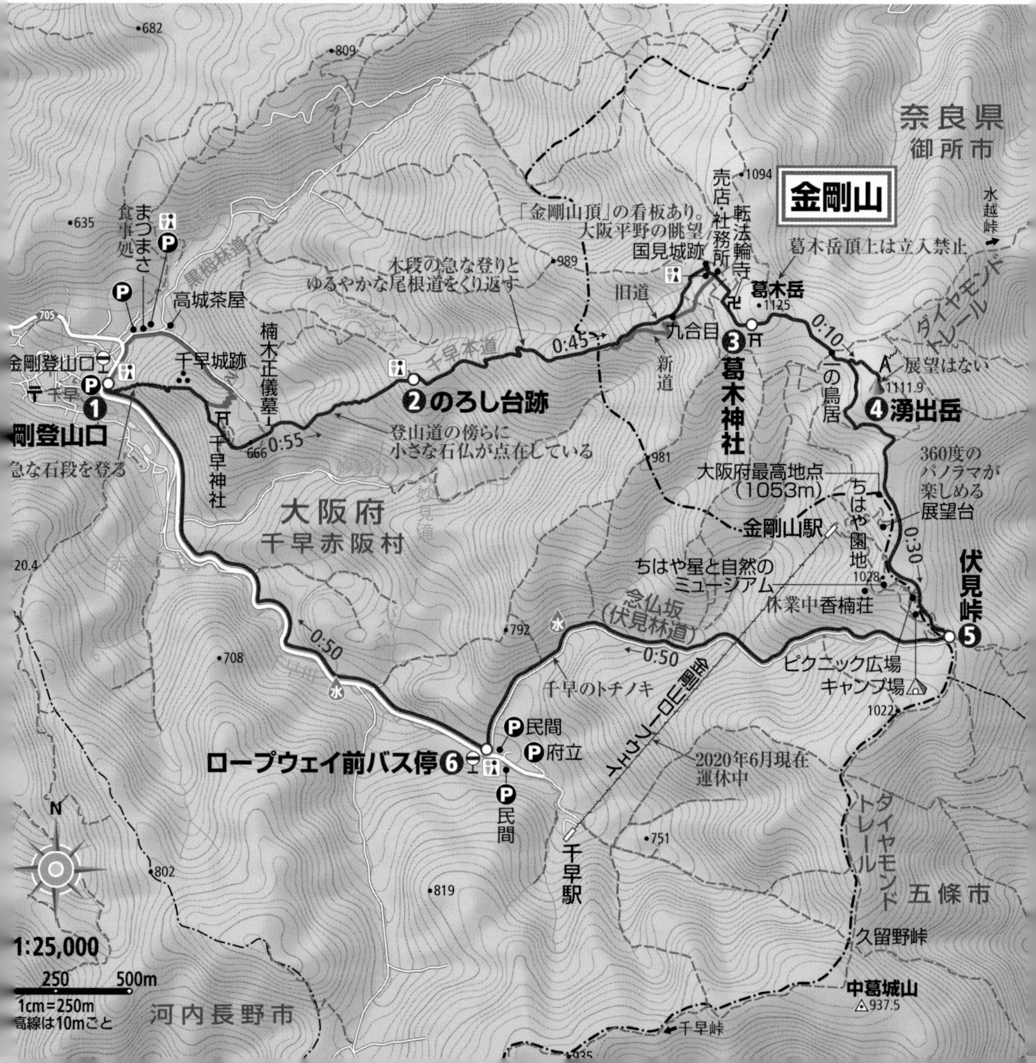

金剛山
奈良県 御所市
水越峠
ダイヤモンドトレール
葛木岳頂上は立入禁止
葛木岳 1125
0:10
展望はない
1111.9
④湧出岳
一の鳥居
売店・社務所
転法輪寺
国見城跡
「金剛山頂」の看板あり。大阪平野の眺望
旧道
新道
九合目
③葛木神社
0:45
木段の急な登りとゆるやかな尾根道をくり返す
千早本道
②のろし台跡
登山道の傍らに小さな石仏が点在している
0:55
楠木正儀墓
千早神社
千早城跡
高城茶屋
まつまさ
食事処
黒栂林道
金剛登山口
①金剛登山口
急な石段を登る
大阪府 千早赤阪村
大阪府最高地点（1053m）
360度のパノラマが楽しめる展望台
0:30
ちはや園地
金剛山駅
ちはや星と自然のミュージアム
休業中香楠荘
伏見峠⑤
念仏坂（伏見林道）
0:50
ピクニック広場
キャンプ場
千早のトチノキ
0:50
ロープウェイ前バス停⑥
民間
府立
民間
金剛山ロープウェイ
2020年6月現在運休中
千早駅
五條市
久留野峠
中葛城山 937.5
千早峠
河内長野市
1:25,000
250 500m
1cm=250m
高線は10mごと

28
大阪府
[標高] 897m

和泉山脈の西に広がるカヤト草原の山

岩湧山（いわわきさん）

▼カヤトの原が広がる岩湧山の頂上部から和泉山脈を望む

アクセス情報 ………… 往復 2,180円

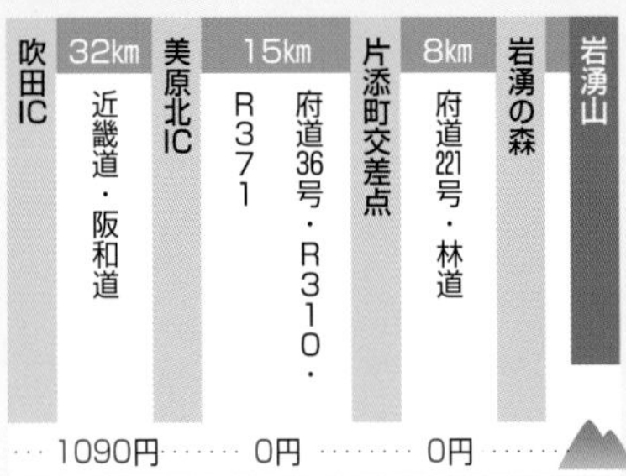

近畿道吹田ICから松原JCTを経て阪和道美原北ICまで約32km（約25分）。府道36号を南下し中茶屋北交差点を左折してR310を河内長野方面へ向かう。河内長野駅西側の本町（七つ辻）交差点を直進してR371へ入り約2km先の片添町交差点を右折して府道221号に入りすぐの信号を左折して南下、林道に入り約7kmで岩湧の森に着く。

P駐車場情報
岩湧の森に6ヵ所の無料駐車場があり、合わせて70台ほどが収容できる。

登山口NAVI 緯度：34°23'01 ／経度：135°33'34

阪和自動車道 美原北IC 36 中茶屋北 310 本町（七つ辻） 371
三日市町
片添町
ミニストップ
ファミリーマート
外環状線
往路は片添町交差点で右折したら、すぐ次の信号を左折する
和泉市
河内長野市
南海高野線
岩湧の森
岩湧寺
岩湧山
第4～6駐車場・府道221号
第1
第2
第3
野外活動広場
四季彩館
登山道

欄外情報 岩湧山の見どころは何といっても約8haの広さがある頂上部のカヤト原。例年2～3月にカヤト刈りが行われ、収穫されたカヤトは重要文化財建築の屋根葺きなどとして使用されている。

山のプロフィール

大阪府南部にある和泉山脈の西部を代表する岩湧山。頂上部には管理されたカヤト（ススキ）の草原が広がり、大阪平野から金剛生駒山地、東南には遠く高見山や大峰の山々が見渡せる展望が魅力。

カヤト草原で知られる岩湧山は、大阪の府県境を通るダイヤモンドトレール（通称ダイトレ）の南西部を飾る名峰で、縦走の場合は紀見峠駅から滝畑ダムへと緩やかにアップダウンを繰り返す。車利用の場合は北麓に整備された「岩湧の森」から登山道が結び、傾斜こそ急だが短時間でアプローチすることができる。

❶**岩湧の森**には駐車場が6つあるが、できるだけ上部の、登山口に近い駐車場に停めたい。駐車場からすぐ、道路の東側に「岩湧登山古道」と書かれた道標の立つ登山口がある。石畳の道をたどっていくと長寿水という湧き水があり、左に「ぎょうじゃの道」を見送って、岩湧の森の案内所である四季彩館まで登る。岩湧山の情報をいろいろと入手できるので立ち寄っておこう。

▲重要文化財の岩湧寺多宝塔

周辺は岩湧の森のメインエリアとなっていて、まずは❷**岩湧寺**を拝観し、その上部で「いわわきの道」を選んで山腹を緩やかに高度を上げていく。傍らに水の湧く❸**展望デッキ**で谷筋を上がってきた「ぎょうじゃの道」が左から合流して、さらにたどっていくとやがて❹**ダイヤモンドトレール合流点**だ。

▲方位盤が設置された岩湧山西峰頂上

▲草原に咲くコオニユリ

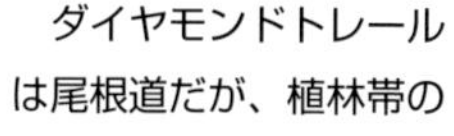

ダイヤモンドトレールは尾根道だが、植林帯のアップダウンは意外と骨が折れる。登り切ったところが❺**東峰**で、下山路に使う「きゅうざかの道」との分岐になっている。さらに西へ植林帯を下ると、鞍部にトイレがあり、ここから先はカヤトの原の登りになる。登るにつれ、背後には金剛山がそびえ、北方には大阪平野が広がってくる。最高

レベル	初級者 向け
歩行時間	2時間45分
歩行距離	5.5km
参考地図	岩湧山

問合せ

河内長野市役所 ☎0721-53-1111
河内長野市観光案内所 ☎0721-55-0100
岩湧の森 四季彩館 ☎0721-63-5986

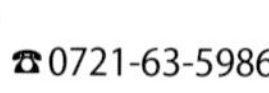

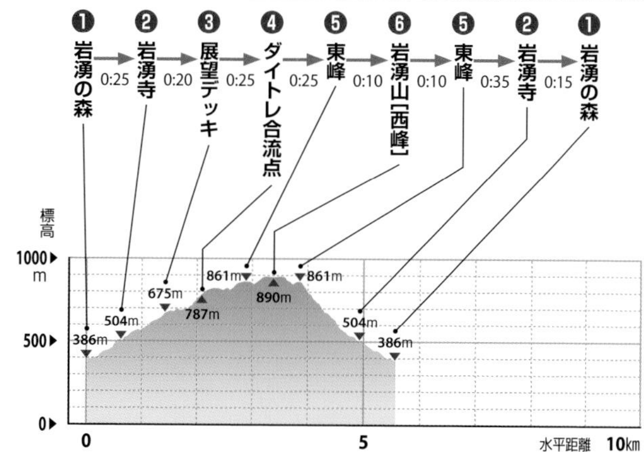

欄外情報 「岩湧の森 四季彩館」は、岩湧寺北側にある岩湧の森の中心施設。岩湧山の自然に関する情報提供やスタッフによる自然体験も開催。☎0721-63-5986 月・火曜（祝日の場合翌日）・年末年始休

点は岩湧山の三角点だが、そのすぐ先の方位盤やベンチがある❻西峰へ足を延ばそう。カヤトの見ごろは10月中旬頃だが、グリーンシーズンも草原にさまざまな花が咲き見逃せない。

飽きるまで展望を味わったら、❺東峰に戻り、「きゅうざかの道」の下りにかかる。名の通りの急坂なので、足元には充分注意しよう。北斜面なので特に冬場は雪が残り、凍結することもある。おおむね雑木林なので、新緑や紅葉の頃は美しい道だ。下り切ると、朝来た「いわわきの道」の登り口に出てくる。あとは往路をたどって❶岩湧の森の駐車場に戻ろう。

登山コースアドバイス

大阪府県境を歩くダイヤモンドトレール

金剛葛城山系をはじめ、大阪、奈良、和歌山にまたがる名山の稜線に設けられた長距離自然歩道のこと。奈良県香芝市の屯鶴峯から大阪府和泉市の槇尾山までを結び、総延長は約47km。六甲縦走、比良縦走と並ぶ関西の代表的な縦走路で、「ダイトレ」の名で親しまれている。交通の便がよく、分割して歩けるのも魅力だ。岩湧山では五ツ辻付近から岩湧山西峰がそのルートに。▶問合せ：大阪府南河内農と緑の総合事務所☎0721-25-1131

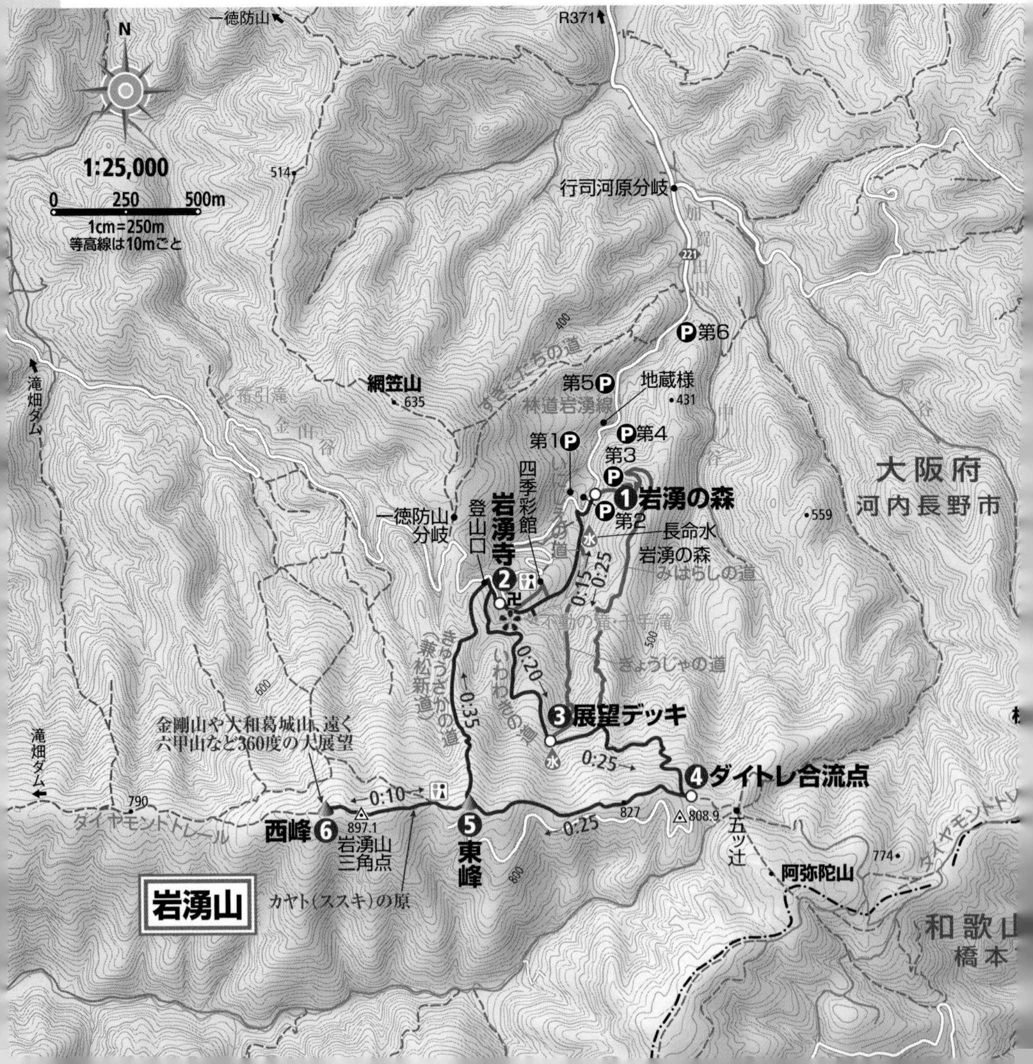

N
1:25,000
0 250 500m
1cm=250m
等高線は10mごと
一徳防山
R371
514
行司河原分岐
加賀田川
221
第6
第5
地蔵様
網笠山
635
林道岩湧線
431
第1
第4
第3
❶岩湧の森
第2
一徳防山分岐
登山口
岩湧寺
四季彩館
長命水
岩湧の森みはらしの道
大阪府
河内長野市
559
不動の滝・千手滝
きょうしゃの道
きゅうざかの道（兼松新道）
いわわきの道
0:15
0:25
0:20
0:35
❸展望デッキ
0:25
❹ダイトレ合流点
金剛山や大和葛城山、遠く六甲山など360度の大展望
0:10
790
897.1
827
808.9
西峰❻
岩湧山三角点
❺東峰
0:25
五ツ辻
774
阿弥陀山
ダイヤモンドトレール
滝畑ダム
岩湧山
カヤト（ススキ）の原
和歌山
橋本

平家伝説の残る和歌山の名峰と新最高峰へ

護摩壇山（ごまだんざん）

[標高] 1,372m

▼駐車場から雑木林の中の緩やかな道を登れば護摩壇山の頂上はすぐそこ

アクセス情報　往復 3,040 円

吹田IC	51km 近畿道・阪和道	岸和田和泉IC	43km 県道230号・40号・R170・R480・県道125号・町道・R480	高野山大門	31km R371	ごまさんスカイタワー	護摩壇山
	1520円		0円		0円		

近畿道吹田ICから松原JCTを経て阪和道岸和田和泉ICまで約51km（約40分）。県道230・40号、R170で大野町北交差点へ。右折してR480に入り、途中かつらぎ町で県道125号を挟んで再びR480を経て高野山大門の約300m先で左折。R371に入り、約31kmでごまさんスカイタワーに着く。

P駐車場情報

ごまさんスカイタワーに50台分の無料駐車場があるほか、森林公園総合案内所前にも30台分の無料駐車場がある。

登山口NAVI　緯度：34°03'42 ／経度：135°33'51

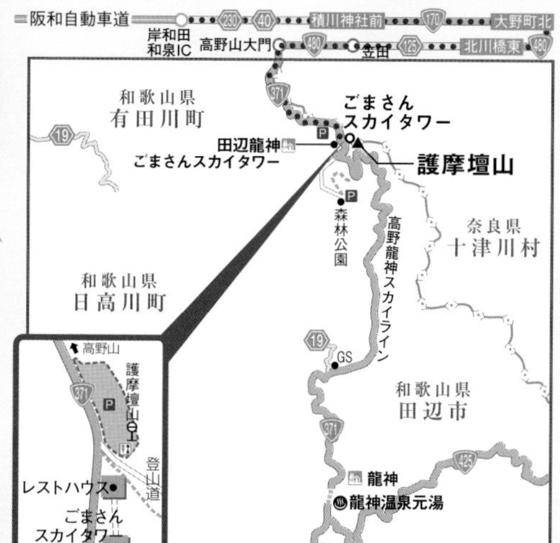

欄外情報 4月末頃からヤマヤナギが開花し、5月下旬から尾根筋でレンゲツツジの花が見られるようになる。6～7月は護摩壇山の花のシーズンで、ヤマボウシやノリウツギなど、多くの花が楽しめる。

山のプロフィール

源平屋島の戦いに敗れた平維盛が、護摩を焚き行く末を占ったという護摩壇山。和歌山最高峰の龍神岳と双耳峰をなし「紀州の屋根」とも呼ばれている。南斜面の五百原川源流域には、近畿屈指の幽林と評される原生林が広がる。

四方十数kmにわたって山並みを連ねる奥高野の山々の盟主で、「紀州の屋根」とも称される護摩壇山。一帯はいにしえの頃と変わらぬ雄大な原生林が広がる大自然の宝庫であり、花の山としての魅力も持ち合わせている。

護摩供養の護摩木を積み上げたユニークな形の塔・**❶ごまさんスカイタワー**の駐車場に車を停め、タワー横から登山道に入る。ブナ林の中の緩やかな道をひと登りすれば、**❷護摩壇山**頂上に出る。標高差はわずかに100m足らず。東屋のある頂上には「和歌山県朝日夕陽百選」の碑が立つが、展望はない。

頂上から東へ下り、10mほど標高の高い龍神岳へ向かう。標高1382mの龍神岳はかつては無名のピークだったが、2009年、公募によりこの山名が付けられた。尾根沿いの道は幅も広くよく整備されており、20分ほどで**❸龍神岳**頂上にたどり着く。こちらは電波塔が立つものの南に展望が開け、鉾尖岳から遠く果無山脈までが視界に納めることができる。

▲整備された散策路

▲ごまさんスカイタワーから見た紀州の山々

いったん**❷護摩壇山**頂上まで戻り、今度は南稜を下る。登り返してピークを越えたら右に曲がり、スカイライン南登山口に降り立つ。車道の向かいが「護摩壇山ワイルドライフ」の**❹森林公園入口広場**。並行する舗装路は歩かず、ブナやミズナラの樹林の中に設けられた遊歩道を進む。つづら折りの木段を下り、登り返した先のピークに展望棟が設置されている。少し下ると先ほどの舗装路と合流し、そのまま森林公園の**❺総合案内所**までたどる。案内所前は芝生広場になっており、食事休憩を取るのにおすすめの場所だ。戸珍堂谷越しには護摩壇山と龍神岳の双耳峰が望め、足元には原生林が生い茂る渓谷が見下ろせる。

レベル	初級者 向け
歩行時間	4時間35分
歩行距離	10.3km
参考地図	護摩壇山

問合せ

龍神観光協会 ☎0739-78-2222
護摩壇山森林公園（総合案内施設）☎0739-79-0667

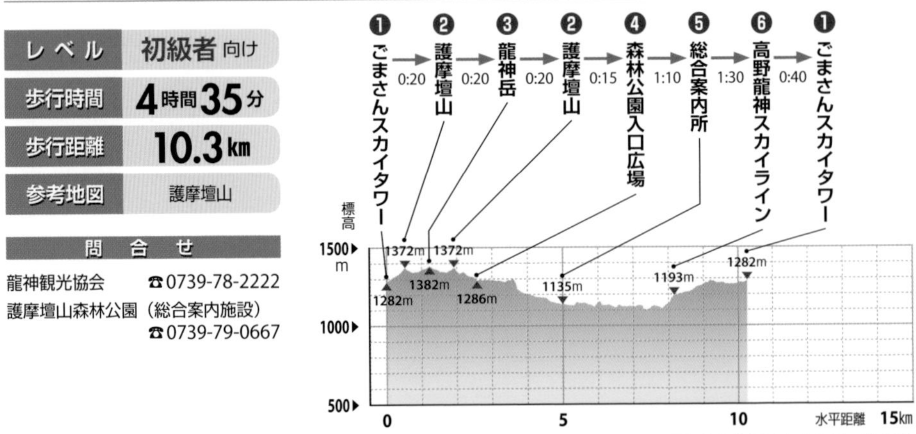

欄外情報 護摩壇山周辺は森林公園「護摩壇山ワイルドライフ」として整備され、野生動植物展示室や食堂、物産販売所、シャクナゲ園などがある。水曜（祝日の場合翌日）・冬季休（通り抜けは可）☎0739-79-0667

対岸に高野龍神スカイラインが通り、案内所から平坦な遊歩道が整備されている。日本有数の規模を誇るシャクナゲの森を通り、ブナ・ミズナラの美しい原生林や小谷を縫って歩く。最後に急坂を登ると、❻**高野龍神スカイライン**（国道371号）に出る。

ここから先はスカイラインを左へ進み、❹**森林公園入口広場**を経て駐車場のある❶**ごまさんスカイタワー**を目指す。

▲シャクナゲの咲く森林公園

周辺の立ち寄りスポット

道の駅　田辺龍神ごまさんスカイタワー

護摩壇山の登山口にある道の駅。高さ33mの展望塔（入場有料）からは、大台・大峰などの山々や紀伊水道、遠く四国山脈まで一望できる。2階のレストラン天空では、人気のジビエカレーなど地元の食材をふんだんに使用したメニューが揃う。熊野地方の物産品が購入できる売店もある。▶和歌山県田辺市龍神村龍神1020-6　☎0739-79-0622　営業＝9時30分（土・日曜・祝日は9時）～17時（レストランは10～15時）　休み＝無休（12～3月は休業）

高野山大門・岸和田和泉IC
❶ごまさんスカイタワー
護摩壇山
道の駅田辺市龍神ごまさんスカイタワー
0:20
日本三百名山。展望はない
奈良県
十津川村
❸龍神岳
1382
耳取山
1363
0:20→
1372
❷護摩壇山
ミヤマツツジ・シロヤシオが咲く
和歌山県最高峰
護摩壇山
0:15
和歌山県
田辺市
森林公園入口広場❹
五百原林道
371
スカイライン南登山口
0:20
1264
1310
林道と並行して遊歩道が整備されている
森林公園・護摩壇山ワイルドライフ
県道733号
❻高野龍神スカイライン
展望棟
1304.5
1:30→
自然観察路
車道出合
総合案内所まで舗装路を歩く
展望棟
1:10→
6万本のシャクナゲが植栽されたシャクナゲの森
森林広場入口
765
1151
護摩壇山ワイルドライフ
❺総合案内所
N
1:25,000
250　500m
1cm＝250m
高線は10mごと
龍神温泉

真言密教の霊峰・高野山の八葉蓮華の道をたどる

高野三山（こうやさんざん）

▼南方の高野参詣道女人道・ろくろ峠から冬の楊柳山を望む

アクセス情報 …… 往復 3,040円

吹田IC	51km	岸和田和泉IC	21km	国道24号・笠田小南交差点	22km	金剛峯寺	高野三山
	近畿道・阪和道		県道230・40号・R170・R480・県道125号		町道・R480・県道53号		
	1520円		0円		0円		

登山口NAVI　緯度：34°12'47 ／経度：135°35'01

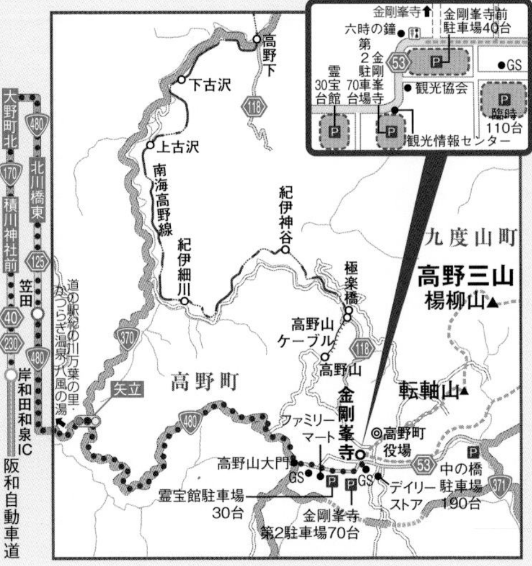

近畿道吹田ICから松原JCTを経て阪和道岸和田和泉ICまで約51km（約40分）。県道230・40号、R170で大野町北交差点へ。右折してR480に入り、約13km先の北川橋東交差点で県道125号へ。国道24号・笠田小南交差点を直進して再びR480を経て高野山大門に向かい、左折して県道53号に入る。約1kmで高野山金剛峰寺前の駐車場に着く。

Ⓟ駐車場情報

金剛峯寺や中の橋をはじめ、各寺院周辺などに無料駐車場が多数ある。

欄外情報　高野山は歴史･文化が凝縮した地であり、その中心にあるのが壇上伽藍。曼荼羅の思想に基づいて、根本大塔や金堂、御影堂などが配置されている。下山後に、諸堂を参拝するのもおすすめだ。

山のプロフィール

女人禁制の山であった高野山。近代以前の女性たちは女人堂を結ぶ結界線、女人道をたどって、奥の院御廟を遙拝したとされる。ここでは、高野山上から八葉蓮華の山を代表する摩尼山・楊柳山・転軸山の高野三山を歩く。

かつらぎ町方面から山間を縫うように南下、高度を上げると、高野一山の表玄関、高野山大門に迎えられる。左折して大門通りを東へ。左手に金堂・根本大塔が建ち並ぶ壇上伽藍が見えてくる。しばらくして左手に六時の鐘、すぐ先に高野山真言宗総本山の❶**金剛峯寺**山門、右手に無料駐車場がある。

苅萱道心と石童丸の秘話で知られる苅萱堂前のＹ字路を左へ。清浄心院のすぐ先が奥の院参道の入口、❷**一の橋**だ。老杉がうっそうと茂る奥の院参道には、かつて敵・味方となって戦国の世を生き抜いた上杉謙信、武田信玄、明智光秀、織田信長…といった武将達の墓石がひっそりと佇んでいる。昼なお暗い石畳が続き、やがて御廟橋のたもと、水を手向けて亡き人の冥福を祈るところとされる水向地蔵に着く。御廟橋を渡ると、燈籠堂、その裏に❸**弘法大師廟**の霊域がある。

▲清浄心院の傘桜は樹齢500年とも言われる

▲玉川を背に佇む水向地蔵

▲奥の院峠への道

御廟橋に戻って左折、水向地蔵右隣の三山巡り参詣道の石碑を見つける。石碑の示す方向に従って、直進。車道に出て左、すぐの分岐を右にとって谷沿いの山道に入る。やがて、弘法大師像を祀る奥の院峠（摩尼峠）に登る。左右の道は、かつて山内への立ち入りを禁止されていた女性たちが、御廟遙拝のためにたどったとされる女人道だ。これを左へ、原生林の間を急登、ほどなく如意輪観音を祀る❹**摩尼山**頂上に着く。

頂上をあとに、北へ、樹林帯を下る。樹林のす

レベル	初級者 向け
歩行時間	4時間55分
歩行距離	10.8km
参考地図	高野山

高野町役場 ☎0736-56-3000
高野山宿坊協会 ☎0736-56-2616

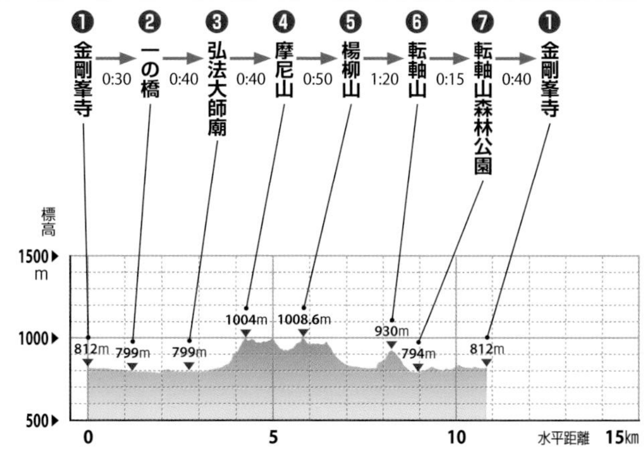

き間越しに楊柳山を望み、緩やかな起伏の尾根道をたどる。やがて、黒河峠に下る。右は太閤秀吉が馬で駆け下りたとされる黒河道。左は三本杉から奥の院へと続く道で、ここは直進して高野三山最高峰の❺**楊柳山**に登る。二等三角点の標石が埋まる頂上には、楊柳観音を祀る祠がある。

頂上を辞し北西へ。雪池山南登山口となる分岐を見送ったのち、再び緩やかな起伏の尾根道をたどる。子継峠に出て左へ折れ、明るく開けたササ原の広谷沿いの道を下っていく。一本杉の先で車道を横断し、斜め右の転軸山登山道に入る。

▲楊柳山頂上に向かう道

一気に登って、植林に囲まれた❻**転軸山**の頂に立つ。左は奥の院御廟、ここでは右、南から西尾根を急下降、❼**転軸山森林公園**に下る。鶯谷の集落を抜け、❶**金剛峯寺**前の駐車場に戻る。なお、森林公園内のスキー場から奥の院参道に出て右折し、往路を戻るのもよいだろう。

▲小さな祠の建つ楊柳山頂上

▲檀上伽藍の根本大塔

登山コースアドバイス

金剛峯寺と奥の院を訪ねる

高野山とは弘法大師（空海）が弘仁7年（816）に開山した真言密教の霊場。山上には金剛峯寺をはじめ117の寺院、壇上伽藍が点在し、大宗教都市を築いている。弘法大師御廟のある奥の院はその信仰の中心であり、聖地となっている場所。一の橋から2kmにわたる参道には、20万基を超える諸大名の墓や祈念碑、慰霊碑が立ち並び、樹齢千年超の大杉が周囲を囲み厳かな雰囲気を漂わせている。▶問合せ：高野山宿坊協会☎0736-56-2616

周辺の立ち寄りスポットをCHECK!!

道の駅 紀の川万葉の里

高野山の西の玄関口にあり、周辺は万葉集に15首も詠まれた風光明媚な地。軽食喫茶まほろばでは、紀の川を望む約200度の大パノラマのなか、柿の葉寿司やじゃこ寿司などの郷土料理が楽しめる。フルーツ王国という土地柄、販売所では生産量日本一を誇るカキをはじめ、イチゴやブドウ、ミカン、モモなど、四季折々に新鮮なフルーツが豊富に揃う。▶和歌山県伊都郡かつらぎ町窪487-2 ☎0736-22-0055 営業＝8時30分～18時（11～2月は～17時） 休み＝年末年始

温泉 かつらぎ温泉 八風の湯

古い酒蔵を活用したレトロな雰囲気が魅力の立ち寄り湯。宿泊や食事もできる。大浴場や露天風呂に、泉質が異なる複数の原泉を使用。筋肉痛や疲労回復にもよい。大浴場に使われる第五源泉は、数万年前の海水が地層の隙間に閉じ込められた「化石海水」で、濃度は日本でもトップクラスという。塩分濃度が高いため保温と保湿に優れ、湯冷めしにくい特徴がある。
▶和歌山県伊都郡かつらぎ町佐野702 ☎0736-23-1126 営業＝10～22時(最終受付21時) 休み＝無休

高野三山
雪池山
雪池山南登山口
子継峠
⑤楊柳山
1008.6
黒河峠
古宮岳 1002
高野参詣道（女人道）
0:50
楽橋駅
子安地蔵
楊柳観音を祀る祠
古宮岳分岐
981
西ヶ峰
1:20
なだらかに尾根道を下る
木の橋を渡る
樹林越しに楊柳山が見える
如意輪観音を祀る祠
④摩尼山
1004
900
一本杉
ちりなし峠
弘法大師廟
三本杉
弘法大師像
弥勒菩薩を祀る祠
車輌通行止めのクサリ
奥の院峠（通称:摩尼峠）
817
高野山中
転軸山
燈籠堂（拝殿）
0:40
橋本・R24
和歌山県
高野町
西洋シャクナゲ園
③
⑥
広場
930
0:15
御廟橋
転軸山森林公園 ⑦
護摩堂
水向地蔵
姑射山
917
奥の院霊園
三山巡り参詣道の石碑
中の橋霊園
鶯谷
森林公園から山道に出る道
摩尼峠
700
908
0:40
御供所
黒河口女人堂跡
中の橋
0:40
高野町役場
森林学習展示館
高野山スキー場
宿坊協会中の橋案内所
奥の院参道
奥の院前
中の橋
金剛峯寺 ①
一の橋 ②
高野山大霊園
傘桜で知られる
清浄心院
小田原谷
臨時
宿坊協会中央案内所
赤松院
桜峠
794
0:30
53
宿坊協会一の橋案内所
宝善院
千手院前
苅萱堂
高野山大学
925.3
835
高野参詣道（女人道）
観光協会
金剛三昧院
観光情報センター
高野山会館
大峰口女人堂跡
892
371
龍神

31

和歌山県・奈良県

[標高] 1,262m

大塔宮こと護良親王ゆかりの果無山脈を歩く

冷水山（ひやみずやま）

▼黒尾山を望む。中央は果無縦走路に並行する林道龍神本宮線

アクセス情報 …… 往復6,860円

吹田IC	110km	有田IC	89km	上山路橋三差路	13km	森林公園丹生ヤマセミの郷	冷水山
	近畿道・阪和道		県道22号・R424・R425		R371・県道735号		
	3430円		0円		0円		

登山口NAVI　緯度：33°54'09／経度：135°34'52

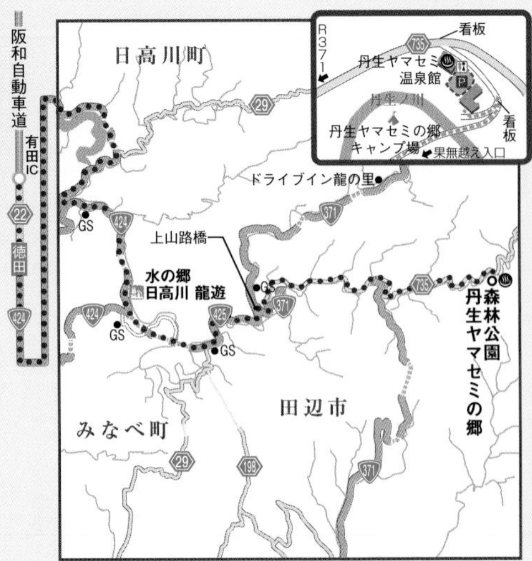

近畿道吹田ICから松原JCTを経て阪和道有田ICまで約110km（約1時間25分）。県道22号を東進、徳田交差点を右折してR424に入り、田辺市龍神を目指す。旧龍神村に入り上山路橋三差路を右折して約6.5km先を直進、県道735号に入り約6.5kmで森林公園丹生ヤマセミの郷に着く。

Ⓟ駐車場情報

丹生ヤマセミ温泉館に50台ほどが収容できる無料駐車場がある。

欄外情報　冷水山からさらに東のブナの平峰（標高1121m）までを往復するプランもおすすめ。冷水山の南直下に車を停め、なだらかなアップダウンを経てブナの平峰間をリピートする。所要時間は8時間ほどだ。

山のプロフィール

「はてなし」という神秘的な名の響きが多くの岳人を引きつけてやまない。ブナの古木を主体にヒメシャラ、シロヤシオ、スズタケが混成する自然林の道。北に大峰・台高、南に大塔の山々と紀伊半島の大パノラマを楽しもう。

果無山脈は紀伊半島の中ほど、行者山から東へ笠塔山、和田ノ森、冷水山、果無峠と続いて十津川の流れに没する山脈で、江戸時代の地誌『日本輿地通誌』には、「谷幽かにして嶺遠し、因りて無果」と、果無の由来が記されている。

果無山脈の北、龍神温泉から十津川方面へ、丹生ノ川沿いの県道をさかのぼった山峡に、ひっそりと**❶森林公園丹生ヤマセミの郷**の丹生ヤマセミ温泉館が建っている。温泉館を右手に見送り、車道を果無越え入口の小森へ向かう。民家の右横に立つ果無越えの説明板を見て、植林帯の道に入る。果無越えは南北朝時代、後醍醐天皇の第一皇子、護良親王の一行が鎌倉幕府の追討から逃れた経路として伝えられる。ジグザグの急坂から果無主稜線の道が合わさり、高度を上げていく。やがて自然林に囲まれた小ピーク、**❷和田ノ森**に着く。なおも主稜線を伝うと、北側に林道が平行する。踏み跡に注意して、主稜線上の縦走路を進む。途中から林道歩きとなり、再び、右手の主稜線に入ると、ツツジ・マツに囲まれた**❸安堵山**に着く。かつて護良親王が小又川から五味垣内を経て牛廻山に登り、尾根伝いに引牛越、そしてここ安堵山に登り着いたとされる。「やれやれここまできたら誰も追撃して来ないだろう」と安堵したという故事による伝説の山である。

▲林道登山口のすぐ上が展望台だ

▲展望台から大塔山系の山並みが一望できる

▲黒尾山へと向かう果無縦走路

安堵山をあとに、縦走路を東へ。再び林道が合流、しばらくして林道龍神本宮線が合わさる**❹林道登山口**に着く。直上の展望台と呼ばれる台地からは、南側の眺望が大きく開け、大塔山系の山並

レベル	上級者 向け
歩行時間	8時間10分
歩行距離	18.1km
参考地図	恩行司／発心門

問合せ

龍神観光協会 ☎0739-78-2222

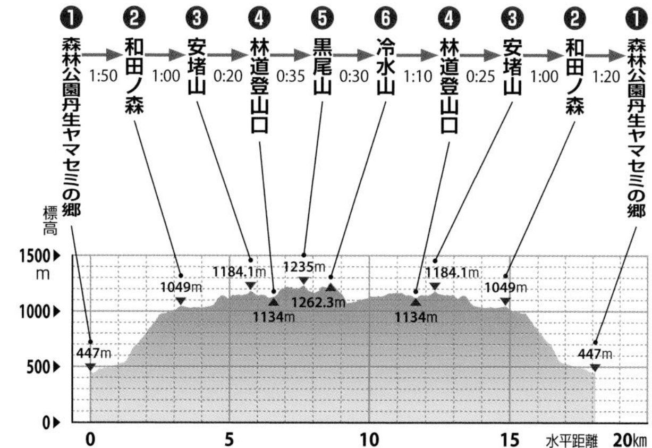

みが幾重にも連なっている。展望台をあとに縦走路を東へ。これより冷水山へは緩やかな起伏、部分的にスズタケの密生するところもあるが、ブナを主体にヒメシャラ、シロヤシオなどが混成する快適な道だ。

樹林に囲まれた❺**黒尾山**頂上を越えて主稜線を少し下り、シロヤシオが群生する尾根を登り返す。林道龍神本宮からの旧道が右手から合わさると、❻**冷水山**に達する。頂上は低木の茂る小台地で、南に大塔山系の山稜が、北には牛廻山、鉾尖岳、崖又山などの山々が視界に入る。

帰路は頂上から南尾根を急下降し、林道龍神本宮線に降り立つ。林道を西に取り、しばらく歩く。❹**林道登山口**からは往路に入り、❶**森林公園丹生ヤマセミの郷**の温泉館へと戻る。

▲シロヤシオが咲く5月の冷水山頂上

和歌山県
田辺市
和田ノ森 ❷
1049
展望はない
果無山脈
1:00
1:50
1:20
991
稜線分岐
果無越え入口
シカ除け柵
車1～2台程度の駐車スペース。説明板あり
❶森林公園丹生ヤマセミの郷
緑色の吊り橋を渡る
丹生ヤマセミ温泉館
ヤマセミ温泉
キャンプ場
五味
東平
小森
丹生ノ川
龍神・R371
坂泰隧道
中辺路
加庄口
515
735
友
490
菅野
河俣
上湯川
599
561
964
932
551
578
695
770.3
828
835.0
和田ノ森～鞍部間は登山道歩きと林道歩きが何度も入り混じる

周辺の立ち寄りスポットをCHECK!!

道の駅 水の郷日高川 龍游

日高川上流域のダム湖の畔に立つ道の駅。食事処の「つぐみ食堂」では龍神村で栽培しているそば粉を使用した龍神そばや特産のしいたけを使ったしいたけ丼、しいたけバーガーなどが味わえる。ショップは龍神産のゆず果汁や生しいたけなど地元自慢の食品を販売する「龍遊館」と、地元アーティストによる自然素材の工芸品を展示販売する「G.WORKS」がある。▶和歌山県田辺市龍神村福井511 ☎0739-77-0380 営業＝9～17時（食堂は11～15時） 休み＝火曜（祝日の場合は営業、「G.WORKS」は水曜）・年末年始

温泉 丹生ヤマセミ温泉館

山深い龍神村のさらに奥にあり、大自然が包む秘湯感の漂う温泉施設。露天風呂では熊野の山々を眺めながら湯浴みできる。白濁した湯はアルカリ性単純温泉で、「美人の湯」としても評判が高い。キャンプ場やコテージも併設しており、夏は果無山脈のトレッキングの拠点になっている。

▶和歌山県田辺市龍神村丹生ノ川275-2 ☎0739-78-2616 営業＝11～20時 休み＝火曜（祝日の場合は翌日、11～3月は休館）

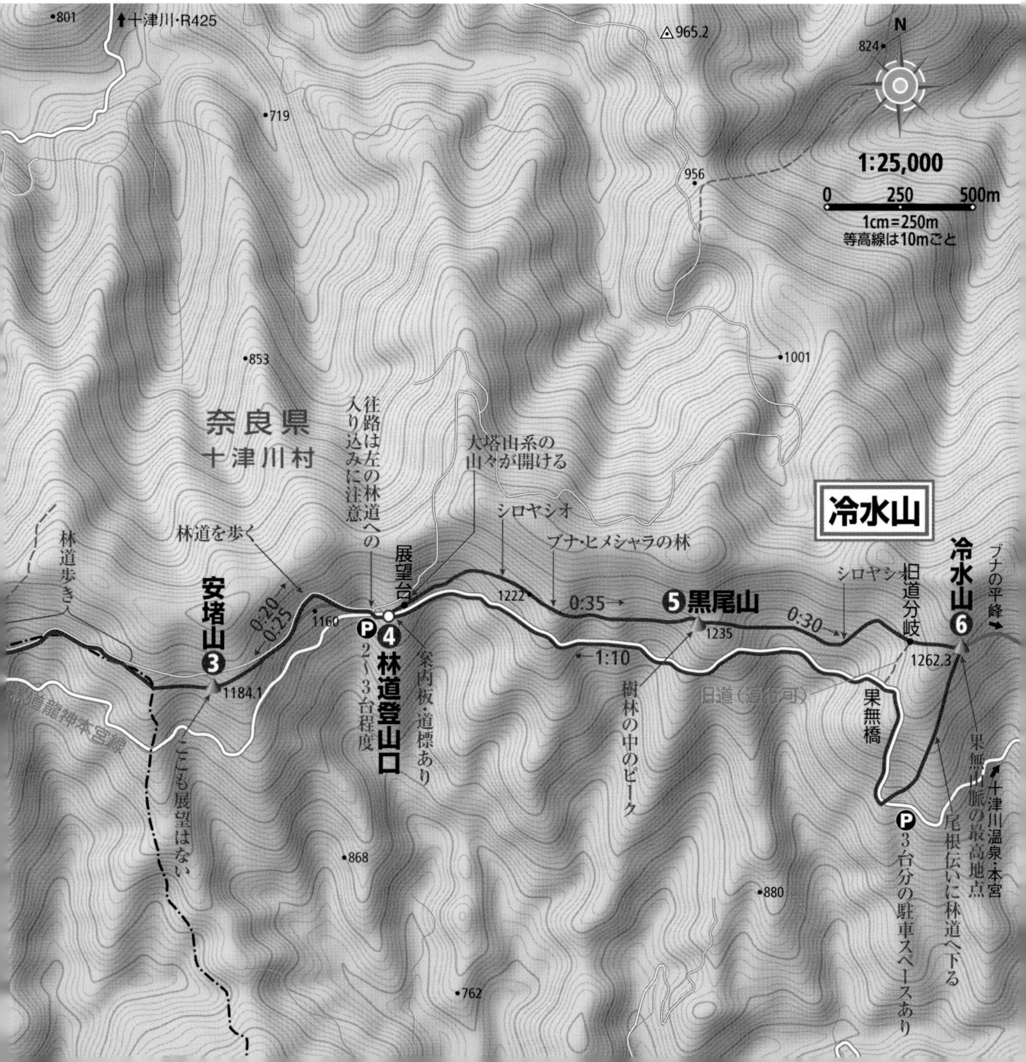

801
十津川・R425
965.2
824
N
719
1:25,000
0 250 500m
1cm＝250m
等高線は10mごと
956
853
1001
奈良県
十津川村
往路は左の林道への入り込みに注意
大塔山系の山々が開ける
冷水山
シロヤシオ
林道歩き
林道を歩く
ブナ・ヒメシャラの林
展望台
ブナの平峰
シロヤシオ
旧道分岐
冷水山 6
安堵山 3
0:20
0:25
1160
1222
0:35
5 黒尾山
0:30
1235
1262.3
P 4 林道登山口
1:10
1184.1
林道龍神本宮線
2～3台程度
案内板・道標あり
樹林の中のピーク
旧道（通行可）
果無橋
果無山脈の最高地点
十津川温泉・本宮
ここも展望はない
P 3台分の駐車スペースあり
尾根伝いに林道へ下る
868
880
762

32

和歌山県

[標高] 811m

鷲ノ川の滝からミツバツツジ・シャクナゲの稜線を登る

矢筈岳（やはずだけ）

▼日高川対岸の犬ヶ丈山からの矢筈岳（右）。すくっと突き出た山容が目印

アクセス情報 …… 往復 7,900円

吹田IC	125km 近畿道・阪和道・湯浅御坊道路	川辺IC	12.5km 県道190号・町道・県道26号	日高川町高津尾	8.5km 県道196号・町道・県道25号・県道196号	鷲ノ川遊歩道入口	矢筈岳
	3950円		0円		0円		

近畿道吹田ICから阪和道を経て湯浅御坊道路川辺ICまで約125km（約1時間40分）。左折し約300mで左斜めの道へ。標識の「龍神・国道424号」に従い県道26号を経て日高川町高津野へ。県道196号に入り新あやめ橋東詰を左折、かまきりトンネルを抜け下田原大橋西詰を右折し3.5km先で県道25号に入り、すぐ先の県道196号を約2kmで鷲ノ川遊歩道入口へ。

P駐車場情報

渓流アマゴ釣り場の管理事務所横に、10台分の無料駐車スペースがある。トイレも設置。

登山口NAVI　緯度：33°55'47 ／経度：135°20'09

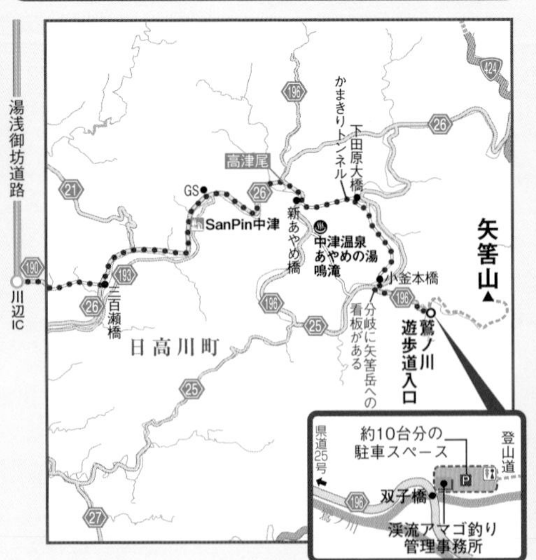

欄外情報 矢筈岳頂上の北西にある田尻城跡は、南北朝時代に山地荘玉置氏一族が築いたとされる城跡。県下一の高所にある山城で、空堀や石積みが残り、貴重な史跡となっている。矢筈岳頂上から往復35分ほど。

眺め
花
紅葉
道の駅
温泉

山のプロフィール 犬ヶ丈山から西の方を眺めるとすくっと突き出たピークがひと際目を引く。山稜にはシャクナゲ・ミツバツツジが群生し、玉置氏の山城跡、山麓には紀の国名水50選の一つ、鷲ノ川の滝など、見どころも多い。

日高川にかかる小釜本橋南詰の鷲ノ川沿いの県道196号に入る。渓流沿いの狭い県道を進む。しばらくして、Y字路の分岐に着く。左上は鷲ノ川の滝の上部を通る林道、ここでは右、筵畑峠への道をとる。すぐ先の双子橋の手前に❶**鷲ノ川遊歩道入口**となるアマゴ釣り場の駐車場がある。渓流が涼しげな音を響かせている。

駐車場をあとに、鷲ノ川の遊歩道に入る。5分ほどで、地誌『紀伊国名所図会』に「高さ二十丈(＝約60m)、(中略) 滝の音、矢筈岳の麓にとどろきて」と記された❷**鷲ノ川の滝**が堂々とした姿を見せる。傍らに、江戸末期の歌人、加納諸平の苔むした歌碑と鷲ノ川観音を祀るお堂がひっそりと立っている。滝壺からの風が心地よく、たいこ橋を渡って滝を巻き上がると、先ほどのY字路の分岐からの林道が合流する。

▲鷲ノ川の滝

林道を右に取って、しばらく鷲ノ川沿いの林道を歩く。架線場跡の芝生広場を通過、しだいに道幅が狭まる。やがて、❸**矢筈岳登山口**を示す道標に従って、鷲ノ川にかかる木橋を渡る。支谷を少し登ったあと、整備された長い丸太階段を登っていく。

▲矢筈岳手前の小ピーク。奥に見えるのは清冷山

▲シャクナゲの群生が美しい

稜線に出て左へ、一気に高度を稼ぐ。アカガシ、ツガ、オンツツジ、ドウダンツツジといった樹林が多く茂る道となる。シャクナゲが広範囲で群生

レベル	初級者 向け
歩行時間	4時間20分
歩行距離	7.8km
参考地図	川原河

問合せ

日高川町観光協会 ☎0738-22-2041

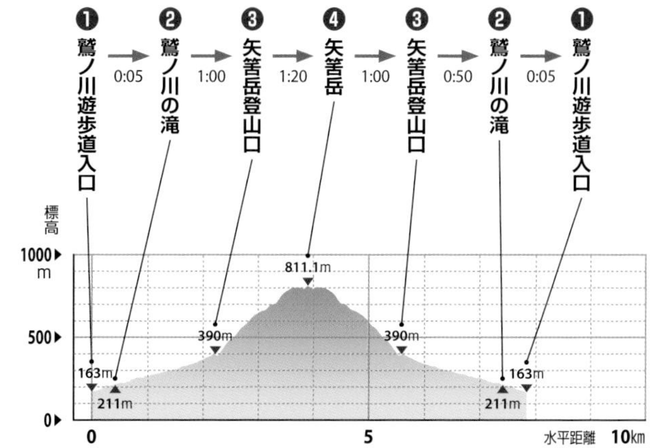

し、花期には見事な花を咲かせる。

しばらくして、小さなアップダウンの岩稜のヤセ尾根が続く。春、ミツバツツジの花が美しく彩りを添える道だ。疎林帯の隙間から日高川、後方には、やさしくすそ野を広げた清冷山が望まれる。やがて、すくっと突き出た矢筈岳のピークが目の前に開けると、ほどなく数人ほどでいっぱいとなる疎林帯の小台地、**❹矢筈岳**頂上に着く。矢筈岳は、地誌に「郡中高嶺の一にして。山巒重畳せる中に抜出でたり」と記される。樹々のすき間越しに、白馬山、清冷山、真妻山の山並みが開けている。西には紀伊水道の海が陽光に輝いている。

▲頂上付近から日高川の蛇行が望める

▲三等三角点のある矢筈岳頂上

下山は、稜線道を北にとって、玉置氏の山城跡、田尻城跡（P126欄外参照）から小谷峠を経て、日高川に出るルートもあるが、ここでの下山は、往路を引き返し、**❶鷲ノ川遊歩道入口**に戻る。

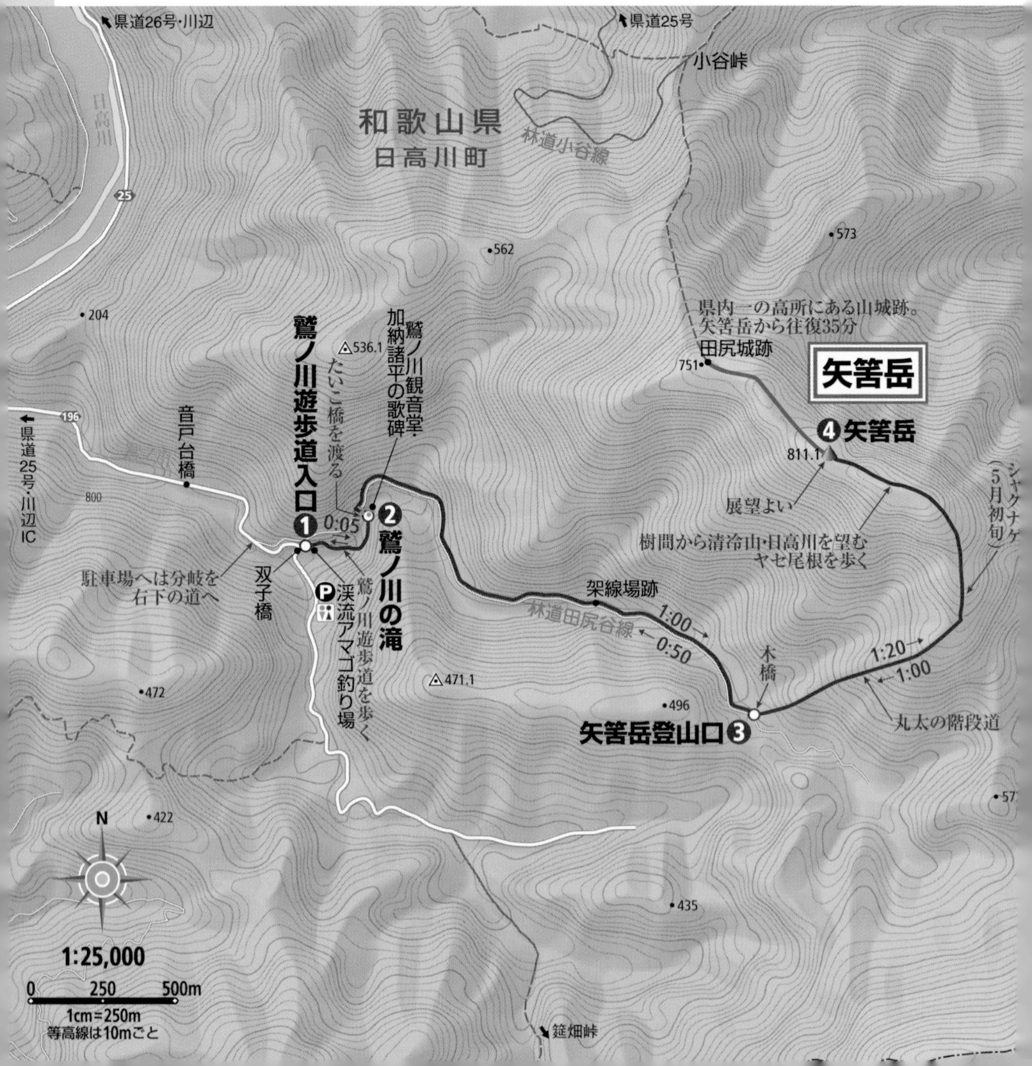

県道26号・川辺
県道25号
小谷峠
日高川
和歌山県
日高川町
林道小谷線
25
562
573
204
536.1
県内一の高所にある山城跡。矢筈岳から往復35分
田尻城跡
751
矢筈岳
❹矢筈岳
811.1
県道25号・川辺IC
196
音戸台橋
800
鷲ノ川遊歩道入口
❶
たいこ橋を渡る
鷲ノ川観音堂・加納諸平の歌碑
0:05
❷鷲ノ川の滝
展望よい
樹間から清冷山・日高川を望むヤセ尾根を歩く
シャクナゲ（5月初旬）
駐車場へは分岐を右下の道へ
双子橋
渓流アマゴ釣り場
鷲ノ川遊歩道を歩く
架線場跡
林道田尻谷線
1:00
0:50
木橋
1:20
1:00
丸太の階段道
472
471.1
496
矢筈岳登山口❸
57
422
435
N
1:25,000
0 250 500m
1cm=250m
等高線は10mごと
筵畑峠

ひと滝ごとに繰り広げられる滝・淵・釜の競演

百間山（ひゃっけんざん）

33
和歌山県
[標高] 999m

▼東方の法師山から百間山・半作嶺を望む

アクセス情報 ……………………………… 往復 9,680 円

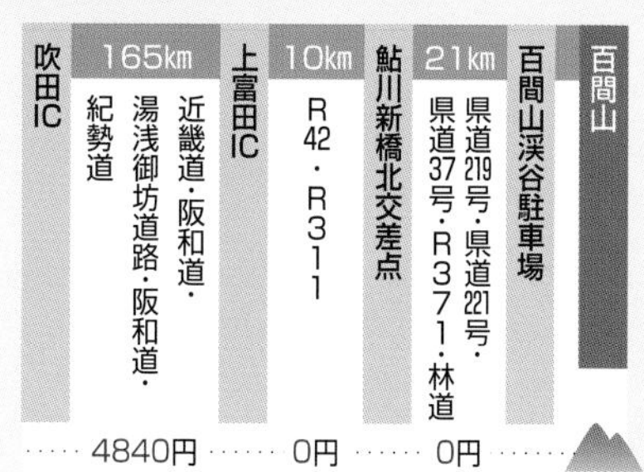

登山口NAVI　緯度：33°42'50 ／経度：135°36'59

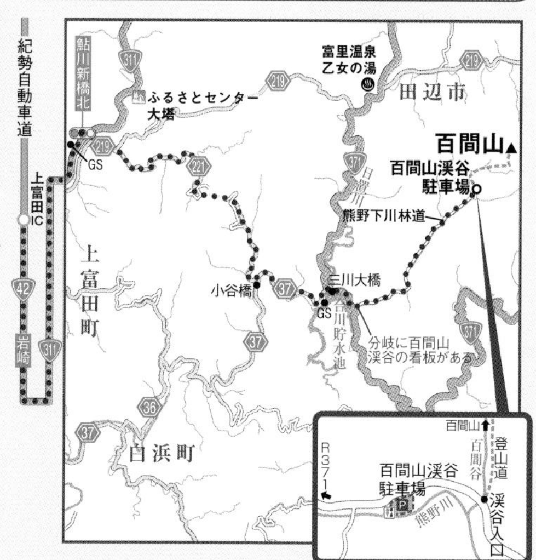

近畿道吹田ICから松原JCTを経て阪和道に入り上富田ICまで約165km（約2時間20分）。R42を串本方面へ向かい岩崎交差点を左折してR311を本宮方面へ向かう。鮎川新橋北交差点を右折して県道219号に入り、県道221・37号・R371を経て、熊野下川林道を百間山渓谷へ向かう。

🅿駐車場情報

百間山渓谷入口の手前に約20～30台が停められる無料の駐車場がある（トイレあり）。駐車場から渓谷入口へは林道を約200m歩く。

眺め
花
紅葉
道の駅
温泉

欄外情報 体力や時間に余裕があれば、百面山頂上から西の稜線続きにある三ツ森山（標高950m）まで足を延ばしてみよう。展望のよいピークだが、往復3時間半は見ておく必要がある。

山のプロフィール

大塔山系の主峰、大塔山から西に派生した山稜にそびえる百間山。南麓には、渓谷美で知られる紀州路20景にも挙げられる人気のエリア、百間山渓谷がある。渓谷には、全長6kmのハイキングコースが整備されている。

百間山南麓、日置川支流熊野川に百間谷が流入するところ、**❶百間山渓谷遊歩道入口**から入る。すぐ右手山腹にあるカモシカ牧場跡を見送り、しばらくして梅太郎渕と出合う。岩の上に樹齢500年といわれる馬目の木が茂るが、この老木は梅太郎というきこりの落とした枝が根付いたものだという。巨岩の間をくぐり抜けると、二段となって美しい水を落とす榧の滝が現れる。

亀の峡を抜けると、ほどなく巨大な釜に大きな岩盤を被せたような形の蓋おい釜に迎えられる。昼なおうっそうと茂る原生林の森に濃紺の水を蓄えた巨大な釜、自然の造形美に驚かされる。

しばらくして春、フジの花が彩りを添える藤の中島・難渋の壺が続く。ルリミノキ・カギカズラなどの暖地性植物をはじめ、トチノキ・ヒメシャラ・ウリハデカエデ・イロハカエデなどの落葉高木が茂っている。やがて百間山渓谷のクライマックス、**❷雨乞いの滝**に着く。かつて日照りが続くと神楽をあげ、雨乞いが行われたところという。左岸を巻き登り、三十三尋の滝・夫婦滝と続いて、百間滝分岐に出る。左の谷道を登ったところに幅広の百間滝がかかる。

▲大きな釜に水が落ちる蓋おい釜

▲雨乞いの滝

分岐に戻って、ほどなく犬落ちの滝と出合う。一筋の水がまっすぐ滝壺に落ち込んでいる。昔、イノシシ追いの犬がイノシシもろとも転がり落ちたとされるところだ。小休憩に手頃な広場がある。ひと休憩のあと、さらに狭くなった谷間をさかのぼる。夜明けの釜・釜王の釜と続き、やがて**❸百間山登山口**に着く。右は千体仏から板立峠、ここでは左に登って、百間山を目指そう。少

▲百間山渓谷遊歩道を行く

レベル	中級者向け
歩行時間	5時間20分
歩行距離	6.7km
参考地図	合川／木守

問合せ

田辺市役所 ☎0739-26-9929
大塔観光協会 ☎0739-48-0301

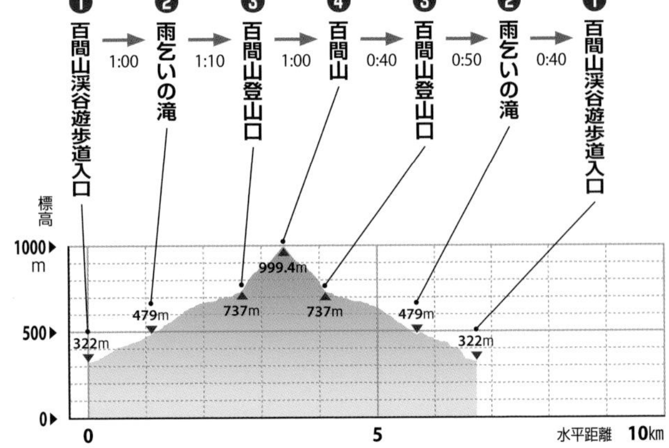

しで、眺望には絶好のポイント・大岩に出る。法師山から入道山の山稜を間近に望む。再び杉と桧の植林帯を急登、スズタケを分け入ると百間山の頂上はすぐのところだ。❹**百間山**頂上からは、西に三ツ森山・半作嶺、北に嶽山、東にはゴンニャク山から野竹法師・法師山・入道山の眺望が開けている。

帰路は❷**雨乞いの滝**付近まで往路を戻り、ここで渓谷を離れ、山腹沿いの枝道に入る。右下に渓谷を眺めながら遊歩道を進み、やがて山道を一気に下っていく。しばらくしてカモシカ牧場跡の上部に出て、❶**百間山渓谷遊歩道入口**に戻る。

周辺の立ち寄りスポット

温泉 **富里温泉 乙女の湯**

「乙女の寝顔」と呼ばれる半作嶺の麓に湧く山あいのいで湯。地下1300mから汲みあげた湯は少し白濁した無味無臭のアルカリ性単純泉。肌ざわりのやわらかな湯が特徴だ。露天風呂はなく内風呂だけだが、大きく取られた窓越しに庭園や山々が望め、開放感も感じられる。

▶和歌山県田辺市下川下982　☎0739-63-0126
営業＝16～21時（日曜・祝日・お盆・正月は12時～、冬季は～20時）　休み＝木曜

百間山
N
1:25,000
0　250　500m
1cm＝250m
等高線は10mごと
751
百間山から往復3時間半。展望よい
845.1
950
三ッ森山
949
百間山 ❹
999.4
951
和歌山県
田辺市
往復15分
百間滝分岐
展望のよいピーク
0:40
1:00
法師山・入道山の展望良好
大岩
❸百間山登山口
雨乞いの滝❷
犬落ちの滝
滝の谷ノ滝
1:10
0:50
772
往復10分
千体仏
猿渡り
夫婦滝
三十三尋の滝
769
釜王の釜
夜明けの釜
595.4
板立峠
1:00
0:40
カモシカ牧場跡地
熊野
杣谷
熊野下川林道
熊野川
❶
百間山渓谷遊歩道入口
365.8
大原
822
百間山渓谷キャンプ村 休業中
百間山渓谷駐車場
461
780
国蔵峠
816
71・上富田IC

34
和歌山県
[標高]
606m

奇絶峡から磨崖三尊を見て、眺望絶佳の頂上へ

高尾山（たかおさん）

▼南側の田辺市上秋津地区・右会津川畔からの高尾山の全容

アクセス情報 …………………………………… 往復 9,680 円

区間	距離	経路	料金
吹田IC → 南紀田辺IC	157km	近畿道・阪和道・湯浅御坊道路・阪和道	4840円
南紀田辺IC → 秋津町交差点	2km	R42	0円
秋津町交差点 → 奇絶峡駐車場	6km	県道29号	0円
奇絶峡駐車場 → 高尾山			

登山口NAVI　緯度：33°46'53 ／経度：135°24'45

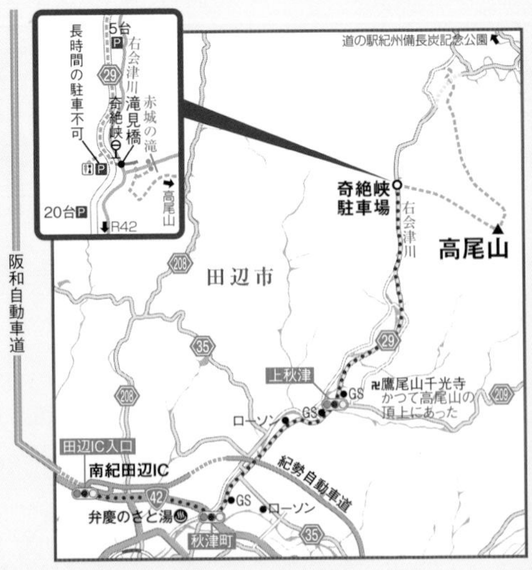

近畿道吹田ICから松原JCTを経て阪和道に入り南紀田辺ICまで約157km（約2時間10分）。R42を串本方面に向かい、約2km先の秋津町交差点へ。左折して県道29号に入り、道なりに進んで奇絶峡の駐車場へ。

P駐車場情報

登山口となる滝見橋前の駐車場（4台）は長時間の駐車は禁止されているので、100mほど南側と北側にある駐車場を利用する（北側5台、南側20台）。いずれも無料。駐車場は桜の時期は混雑する。

眺め
花
紅葉
道の駅
温泉

欄外情報　県道29号を奇絶峡からさらに約3.5km進んだ田辺市秋津川地区の「道の駅紀州備長炭記念公園」には、物産の販売や喫茶のほか、木炭について学べる発見館などがある。☎0739-36-0301

山のプロフィール

田辺市内を流れる右会津川と左会津川に挟まれた大きな山塊、高尾山。その西麓を流れる右会津川の両側には、峻険な岩壁がそそり立ち、奇絶峡と呼ばれている。奇絶峡は春の桜・新緑、秋の紅葉の景勝地としても知られる。

高尾山への登山口となる奇絶峡は、江戸時代の地誌『紀伊続風土記』に「この地、龍神山は西にあり、鷹尾山が東にあり、けわしい岩が聳え立って東西相対し、両山迫り来って牙をむき出し」と説明されている。

❶**奇絶峡**の中心地の滝見橋を渡ると、大岩を抱いた赤城の滝に迎えられる。滝の右手を大きく巻き上がって、滝落ち口へ。右上の巨大な一枚岩には堂本印象画伯の原画による磨崖三尊の大石仏が彫られている。中央に阿弥陀仏の座像、両脇に観世音菩薩と勢至菩薩がそれぞれ配置されており、周囲は一種独特な雰囲気を醸している。

ひと休みしたのち、苔むした巨岩の間を縫いながら、ぐんぐん高度を上げていく。❷**支尾根**に入ったところで田辺湾の視界が開ける。この先はウバメガシの疎林帯の道となり、春にはミツバツツジの花が山道を彩る。

▲川床に大岩が散在する奇絶峡

徐々に傾斜が緩み、やがて経塚記念塔・展望台の建つ❸**高尾山**頂上に着く。経塚記念塔は、かつて高尾山中腹に建立されていた鷹尾山千光寺の伽藍が発見されたことを記念して建てられたものだという。展望台もあり、田辺湾・白浜方面の眺望が開けている。心ゆくまで眺望を楽しんだら、秋津川への三差路を経て❹**東の展望台**へ。岩肌が露出した展望台からは、

▲独特の雰囲気を醸し出す磨崖三尊の大石仏

▲砂岩層の露岩帯・東の展望台

レベル	初級者 向け
歩行時間	3時間30分
歩行距離	6.6km
参考地図	秋津川

問合せ	
田辺観光協会	☎0739-26-9929

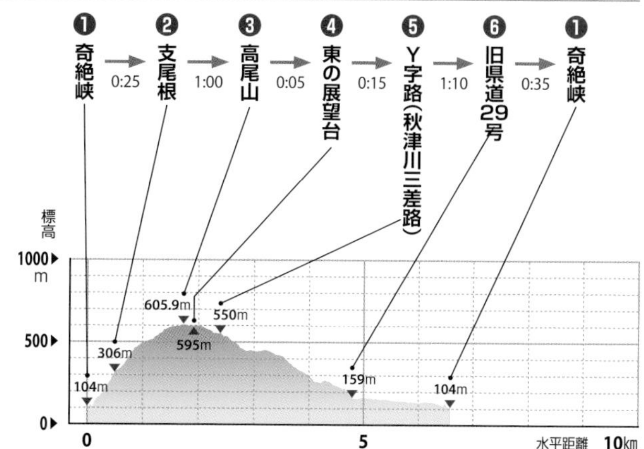

欄外情報 かつて高尾山の山中にあった鷹尾山千光寺は、現在南山麓の田辺市上秋津地区に建っている（位置は左ページのアクセス図を参照のこと）。

▲頂上の経塚記念塔と展望台

田辺湾をはじめ、間近に槇山、遠く大塔山系の山々が薄く霞んでいる。

帰路は先ほど登ってきた秋津川への三差路を北に進路を取る。なだらかな尾根道をしばらく進み、**❺Y字路**を左に取って、ウバメガシの疎林帯の北西尾根道を下っていく。

▲露岩帯の東の展望台から田辺湾を望む

やがて、左手に三星山の大きな山塊が近づいてくる。足元に右会津川の清流を俯眼し、なおも尾根道を下る。農道T字路に下って左へ、すぐの山道を右にとって、右会津川沿いの**❻旧県道29号**に降り立つ。車道をしばらく進むと、**❶奇絶峡**に帰り着く。

周辺の立ち寄りスポット

温泉 **弁慶のさと湯**

世界遺産「紀伊山地の霊場と参詣道」の口熊野の入口、奇絶峡から車で10分、また南紀田辺ICへは5分の好立地にある日帰り入浴施設。武蔵坊弁慶の出生地の山岳霊場をイメージして建てられている。露天エリアには、紀州桧をあしらった桧湯をはじめ、弁慶産湯の釜にちなんだ釜風呂、壷風呂や2種類のサウナなどがある。食事処も併設されている。

▶和歌山県田辺市秋津町859　☎0739-81-0026

営業＝10～24時　休み＝無休

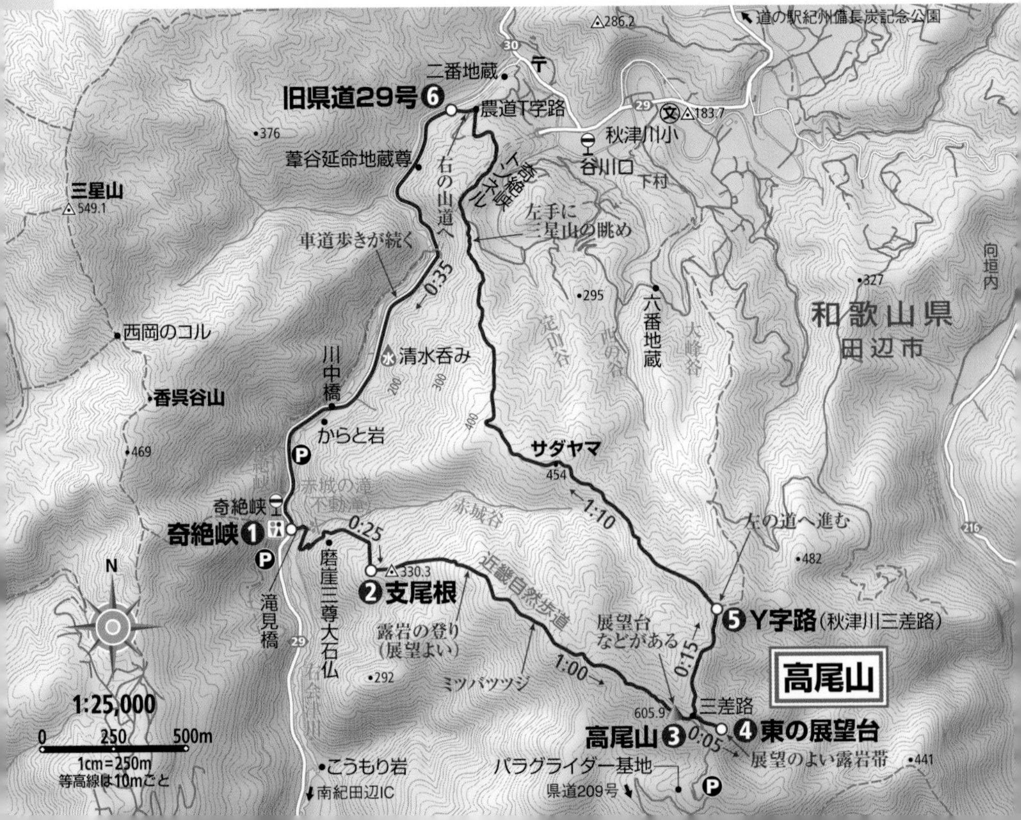

ナメトコ岩を経て双耳峰のスリリングな岩稜を歩く

嶽ノ森山（たけのもりやま）

35
和歌山県
[標高] 376m

紀勢自動車道

▼相瀬地区からの嶽ノ森山の最高点・雄岳。屹立した姿はよく目立つ

アクセス情報 ……………… 往復 9,680 円

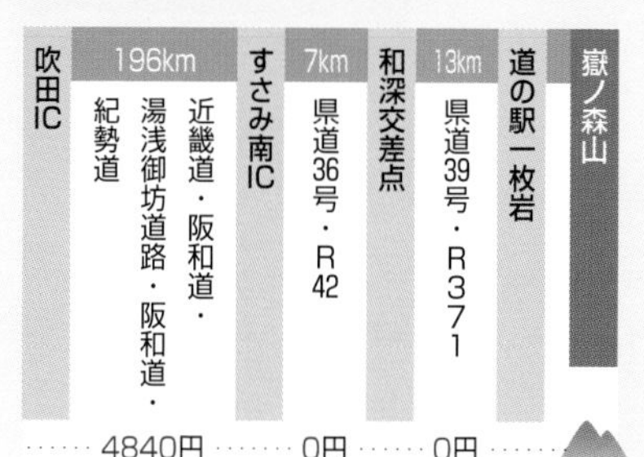

登山口NAVI　緯度：33°32'45 ／経度：135°43'13

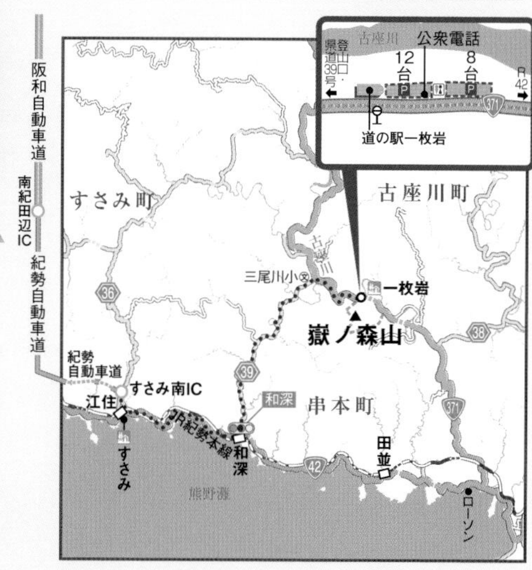

近畿道吹田ICから松原JCTを経て阪和道へ、南紀田辺ICを経て紀勢道すさみ南ICまで約196km（約2時間50分）。県道36号を南下し約2kmでR42に入る。串本方面に進み、和深交差点を左折して県道39号へ。約9.5km先の三尾川橋を渡って右折、国道371号を道なりに行くと道の駅一枚岩に着く。

P駐車場情報

道の駅一枚岩に約20台分の無料駐車場とトイレがある。また、道の駅の約280m手前左手に約5台分の駐車スペースもある。

欄外情報 天候急変などで峯ノ山をカットする場合は、雌嶽から豆腐岩コースを歩く。雄嶽と雌嶽の最低鞍部に分岐があり、連絡道経由で豆腐岩を経て最短距離で道の駅一枚岩に下る（雌嶽から約50分）。

山のプロフィール

獄ノ森山は古座川の巨大な一枚岩の対岸にそびえる雄嶽・雌嶽の二峰からなる岩峰で、古座川峡の中枢部を形成している。その獄ノ森山と、南の稜線づたいにある一等三角点の山・峯ノ山をセットで登る周回プランを紹介する。

一枚岩について、司馬遼太郎は、『街道を行く』の古座街道の中で、「たった一種類の岩が、つぎ目も割れ目もなく、わめきたくなるような広さで、天を劃しているのである」と、書き記している。その一枚岩の対岸に、獄ノ森山へのスタート地点、**❶道の駅一枚岩**がある。

道の駅をあとに、古座川に沿って車道を西へ。一枚岩トンネル東口のすぐ右手に**❷獄ノ森山登山口**がある。支尾根に取り付き、山腹をトラバースする。滝の上部に出て、一枚岩が両岸から迫るナメラ状の谷道に入る。ナメトコ岩の始まりだ。ステップ状につけられたくぼみに沿って、緩やかに谷を遡っていく。ステップは雨が降ったあとは滑りやすくなるため、注意が必要だ。

▲ステップのあるナメトコ岩の登り

源頭近くで左の支尾根に取り付き、ぐんぐん高度を上げる。やがて峯ノ山と獄ノ森山を結ぶ稜線上の**❸変則十字路**に出る。十字路を左へ取り、ロープ取り付けの露岩をよじ登って獄ノ森山**❹雄嶽**の頂を踏む。足元に古

▲一枚岩を彩る満開の桜

座川の蛇行、東に雌嶽がそびえ、遠くに烏帽子山から大雲取山、南にこのあと登る峯ノ山、北に大塔山、法師山が薄く霞んでいる。

雄嶽をあとにヤセ尾根を慎重に下ると、コル右下に豆腐岩コースが分岐する。ここから木の根をつかみ、岩を巻き上がって**❺雌嶽**の頂へ。雄嶽と同様、大パノラマが広がっている。

雌嶽、**❹雄嶽**をあとに**❸変則十字路**まで戻り、直進して緩やかな起伏の稜線道へ。伐採地をしばらく進むと、和深鶴川林道が合流する。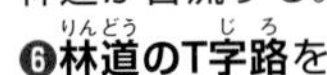**❻林道のT字路**を

▲峯の薬師堂

レベル	中級者向け
歩行時間	4時間55分
歩行距離	9.5km
参考地図	三尾川

問合せ

古座川町役場　☎0735-72-0180

❶道の駅一枚岩 →0:05→ ❷獄ノ森山登山口 →1:20→ ❸変則十字路 →0:05→ ❹雄岳 →0:15→ ❺雌岳 →0:15→ ❹雄岳 →0:05→ ❸変則十字路 →0:40→ ❻林道T字路 →0:20→ ❼峯ノ山 →0:15→ ❻林道T字路 →0:35→ ❽峯の薬師堂 →0:30→ ❾立合入口 →0:30→ ❶道の駅一枚岩

標高 1000m / 500 / 0
24m　28m　346m　376m　331m　376m　346m　393m　482.2m　393m　228m　19m　24m
水平距離 0　5　10km

欄外情報　クマノザクラは、日本国内の野生の桜としては平成30年（2018）に約100年ぶりとなる新品種として確認され、その1本が峯の薬師堂前にある。花の最盛期は年によるが3月中旬頃。

▲雌嶽頂上直下の岩場

右に取って、峯ノ山南のコルを経て南尾根を登ると、一等三角点の❼峯ノ山の頂上に着く。

下山は先ほど合流した❻林道のT字路まで戻り、林道を直進、やがて左下の峯集落への登山道に入る。展望のよい伐採地を抜け、❽峯の薬師堂へ。林道脇に、クマノザクラの名木が枝を広げている。

あとは車道をひたすら下り、相瀬トンネルを抜けると❶道の駅一枚岩に帰り着く。

周辺の立ち寄りスポット

道の駅　一枚岩

一枚岩の対岸にある道の駅。鹿鳴館喫茶コーナーでは、古座川源流域の天然水を使った自家焙煎コーヒーをはじめ、地産地消にこだわった郷土料理などが味わえる。その他、名産品のゆずを使ったジャムなどの加工品も販売されている。春は桜、夏は川遊びやキャンプ、秋は紅葉など、四季折々の景観が楽しめる。

▶和歌山県東牟婁郡古座川町相瀬290-2　☎0735-78-0244　営業＝9～17時（駐車場とトイレは24時間使用可）　休み＝無休

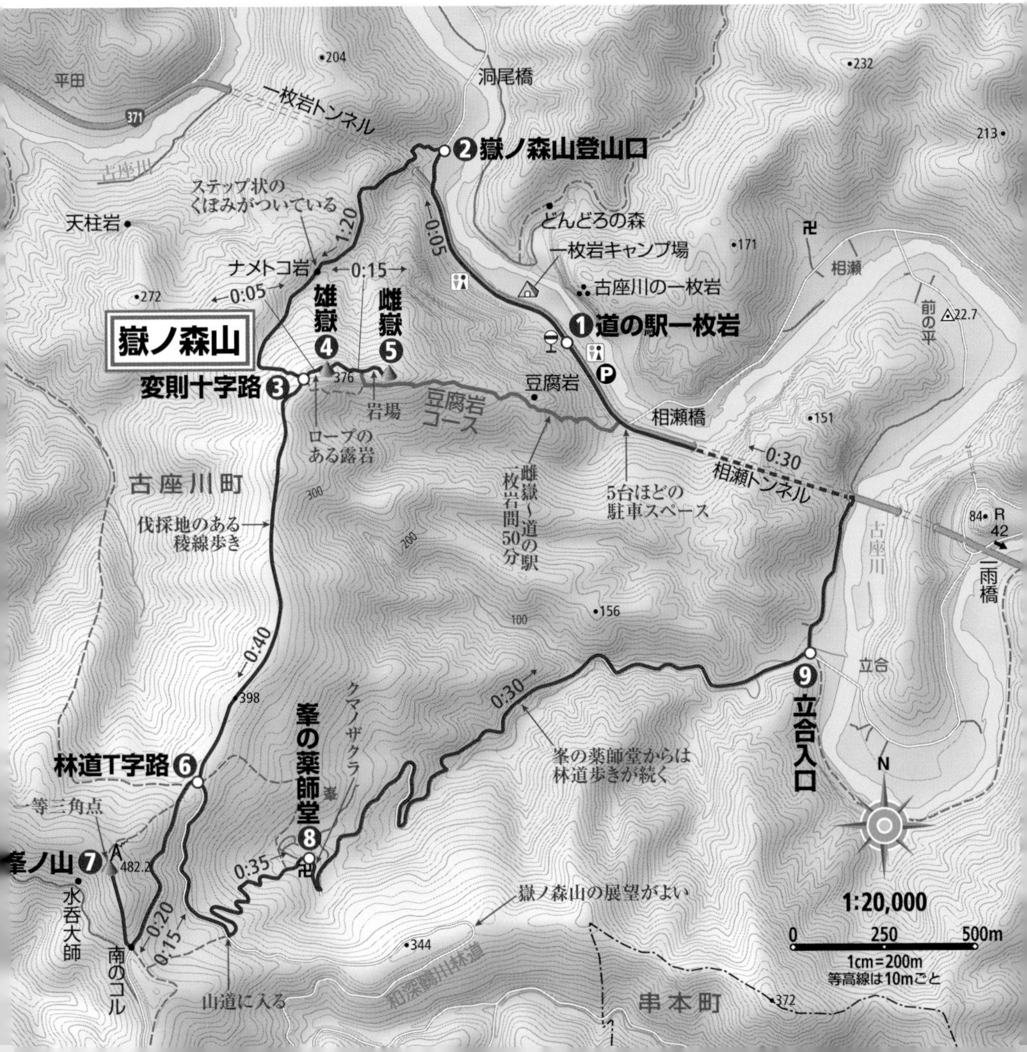

嶽ノ森山

❷嶽ノ森山登山口
❶道の駅一枚岩
❸変則十字路
❹雄嶽
❺雌嶽
❻林道T字路
❼峯ノ山
❽峯の薬師堂
❾立合入口
平田
371
一枚岩トンネル
古座川
洞尾橋
・204
・232
213・
ステップ状のくぼみがついている
1:20
天柱岩
ナメトコ岩
0:05
0:15
・272
376
岩場
ロープのある露岩
豆腐岩コース
豆腐岩
どんどろの森
一枚岩キャンプ場
古座川の一枚岩
・171
相瀬
前の平
22.7
相瀬橋
・151
0:30
相瀬トンネル
5台ほどの駐車スペース
雌嶽～道の駅一枚岩間50分
古座川町
300
200
100
伐採地のある稜線歩き
・156
84・
R42
三雨橋
古座川
立合
0:40
398
0:30
クマノザクラ
峯
峯の薬師堂からは林道歩きが続く
一等三角点
482.2
水呑大師
南のコル
0:20
0:15
0:35
山道に入る
嶽ノ森山の展望がよい
・344
和深鶴川林道
串本町
・372
N
1:20,000
0　250　500m
1cm=200m
等高線は10mごと

海上に浮かぶ秀麗な三角峰の若狭富士

青葉山（あおばやま）

▼東面の和田浜方面から望む青葉山。秀麗な富士形の山容が海に浮かぶ

アクセス情報 ………… 往復7,160円

出発・到着	区間	経由	料金
中国吹田IC	127km	中国道・舞鶴若狭道	3580円
舞鶴東IC	8.5km	府道28号・R27	0円
関屋交差点	3km	町道	0円
中山登山口駐車場			
青葉山			

中国道中国吹田ICから吉川JCTを経て舞鶴若狭道舞鶴東ICまで約127km（約1時間35分）。府道28号を北上し、小倉交差点を右折してR27を小浜方面へ。高浜町関屋交差点を左折し1kmほど先で右折、あとは道なりに進むと中山登山口駐車場に着く。

P駐車場情報

中山登山口の約50m先に約10台が収容できる無料駐車場がある。京都府側の松尾寺を起点とするコースもあり、その場合は松尾寺山門前の駐車場（有料）を利用する。

登山口NAVI　緯度：35°29'52／経度：135°29'56

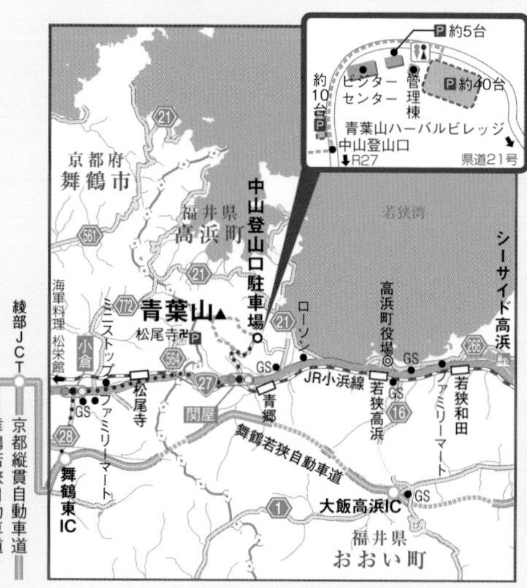

欄外情報　中山登山口駐車場の満車時は約200m先の青葉山ハーバルビレッジの無料駐車場（利用時間8時45分～17時）へ。ただし水曜（祝日の場合は翌日）と年末年始は休園のため駐車場が閉鎖される。

山のプロフィール

京都・丹後と福井・若狭にまたがり、東峰と西峰からなる双耳峰の青葉山。東部の和田浜からは2峰が重なり秀麗な円錐形を見せ、若狭富士の名で親しまれている。山腹にある松尾寺の寺域であり、古くから信仰を集めている。

東西の双耳峰の間に岩稜が連なる険しい山で、養老3年（719）に僧侶・泰澄によって開かれ、早くから修験道の行場となっていた青葉山。戦前までは女人禁制がしかれていた。山中は植物の宝庫でもあり、四季折々に可憐な花を楽しむことができる。アオベンケイソウ、イブキジャコウソウ、7月には700m級の山では珍しいオオキンレイカも見られ、その数400余種にのぼり、花の山としての人気も高い。

東麓には泰澄が開祖とされる中山寺、西麓には西国第二十九番札所・松尾寺があり、どちらも頂上への登山道が整備されている。ここでは、中山寺近くの中山登山口を起点とする。❶**中山登山口 駐車場**から車道を50mほど戻ると、右手に中山登山口があり、ここから登山道に入る。よく整備された登山道は歩きやすく、丸太階段のところどころにベンチも設けられている。ほどなくして分岐があり、これを左に折れると高野集落へ下る。

▲木造東屋風の展望台

▲馬の背中のような大岩からすばらしい展望が得られる馬ノ背

分岐を直進し、杉林の中の道を進む。主尾根に出るとしだいに広葉樹が増え、テレビ中継所を過ぎると❷**展望台**にたどり着く。眼下に高浜の海岸が見下ろせるので、ここでひと息入れるといいだろう。さらに5分ほど進めば、青葉神社の前宮である金毘羅大権現の広場に出る。尾根道を進むとしだいに勾配がきつくなり、やがて馬ノ背と呼ばれる大岩に立つ。両側が断崖

▲最高点となる東峰の山名板

レベル	中級者 向け
歩行時間	4時間45分
歩行距離	9.0km
参考地図	青葉山／東舞鶴／高浜

問合せ

舞鶴市役所 ☎0773-66-1024
若狭高浜観光協会 ☎0770-72-0338
高浜町役場 ☎0770-72-7705
青葉山ハーバルビレッジ ☎0770-50-9012

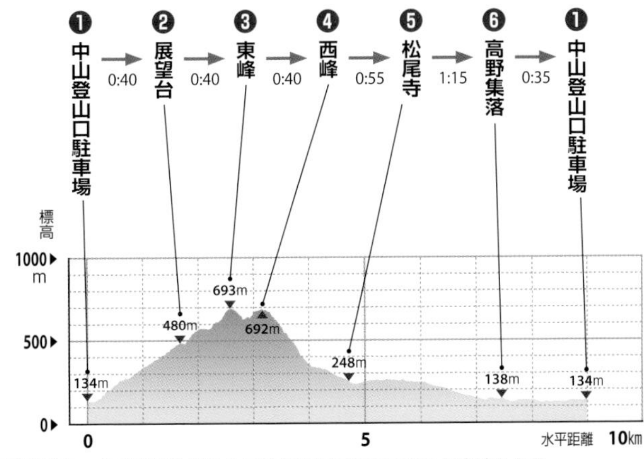

欄外情報 中国吹田ICから吉川JCTへは中国道以外に、名神高速吹田ICから新名神高速経由で向かう方法もある。距離は15kmほど長くなるが時間は若干多くかかる程度で、料金が安いというメリットがある。

▲内浦湾の美しいリアス式海岸が見下ろせる西峰

▲岩室の中を通り抜ける大師洞

のように落ち込み、左の眼下に高浜の町が箱庭のように望める。このあたりからブナの巨木が増えはじめ、少し急なつづら折りの道を登り切ると青葉神社の本宮が祀られた最高点の❸東峰（とうほう）にたどり着く。頂上からは、樹間から若狭湾などが望まれる。

神社の裏から西峰へ向かうと、様子が一変する。道は険しい岩稜が続く、吊尾根の難所に差しかかる。途中、泰澄が修行した大師洞がある。以前クサリのあった場所には頑丈な鉄製のハシゴがかけられ、これを慎重に下りる。その先は急な登りに変わり、尾根道をジグザグに登り切ると❹西峰（にしみね）に出る。東峰よりわずか1m低い頂上には西権現と避難小屋が設けられている。社の裏には大岩があり、この上からは若狭湾国定公園の大パノラマが広がっている。晴れた日なら、越前岬や能登半島まで遠望できる。

西峰からは松尾寺登山道を下る。こちらのコースは自然林が多く、花もバラエティに富んでいる。頂上から下るとまもなく、今寺コースとの分岐に出合う。これを右に取り、途中、石鳥居跡を経て急坂を一気に下れば❺松尾寺（まつのおでら）の本堂脇に降り立つ。ここからは車道歩きとなり、今寺集落の熊野神社などを見て進む。分岐に注意して❻高野集落（たかのしゅうらく）に入り、❶中山登山口駐車場（なかやまとざんぐちちゅうしゃじょう）を目指す。

▲東峰から西峰への間にはハシゴ場も

登山コースアドバイス

西国第二十九番札所 青葉山（あおばさん）松尾寺

唐から渡来した威光上人が和道元年（708）、草庵を造り馬頭観音像を安置したことが創始とされる。寺名は威光上人が松の大樹の下で経を唱えたところ、馬頭観音が現れたという言い伝えに由来する。秘仏である本尊の馬頭観世音菩薩は三面八臂の忿怒像であり、激しい怒りの表情が特徴。鳥羽天皇の后、美福門院の念持仏・普賢延命菩薩像は国宝に指定されている。▶京都府舞鶴市松尾532 ☎0773-62-2900 拝観自由

欄外情報 東麓の「青葉山ハーバルビレッジ」は、薬草に特化したレストランやカフェのほか、薬草茶作り体験などができる総合施設。☎0770-50-9012 10～17時、水曜（祝日の場合翌日）・年末年始休

周辺の立ち寄りスポットをCHECK!!

道の駅　シーサイド高浜

レストランは海が望めるロケーションにあり、天井が高く開放的たっぷり。地元の食材を使った若狭路花籠御膳や地野菜の焼カレー、日本一こだわり卵の卵かけごはんセットなどがおすすめメニューだ。併設されている温浴施設「湯っぷる」には大浴場のほか、露天風呂やサウナも完備している。

▶福井県大飯郡高浜町下車持46-10　☎0770-72-6666　営業＝10～18時（湯っぷるは～22時）　休み＝第3水曜（8月は無休）

味覚　海軍料理　松栄館

舞鶴市内を通る国道27号から少し入った、舞鶴東港近くにあるレストラン。明治時代の旅館「松栄館」の元別館で、日露戦争の英雄・東郷平八郎がよく利用したレトロな建屋で、軍港・舞鶴の「海軍割烹術参考書」のレシピを再現した看板料理が楽しめる。「海賊と呼ばれた男」など映画のロケ地でもある。

▶京都府舞鶴市字浜18　☎0773-65-5007　営業＝ランチタイム11時30分～14時30分・ディナータイム17時30分～21時30分　休み＝無休

青葉山

ハシゴのある険しい岩稜が続く危険箇所
今寺コース分岐
西権現
❹西峰 692
❸東峰 693
展望のよい岩場。滑落注意
ロープ・ハシゴあり
大師洞
←0:40
青葉神社本宮
馬ノ背
←0:40
←0:55
林道終点
若狭湾国定公園のすばらしい景観が楽しめる
金毘羅大権現
❷展望台
高浜の海岸線を望む
石鳥居跡
340
今寺
福井県
高浜町
←0:40
高野コース出合
中山登山口駐車場 ❶
中山登山口
青葉山ハーバルビレッジ
中山
R27
中山寺
登山届箱
267
京都府
舞鶴市
松尾寺
❺松尾寺
松尾
1:15→
熊野神社
236
高野集落❻
瑞光寺
0:35→
高野
カーブミラーと松尾寺への道標
132
437.5
226
杉山
難波江
564
86
86.6
194.1
245
小和田
青葉トンネル
86
吉坂峠
吉坂トンネル
蒜畠
旭ヶ丘一丁目
33.3
関屋
青
小浜
杉森神社のオハツキイチョウ
27
44.9
小浜線
47.1
六路谷
152
203
関屋
青郷駅
横津海
N
1:25,000
250　500m
1cm＝250m
等高線は10mごと

京都府

[標高]
832m

ブナ林と草原のプロムナードが続く鬼伝説の山

大江山（おおえやま）

▼大江山のピークの一つ鍋塚から最高点の千丈ヶ嶽を望む

アクセス情報 …… 往復 7,040円

中国吹田IC	121km	舞鶴大江IC	3.5km	府道532号との三差路	17km	鍋塚休憩所	大江山
	中国道・舞鶴若狭道・京都縦貫道		府道533号・R175		府道532号・府道9号・林道		
	3520円		0円		0円		

中国道中国吹田ICから吉川JCTを経て舞鶴若狭道へ。綾部JCTを経て京都縦貫道舞鶴大江ICまで約121km（約1時間30分）。府道533号を経てR175を福知山方面へ南下、三河バス停の三差路を右折し、府道532号を経由して府道9号を宮津方面へ北上する。二瀬川バス停の三差路を左折し林道を進むと酒呑童子の里があり、さらに林道を上がり鍋塚休憩所へ。

P駐車場情報

鍋塚林道終点となる鍋塚休憩所に10台近く停めることができる（無料）。

登山口NAVI　緯度：35°27'55 ／経度：135°06'52

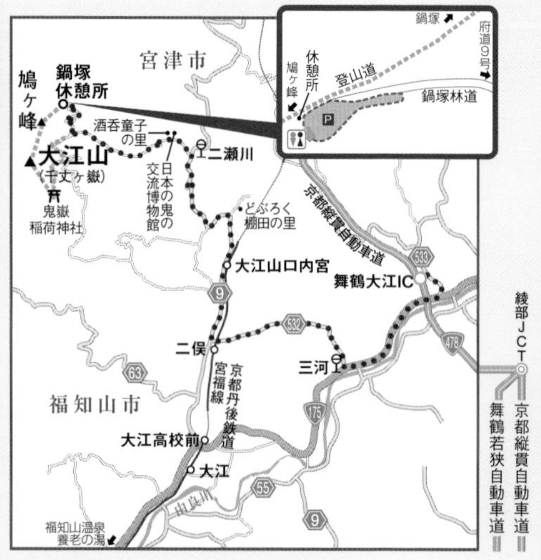

欄外情報　登山口最寄りの舞鶴大江ICへは舞鶴若狭道経由でのアクセスとしたが、名神高速吹田IC ～京都縦貫道経由でもアクセスする方法もある（約101km・約1時間25分、3240円）。

山のプロフィール 源頼光鬼退治の舞台として有名であり、丹波・丹後の境にそびえる千丈ヶ嶽、鳩ヶ峰、鍋塚などの峰を総称して大江山という。植生が多彩であり、ブナ林、低木林、草原の山上はアルペンムードで歩きがいがある。新・花の百名山。

京の都から丹後へ、その昔は大江山の西側の山河峠、東側の普甲峠を越えて入ったという。今は車道が山上まで延びていて、体力や時間にあわせて手軽にこの山を楽しむことができる。歴史や自然、さらに展望を存分に満喫したい人は、鍋塚林道終点の鍋塚休憩所前に車を停め、鬼嶽稲荷神社登山口へ歩いて移動し、立派なブナ林を楽しみながら千丈ヶ嶽へ。ここから鳩ヶ峰、鍋塚へ縦走すると、帰路は車を置く鍋塚休憩所へ引き返すだけだ。

千丈ヶ嶽は最高点ながら展望は南側に限られ、鍋塚からは北側の宮津湾をはじめ千丈ヶ嶽を含む360度の大パノラマがあり、そこに至る稜線は起伏が少なく変化に富み、縦走の楽しさにあふれる。

▲鬼嶽稲荷神社

❶鍋塚休憩所から林道を下り、1時間半ほどで登山口の**❷鬼嶽稲荷神社**に着く。安全祈願のお参りをしたら、鬼の洞窟への道を見送りブナ林へ続く階段道を登ろう。早朝出発で時間に余裕があり足に自信のある人ならば、神話の山にふさわしい鬼の洞窟は必見。標識に従って尾根道を100mほど下ると、岩場に立派な洞窟がある。往復30分強だ。

▲起点となる鍋塚休憩所

コース随一のブナ林は芽吹き、新緑、黄葉と、いずれの季節も素晴らしい。登るほどになだらかとなり、山河峠や双峰公園、赤石ヶ岳方面への分岐を過ぎると、**❸千丈ヶ嶽**頂上へはひと登り。視界が開けてきて、立派な山名標識が立ちベンチまである頂上へ抜け出る。行程は長くはないが、ブナ林を通るこのコースは登りがいがあって感動的だ。大江山南端の赤石ヶ岳、その背後に福知山の名山・三岳山をはじめ

▲ぽっかりと口を開けた鬼の洞窟

レベル	初級者向け
歩行時間	4時間20分
歩行距離	9.8km
参考地図	大江山

問合せ

福知山市役所大江支所 ☎0773-56-1102

与謝野町観光協会 ☎0772-43-0155

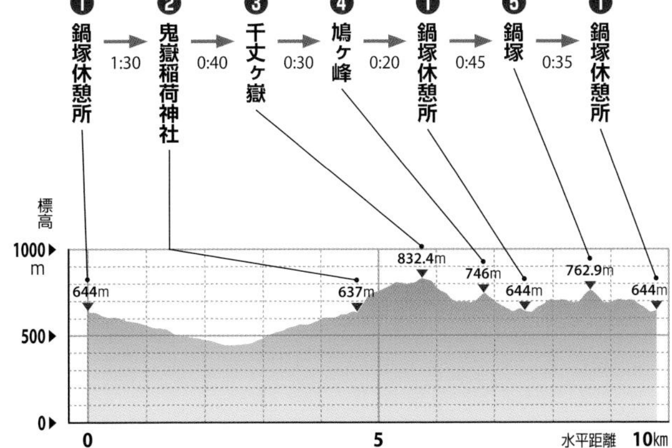

欄外情報 どぶろく棚田の里は、棚田百選の一つ大江町毛原地区にあるどぶろく製造販売店。棚田の米を自家精米したフルーティなどぶろくが好評。もちろんドライバーは帰宅後に楽しもう。☎0773-56-0292

▲南面の展望がよい千丈ヶ嶽頂上

丹波の山々が並んでいる。

頂上での憩いもそこそこに縦走スタート。低木林の尾根を下り、登り返して❹鳩ヶ峰、さらに下ると鞍部からわずか大江側に車を置いた❶**鍋塚休憩所**がある。稜線はこのあたりから露岩や草原が増えて、歩くのが俄然楽しくなる。ひと登りで隣山林道への分岐に出る。稜線は広い尾根となり、草原の鞍部の先には鍋塚がそびえ立つ。山名の通りで、鍋をひっくり返したような見事な山容に驚かされる。急坂なのでゆっくりとマイペースで登ろう。

❺**鍋塚**の頂上にも、先ほどの千丈ヶ嶽と同じデザインの山名標識が立つ。隅から隅まで地域の誇りの山として大切にされていることが実感でき、こちらまでさわやかな気持ちにさせられる。ここでは時間をたっぷり取って、大パノラマを楽しみたい。まずは主峰・千丈ヶ嶽。登った山を見るというのは､気分のいいものだ。重厚な山容であり、その隣に寄り添うように鳩ヶ峰が望め、それらが思いのほか遠くに見えて縦走の手応え充分。そして北側を向くと天橋立のある宮津湾が丹後半島の山並みの間に顔を出す。天気がよければ、すこし東側へ目を移すと迫力ある青葉山の双耳峰も見える。西側はのどかな与謝野町加悦の田園風景の奥に丹波の磯砂山、高竜寺ヶ岳など多くの山が尾根を重ねている。

▲丸い山容の鍋塚を望む稜線の道

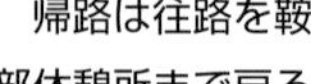

帰路は往路を鞍部休憩所まで戻るだけだ。千丈ヶ嶽を正面に見ながら、縦走した達成感もあって気分は最高。分岐を過ぎると車を停めた❶**鍋塚休憩所**が見えてくる。

登山コースアドバイス

福知山十景にあげられる大江山の雲海

福知山盆地を流れる由良川の流域は昼夜の温度差により川霧が発生しやすく、何箇所か雲海の見られる場所がある。なかでも大江山八合目にある鬼獄稲荷神社は標高も高く由良川の流れる南東方向が開け、雲海が望める絶好のスポットとなっている。大江山の雲海は福知山十景の一つにあげられ、山々を包む幻想的な霧の海に朝日が昇る瞬間はまさに絶景といえる。

▶問合せ：福知山市役所大江支所☎0773-56-1102

周辺の立ち寄りスポットをCHECK!!

見どころ 日本の鬼の交流博物館

酒呑童子をはじめ、3つの鬼退治伝説の残る大江山の中腹に設けられた酒呑童子の里にある、鬼をテーマにした博物館。日本各地の鬼にまつわる伝統資料をジャンル別に展示するほか、世界の鬼も鬼面や人形、版画などにより紹介している。屋外には高さ5mもある日本一の大鬼瓦を中心に、さまざまな鬼瓦も展示。

▶京都府福知山市大江町仏性寺909 ☎0773-56-1996 入館有料 開館＝9～17時 休み＝月曜（祝日の場合は翌日）・年末年始

温泉 福知山温泉 養老の湯

京都の詫び・寂びの趣漂う風流な佇まいの料亭跡を再利用した立ち寄り湯。北近畿最大級の規模を誇る露天風呂からは四季折々に美しい日本庭園を眺められ、野趣あふれる岩風呂と清々しい香りが広がる桧風呂を用意。温泉で癒しのひと時を満喫した後は、韓国式あかすりやタイ王宮式セラピーでリフレッシュ。メニュー豊富な食事処で自慢の料理に舌鼓を打とう。

▶京都府福知山市字長田小字宿81-13 ☎0773-27-6000 営業＝10～23時 休み＝無休

日本一低い分水界からヒカゲツツジの山へ

向山連山（むかいやまれんざん）

▼北側の黒井城跡から見た向山連山と春日町黒井の町並み

アクセス情報 …… 往復 4,820円

出発・経由地	距離	道路	料金
中国吹田IC	77km	中国道・舞鶴若狭道	2410円
春日IC	6km	R175	0円
水分れ交差点	1km	市道	0円
水分れ公園駐車場			
向山連山			

中国道中国吹田ICから吉川JCTを経て舞鶴若狭道春日ICまで約77km（約55分）。R175を西へ向かい、JR福知山線石生駅前を過ぎて水分れ交差点を左折して800mほどで水分れ公園駐車場に着く。

P駐車場情報

登山口となる水別れ公園の無料駐車場（約50台)を利用する。トイレは水分れ公園内にある。

登山口NAVI 緯度：35°09'03 ／経度：135°04'06

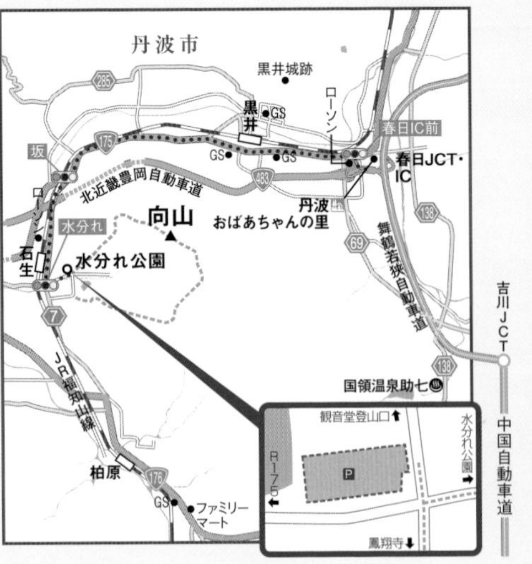

欄外情報 舞鶴若狭自動車道下り線（春日ICへ向かう方面）の西紀サービスエリアで好評なのが、名物の黒豆パン。サービスエリア内のベーカリーで焼いており、地元産の大粒の黒豆がごろごろ入っている。

山のプロフィール 登山口の水分れ公園は、日本一標高の低い中央分水界で、向山からの源流はここで日本海と瀬戸内海に分かれる。小ピークが連続する周回ルートは向山連山と呼ばれ、春は稜線を彩るヒカゲツツジ、秋は雲海が魅力だ。

丹波・石生の町並みのすぐ東側にある一塊の山群・向山連山は、4月中旬にその稜線を淡黄色の花で埋め尽くすヒカゲツツジで人気がある。また、晩秋には午前中に雲海が出る。絶景ポイントが何箇所もあるので飽きさせない。登山口の水分れ公園から周回するルートが最も一般的で、道標も充実している。標高こそ550m強程度だが、何度となく現れる小ピークに体力が奪われ、思いのほか歩きがいのある山だ。

❶**水分れ公園駐車場**からまずは桜並木の下、水分れ公園へ足を運ぼう。向山から流れる小川を人為的に分け、日本海側と瀬戸内海側に流しているのが興味深い。公衆トイレから駐車場に戻るように歩を進め、すぐの辻を斜め右に入ると❷**観音堂登山口**に着く。ここからは山道となるが、滝山古墳（二ノ山）までかなりの急坂だ。春はミツバツツジが美しい。

▲松の台展望所の手前に咲くヒカゲツツジ

▲水分れ公園の分水

❸**岩座展望所**では、休憩ついでに眺めを楽しもう。南西の高見城山、石戸山方面が見通せる。さらに急登をこなして三ノ山を過ぎると、いよいよ待望のヒカゲツツジが現れる。亜炭展望所付近はアセビが多い。

尾根道は四ノ山を過ぎると、上品な淡黄色のヒカゲツツジのオンパレードだ。朝日登山口への分岐、深坂北峰を過ぎると、最高点の❹**向山三角点**に着く。北側が開け、黒井城跡が見下ろせる。

五ノ山を過ぎ、蛙子展望所の岩場は右側から巻く。❺**蛙子峰**は地味なピークだ。ルート後半は花も少な

▲向山連山の最高点には三角点がある

レベル	初級者向け
歩行時間	4時間40分
歩行距離	6.5km
参考地図	柏原

問合せ

丹波市観光協会　☎0795-72-2340

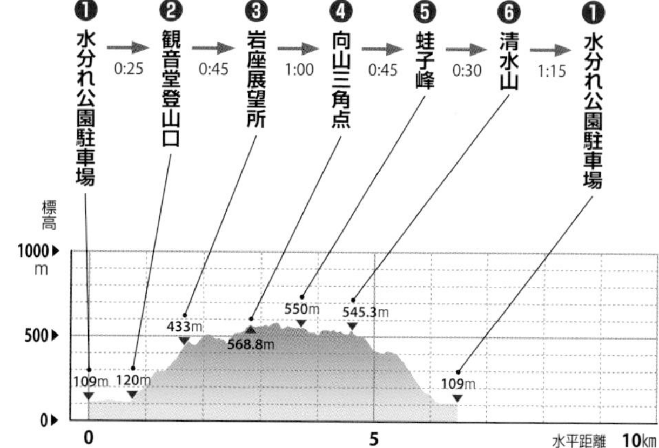

欄外情報 春日ICの約4.5km南方に、国領温泉助七があり、宿泊以外に立ち寄り入浴も受け付けている。☎0795-75-0010　11～19時、メンテナンス休業あり

▲電波反射板が立つ清水山頂上

くなる。譲葉山への道を分け、なおも尾根を忠実にたどる。小さなコブをいくつか越えると、電波反射板が立つ**❻清水山**に着く。

ここからは下り一本だ。イルカ岩、博打岩、亀岩を過ぎると、剣爾山の標識が立つ。北側に登ってきた急な尾根が一望でき、満足感に浸れる。なおもひたすら下り続ける。最後の絶景ポイント、天狗岩では最後の休憩として足を止め、眺めを楽しもう。この岩は麓からも見えている。鳳翔寺の裏手に出て舗装道を右に進むと、ほどなく**❶水分れ公園駐車場**に戻る。周回ルートだけに、マイカー登山に向いている。

▲清水山からの下りはイルカ岩などの奇岩が目を楽しませる

周辺の立ち寄りスポット

道の駅 **丹波おばあちゃんの里**

舞鶴若狭道春日ICの入口にある道の駅。物産館では地元野菜や丹波特産の黒豆の加工品や丹波米などを販売している。食事、カフェが入るフードコートでは、ベーカリーのパン、手作りの弁当、黒豆のきな粉を使ったおはぎなどのスイーツまで充実の品揃えだ。観光案内所も併設されている。

▶兵庫県丹波市春日町七日市710　☎0795-70-3001
営業＝8時30分～18時（フードコートのラストオーダー17時）　休み＝無休

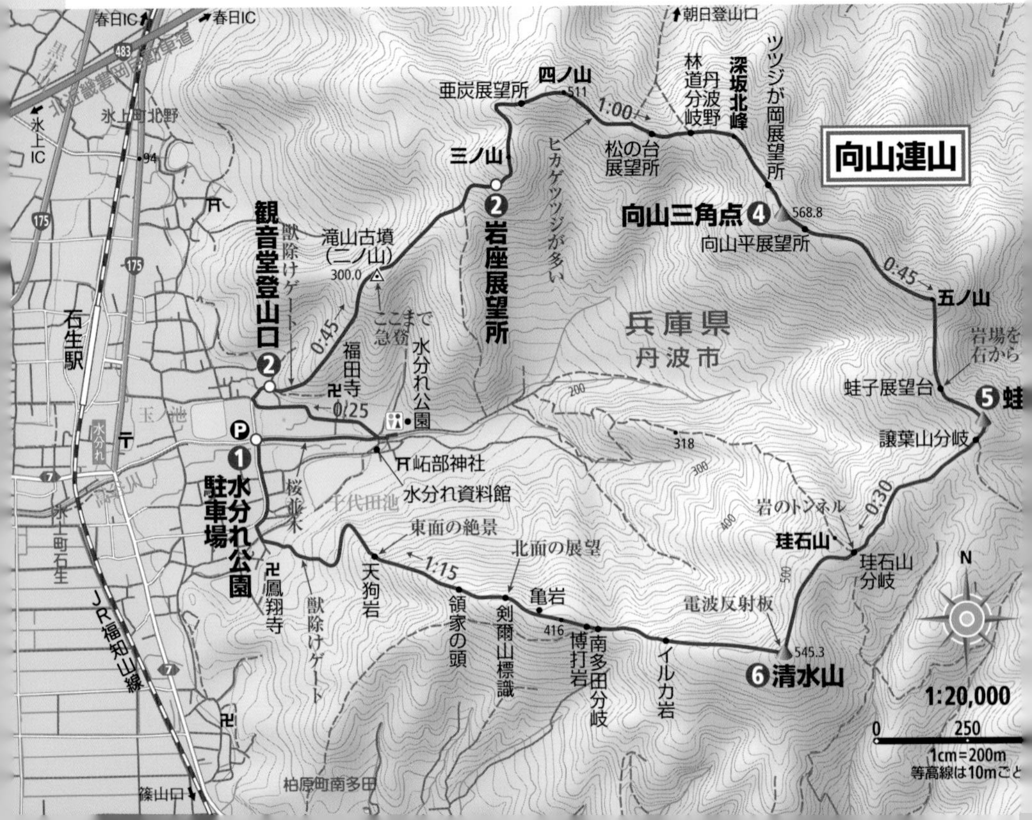

向山連山

1:20,000
0　250
1cm＝200m
等高線は10mごと

❶水分れ公園駐車場
❷観音堂登山口
❷岩座展望所
三ノ山
四ノ山 511
亜炭展望所
1:00
松の台展望所
林道丹波野分岐
深坂北峰
ツツジが岡展望所
❹向山三角点 568.8
向山平展望所
0:45
五ノ山
岩場を右から
蛙子展望台
❺蛙
譲葉山分岐
0:30
岩のトンネル
珪石山
珪石山分岐
電波反射板
❻清水山 545.3
イルカ岩
南多田分岐
博打岩
416
亀岩
剣爾山標識
北面の展望
1:15
領家の頭
東面の絶景
天狗岩
獣除けゲート
鳳翔寺
桜並木
千代田池
水分れ資料館
岵部神社
水分れ公園
福田寺
0:25
0:45
獣除けゲート
滝山古墳（二ノ山）300.0
ここまで急登
ヒカゲツツジが多い
兵庫県
丹波市
玉ノ池
石生駅
JR福知山線
水分れ
氷上町北野
氷上町石生
氷上IC
春日IC
北近畿豊岡自動車道
朝日登山口
篠山口
柏原町南多田
318

岩峰の縦走と360度の展望、クリンソウ群落と魅力満載

多紀(たき)アルプス

39

兵庫県

[標高]
793m

▼左から御嶽、小金ヶ嶽と続く多紀アルプス。表情の異なる2山を満喫

アクセス情報 ・・・・・・・・・・ 往復 4,060 円

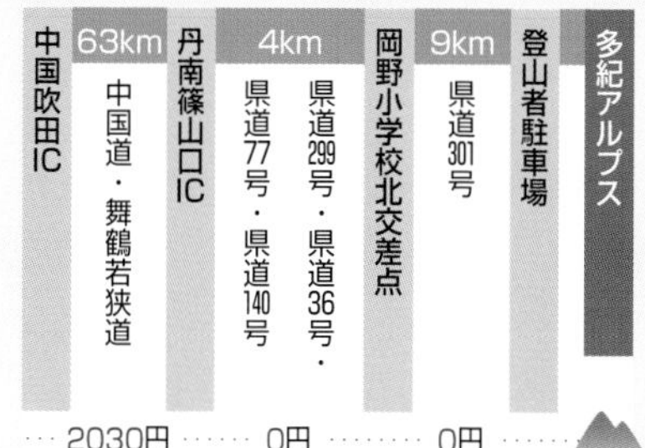

中国道中国吹田ICから吉川JCTを経て舞鶴若狭道丹南篠山口ICまで約63km（約45分）。県道299号・県道36号を経由して篠山市街地を目指す。渡瀬橋交差点を左折し県道77号・県道140号を経由、約1km先の岡野小学校北交差点を右折して県道301号に入り東へ。みたけ会館の交差点を左折し約3.5kmで駐車場に着く。

P駐車場情報

火打岩集落の約600m北の県道沿いに20台分の登山者用無料駐車場がある。約3km先の大峠にも30台分の無料駐車場とトイレがある。

登山口**NAVI**　緯度：35°06'51 ／経度：135°15'22

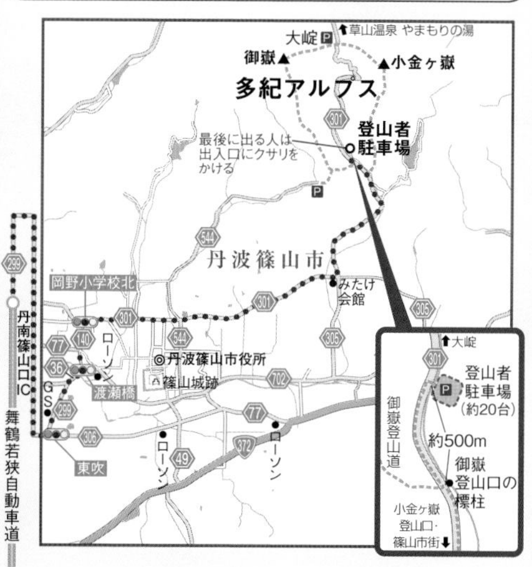

欄外情報 起点となる登山者用駐車場はガイドブックによってはクリンソウシーズンのみ駐車可というものもあるが、実際は通年利用できる。駐車場から最後に出る人は、出入口のクサリをかけておくこと。

山のプロフィール 篠山盆地の北に、東西約20kmにわたって雄大な峰々が連なる多紀アルプス。主峰の御嶽から展望が広がる小金ヶ嶽へは、起伏の激しい稜線をアルペン気分で縦走できる。山中にあるクリンソウ群落もこの山の魅力の一つ。

かつては藍婆ヶ峰と呼ばれ、丹波修験道の本山であった御嶽と、その東に連なる鋭い山容の小金ヶ嶽。人気の山だけに登山コースはいくつかあるが、ここでは南麓の火打岩集落から御嶽、小金ヶ嶽を周回するコースを歩く。

火打岩から北へ600mほどの県道沿いにある**❶登山者駐車場**に車を停め、少し南下して**❷御嶽登山口**の標識に従い右折し、民家の脇を通って山道へ入り、植林帯の急な階段を登る。傾斜が緩やかになるとやがて御嶽の南尾根に出て、大きく右へ曲がる。しばらくなだらかな稜線が続き、鳥居堂跡を見送るとほどなく水呑み場跡の分岐を経て**❸大岳寺跡**に着く。ここからがいよいよ本峰への登り。道はしだいに急坂となり、露岩が増えてくる。途中の岩場からは南に篠山盆地が見下ろせる。岩場の急登を終えるといったん植林帯に入り、役行者を祀った石室に登り着く。西へ進むとすぐに電波塔と方位盤のある**❹御嶽**頂上だ。展望は石室周辺の方がよく、東に北摂の山々が望める。

▲大嵶から小金ヶ嶽へ至る登山道

▲御嶽登山道のクリンソウ群落

小金ヶ嶽へは先ほどの分岐へ戻り、いったん鞍部の大嵶へと下る。石室を過ぎ、クサリやロープのある急斜面を下ると歩きにくい丸太階段となり、やがてトイレと駐車場のある**❺大嵶**へ出る。県道を横切り、杉林の中の緩やかな登りを進む。周囲が広葉樹に変わり急な斜面を登り切ると、669mの独標があり、目の前に荒々しい小金ヶ嶽の岩峰が現れ、ちょっとしたアルペン気分が味わえる。いったん下り、巨大な岩峰を避けながら岩の間を縫うように進む。最後に灌木帯を登り切れば、**❻小金ヶ嶽**の頂上だ。視界は360度開け、西へと延びる多紀アルプスの眺めがすばらしい。

帰路は「福泉寺」の標識に従い、南へ下る道を取る。狭い急斜面を鞍部まで降り、福泉寺跡を経てさらに下っていく。歩きづらい箇所がある沢筋の道となり、**❼小金ヶ嶽登山口**のある県道まで出

レベル	中級者向け
歩行時間	4時間05分
歩行距離	9.1km
参考地図	細工所

問合せ	
丹波篠山市役所	☎079-552-6907
篠山観光案内所	☎079-552-3380

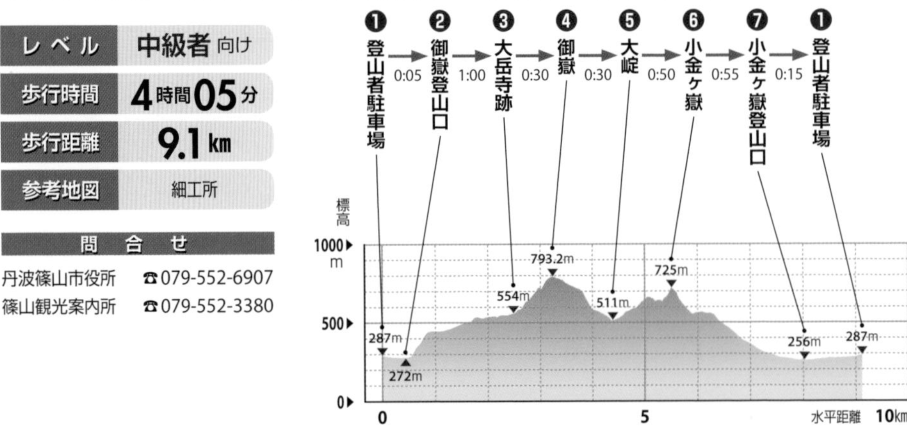

欄外情報 登路の御嶽登山道・大岳寺跡の手前に、日本有数の規模といわれるクリンソウ群落（花期5月中旬）がある。紹介コースより若干遠回りになるが、もし花期の5月ならぜひ立ち寄りたい。

たら右折して、車道を歩き❶登山者駐車場を目指す。

▲方位盤が置かれた小金ヶ嶽頂上。抜群の眺望だ

周辺の立ち寄りスポット

温泉 草山温泉 やまもりの湯

源泉は有馬温泉と同じ鉄分を多く含んだ赤さび色をしている。塩分濃度は海水の1.5倍と高く、古くから万病に効くという名湯で知られている。広々とした主浴槽にはジェットバスを設けている。露天風呂は丹波の山々に囲まれ、四季折々の自然が満喫できる。▶兵庫県丹波篠山市遠方石ン堂41-1 ☎079-592-0211 営業=月・金曜15～21時（土・日曜・祝日は11～21時） 休み=火・水・木曜（祝日の場合は営業）

多紀アルプス

↑草山温泉やまもりの湯
クサリのある急な下り
フィールドアドベンチャー 丹波ささやま
頂上直下に石室がある
0:30
❺大峠
0:50
クサリのある岩稜を歩く
669
展望良好。方位盤あり
694
御獄❹
793.2
電波塔や方位盤などがある
東屋とトイレブース
岩場・ロープあり
301
725 ❻小金ヶ嶽
岩場の急登
545
好展望の岩場
0:30
急な岩場
大岳寺跡❸
水呑み場跡
鞍部
道標のある分岐
クリンソウ群落
592
福泉寺跡
畑山
595
485
馬駈場や掘割の跡が見られる
兵庫県
丹波篠山市
0:55
鳥居堂跡
御嶽登山道
1:00
559
504
ところどころ歩きづらい箇所がある沢沿いの道。ここにもクリンソウ群落がある
❶登山者駐車場
472
402
0:05
急な階段
馬の背
御獄
❷登山口
廣嶺神社
いわや
囲炉裏がある料理屋
民家の脇から山道に入る
0:15
420
鍔市ダム
504
御嶽登山口の標柱あり
482.8
小金ヶ嶽登山口❼
257
火打岩
N
丸山集落（古民家群）
登山者用
544
黒岡川
421
丸山
拐厳寺
301
1:25,000
250 500m
1cm＝250m
高線は10mごと
254
みたけ会館・丹南篠山口IC↙

兵庫県
[標高]
722m

露岩の荒々しさと山容の秀麗さを併せ持つ「丹波富士」

白髪岳（しらがたけ）

▼白髪岳頂上からの南面の眺望。右は西寺山、左奥の三角形は虚空蔵山

舞鶴若狭自動車道

眺め
花
紅葉
道の駅
温泉

アクセス情報 ……… 往復 4,060円

中国吹田IC	63km 中国道・舞鶴若狭道	丹南篠山口IC	7km 県道94号・R176	古市交差点	3km R372・市道	駐車場	白髪岳
	2030円		0円		0円		

中国道中国吹田ICから吉川JCTを経て舞鶴若狭道丹南篠山口ICまで約63km（約45分）。県道94号を経てR176を三田市方面へ南下、古市交差点を右折してR372に入る。JR福知山線を越えてすぐの三差路を右折し北上、約2.5km進むと駐車場がある住山集落に着く。

P駐車場情報
三叉路（とんど場）の左手に民家の有料駐車場（約5台分）が、さらに白髪岳方面へ1km強進んだ住山登山口に約5台分の駐車スペースがあるが、登山口への林道は路面が荒れている。

登山口NAVI　緯度：35°02'07 ／経度：135°08'34

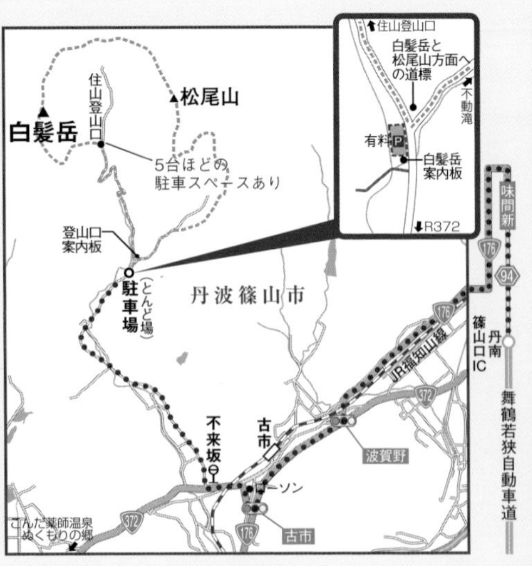

山のプロフィール

丹波篠山の南西に位置し、なだらかに広がる美しい稜線を持つことから、丹波富士と呼ばれ親しまれている山だ。美しい山容とは対照的に、頂上付近は岩が露出し、荒々しい一面も併せ持っている。

起点となる南麓の住山集落あたりから仰ぎ見る姿が、堂々とした風格の富士形に見える白髪岳。ここでは展望の開けた頂上から、南北朝時代の山城跡や古刹跡が残る松尾山を周遊コースを紹介する。

登山コースの案内板がある分岐点に❶**駐車場**（とんど場）があり、右の道を行けば松尾山の登山コース。ここは左の道を取る。やがて未舗装となる林道を30分ほど進むと、東屋がある❷**住山登山口**に着く。杉林の中に登山道が延び、傾斜がきつくなると丸太階段に変わり歩きやすくなる。杉林がしだいに広葉樹へと変わり、南尾根に出れば木々の間に視界が開けてくる。よく踏まれた尾根道を進むと、やがて荒々しい岩壁が立ちはだかる。ちょっとしたアルペン気分が味わえるロープを使いながら、これを登り切る。露岩の上に立てば頂上はすぐ目の前だ。緩やかな岩稜を進み、ほどなく二等三角点のある❸**白髪岳**頂上にたどり着く。北に篠山盆地と多紀アルプス、南には六甲山系、西には遠く播磨の山々が望め、360度のパノラマが楽しめる。

▲白髪岳の南尾根にある岩稜帯の通過

▲墓石と思われる卵塔群

頂上からは登山道を北側へ下り、松尾山を目指す。1つ目の鞍部へ下って689m峰を東から巻き、再び緩やかな尾根道を歩く。2つ目の鞍部から登り返すと❹**文保寺への分岐**があり、これを右へ進む。さらに尾根道のアップダウンをくり返すとほどなく❺**松尾山**にたどり着く。頂上は小さな広場になっているが、樹木に囲まれているため展望は利かない。かつてはここに松尾城が築かれていたというが、今はその痕跡はほとんど見られない。

南へ延びる尾根道を下り、巨木の千年杉、展望

レベル	中級者向け
歩行時間	3時間40分
歩行距離	6.4km
参考地図	篠山

問合せ

丹波篠山市役所 ☎079-552-6907
篠山観光案内所 ☎079-552-3380

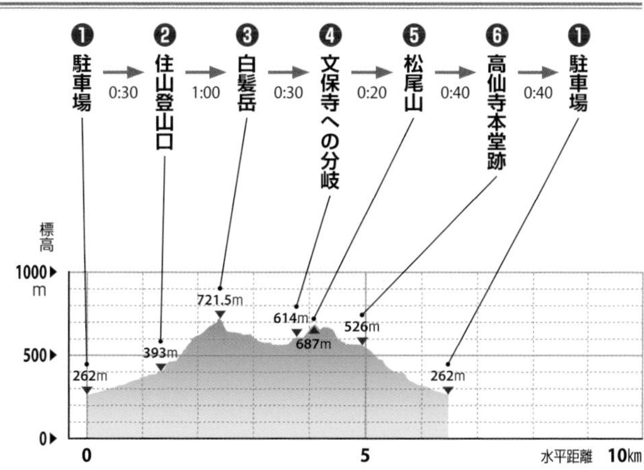

▲南からの見事なピラミッド型の白髪岳

のよい仙ノ岩を過ぎると、やがて酒井氏治の墓と20数基の卵塔群が現れる。ここで折り返して進行方向を北に変えて登山道をたどっていくと、❻**高仙寺本堂跡**に出る。ここから南へ下り三体の石仏を見送って谷道に入る。不動滝を経て沢沿いに下れば林道に出合う。さらに林道を南下すれば、❶**駐車場**へと戻り着く。

周辺の立ち寄りスポット

温泉　こんだ薬師温泉 ぬくもりの郷

日本六古窯として知られる丹波焼を使った丹波焼陶板風呂と、丹波石をふんだんに使った岩風呂があり、週替わりで男女入替制。広々とした源泉掛け流しの温泉で、湯量は615ℓ／分と豊富。内風呂には大浴槽・中浴槽（源泉風呂）が設けられている。湯上がりにはレストランで篠山の食材を使用した創作料理に舌鼓を打とう。▶兵庫県篠山市今田町今田新田21-10　☎079-590-3377　営業＝10～22時　休み＝火曜（祝日の場合は営業）

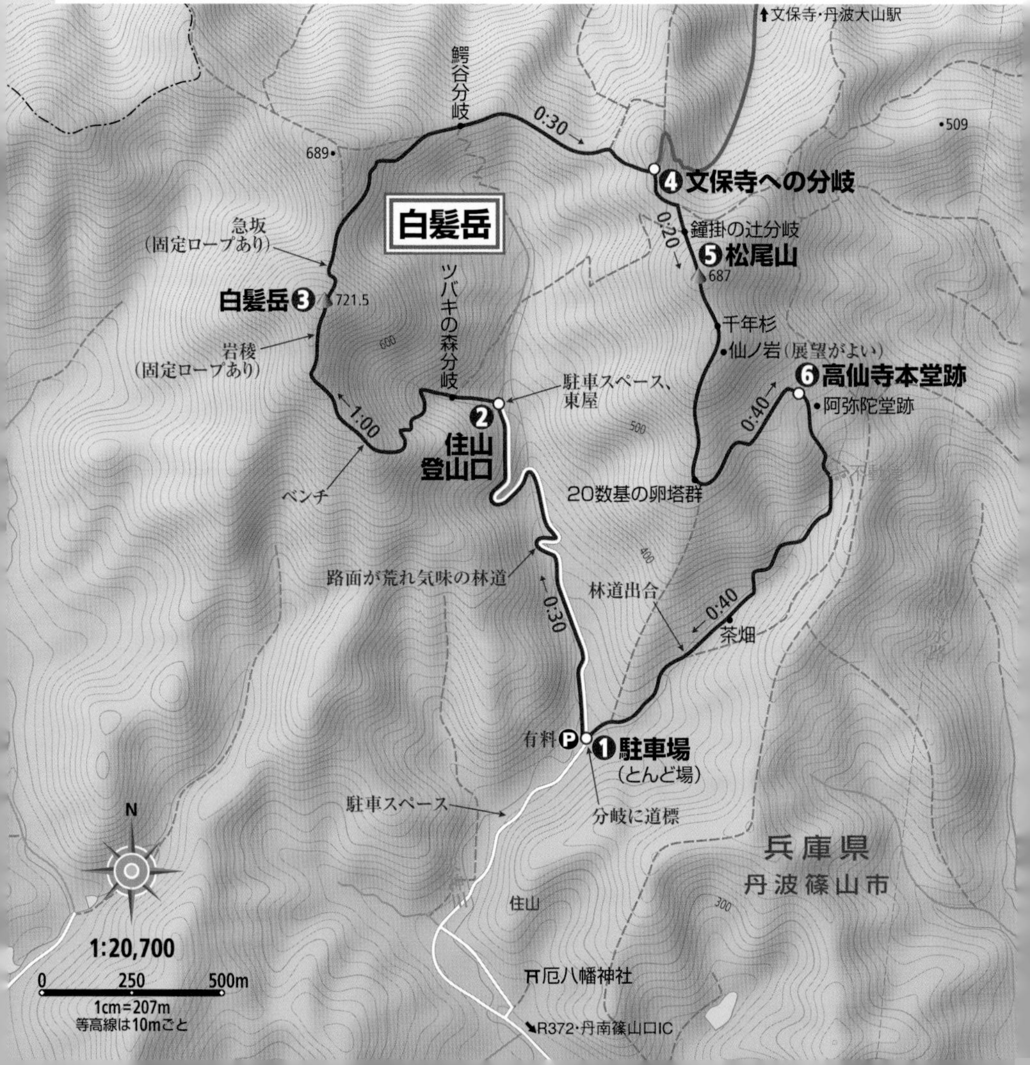

↑文保寺・丹波大山駅
鍔谷分岐
0:30→
•509
689•
❹文保寺への分岐
白髪岳
急坂
（固定ロープあり）
0:20→
鐘掛の辻分岐
❺松尾山
687
白髪岳❸ 721.5
ツバキの森分岐
千年杉
•仙ノ岩（展望がよい）
岩稜
（固定ロープあり）
600
❻高仙寺本堂跡
•阿弥陀堂跡
駐車スペース、東屋
❷住山登山口
←1:00
0:40
500
ベンチ
20数基の卵塔群
400
路面が荒れ気味の林道
←0:30
林道出合
←0:40
茶畑
有料Ⓟ
❶駐車場
（とんど場）
駐車スペース
分岐に道標
N
兵庫県
丹波篠山市
住山
300
1:20,700
0　250　500m
1cm＝207m
等高線は10mごと
⛩厄八幡神社
↘R372・丹南篠山口IC

41
兵庫県
[標高] 950m

切り立つ岩峰に霊山としての威厳が感じられる

雪彦山（せっぴこさん）

▼洞ヶ岳（大天井岳、不行岳、三峰岳、地蔵岳）の険しい岩峰に威厳が漂う

中国自動車道・播但連絡道路

アクセス情報 …… 往復 4,940円

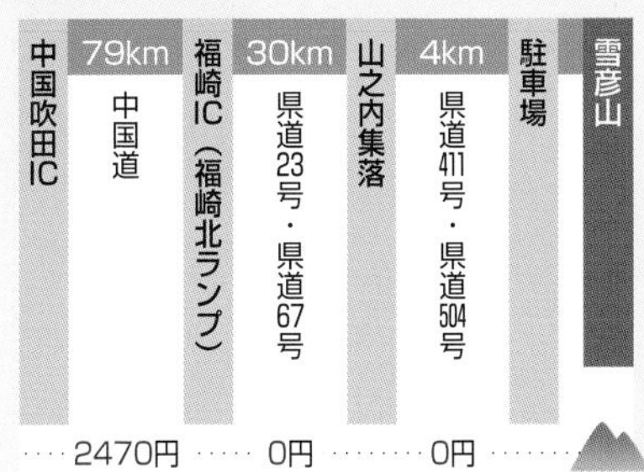

中国道中国吹田ICから中国道福崎IC（播但連絡道路福崎北ランプ）まで約79km（約1時間）。県道23号を山崎方面へ向かい、前之庄西交差点を右折して県道67号を雪彦山方面へ北上する。約18km先の山之内集落から県道411号を経て県道504号に入り、5分強で有料駐車場に着く。

P駐車場情報

登山口の少し手前に20台ほどが収容できる有料駐車場がある。

登山口NAVI　緯度：35°03'37 ／経度：134°39'46

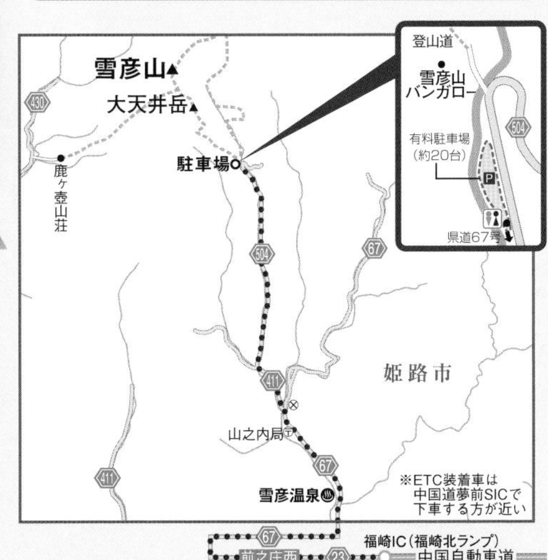

眺め
花
紅葉
道の駅
温泉

欄外情報 西麓の鹿ヶ壺からのコース（初級者向き）もおすすめ。鹿ヶ壺山荘を起点に甌穴が連続する鹿ヶ壺を見送り芝の広がる千畳平を経て、三辻山～大天井岳の尾根に取り付く。南麓からとはひと味違う山歩きが楽しめる。

山のプロフィール

断崖絶壁の岩峰がそびえる峻険な山容を持つ雪彦山は、福岡の英彦山、新潟の弥彦山とともに「日本三彦山」に名を連ねる修験者の行場である。その岩峰は多くのクライマーを魅了し、関西有数の登攀ゲレンデとなっている。

播州きっての名山として知られる雪彦山は、大天井岳・不行岳・三峰岳・地蔵岳の4峰からなる標高811mの洞ヶ岳、標高950mで最高峰の鉾立山、そして国土地理院の地形図で雪彦山と記される標高915mの三辻山を合わせた総称である。頂上へたどる登山・登攀コースはいくつもあり、コースを選べば初級者から上級者までが楽しめる山だ。今回は大天井岳から三辻山、鉾立山を周り下山する周回コースを歩く。

❶駐車場から、雪彦山登山口の案内に従って進み､左の尾根へ取りつく急斜面の登山道に入る。杉林の中、木段で高度を上げ、不動岩を過ぎたあたりから緩やかな尾根道になり、ほどなく展望岩に出る。ここからは不行岳などの岩峰群や大岩壁が仰ぎ見られる。

▲覗き岩から播州の山々が望める

道はさらに急登が続き、行者堂跡を過ぎ谷側へ回り込むとやがて巨大な岩壁の❷出雲岩が現れる。右から左に回り込みクサリ場の急斜面を慎重に登り切ると覗き岩があり、セリ岩の狭い間をくぐり抜ける。しばらくは岩場が続き、やせた岩尾根の馬ノ背を越えて急登すると❸大天井岳頂上にたどり着く。広場になった頂上からの展望はすばらしく、瀬戸内海や播州の山々をはじめ、遠くに六甲山系も遠望できる。

▲狭いセリ岩の通過

三角点のある三辻山へはさらに北へ延びる尾根道を下る。一度鞍部まで降り天狗岩を過ぎると、裏登山道（上級コース）の分岐。虹ヶ滝へ下る道で、時間のない時はショートカットに利用できるが、クサリ場や滑りやすい箇所が多いので慎重に下りたい。雨天時は特に危険だ。分

▲大天井岳頂上

レベル	中級者向け
歩行時間	4時間35分
歩行距離	6.1km
参考地図	寺前

問合せ

姫路市夢前事務所　☎079-336-0001

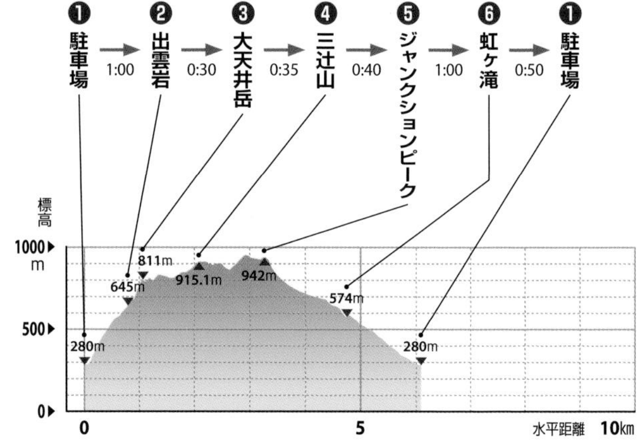

▲二等三角点のある三辻山

岐をそのまま直進し、アップダウンを繰り返しながら稜線の道を進む。新下山道の分岐、鹿ヶ壺への分岐を過ぎると、しだいにクマザサが多くなり、やがて❹**三辻山**（雪彦山三角点）頂上にたどり着く。少し開けて広場になっているが、植林に囲まれ展望はない。

頂上からそのまま直進し、鞍部まで緩やかな尾根道を下る。ササ原の道を登り返すと、北側に展望の開けた最高点（標高950m）の鉾立山頂上に出る。晴れた日には遠く氷ノ山が遠望できる。さらにコブを一つ越えると峰山高原への分岐となる❺**ジャンクションピーク**で、これを右に折れ、谷道の長く急な下り坂を進む。深い渓谷は広葉樹に包まれ、新緑や紅葉の頃は美しい。谷川の流れが広くなり、やがて❻**虹ヶ滝**に出る。ここで登山道はいったん流れから離れ、林道にある大曲休憩所の手前で右の斜面を下り、再び谷川の流れる谷筋へ戻る。あとは流れに沿って下っていけば、やがて❶**駐車場**に戻る。

▲裏登山道が合流する虹ヶ滝

周辺の立ち寄りスポット

温泉 **雪彦温泉**

登山口に向かう県道沿いにある立ち寄り湯で、登山帰りに利用しやすい。露天風呂はこぢんまりとした岩造りの湯船で、東屋つきの風情ある造り。里山風情を感じながら、のんびりと温泉が楽しめる。地下1500mから湧き出る湯はアルカリ性単純泉で、関節のこわばりやくじきなどに効能がある。

▶兵庫県姫路市夢前町山之内掛の谷甲120 ☎079-338-0600 営業＝10～19時 休み＝年末年始（ほかに臨時休業日あり）

雪彦山
1:25,000
250 500m
1cm=250m
等高線は10mごと
942 ❺ジャンクションピーク
峰山分岐
雪彦山最高点
0:40
950 鉾立山
鞍部はササ原
林道横切る
杉林の中をジグザグに下る
兵庫県 姫路市
915.1 ❹三辻山（雪彦山三角点）
1:00
848
664.8
ナメ滝
沢を渡る時はペンキマークに注意
0:35
鹿ヶ壺への分岐
新下山道分岐
裏登山道分岐 838
❻虹ヶ滝
天狗岩
地蔵岳
クサリ（難路）
大曲
大天井岳❸
不行岳
展望台
馬ノ背
三峰岳
覗き岩
0:30
岩場
出雲岩❷
クサリ
行者堂跡
0:50
展望岩
808
1:00
不動岩
賀野神社経由の車道歩きは時間がかかるが、天候急変時はこちらの方がいいだろう（1時間20分）
賀野神社
502
550.8
危険箇所の少ないコース。鹿ヶ壺山荘～三辻山間登り2時間、下り1時間30分
866.5
階段の急登
雪彦山バンガロー
❶駐車場
448
504
福崎IC
坂根
熊部
雪彦峰山林道
新下山道
裏登山道
表登山道

滝めぐりから岩稜歩きまで楽しめる七種三山の主峰

七種山（なぐさやま）

▼田口奥池から仰ぎ見る七種山（左のピーク）

中国自動車道・播但連絡道路

眺め　花　紅葉　道の駅　温泉

アクセス情報　往復 4,940 円

中国吹田IC	79km 中国道	福崎IC（福崎北ランプ）	1.5km 県道23号・市道・R312	福崎新町交差点	6km 県道405号・県道406号	福崎町青少年野外活動センター	七種山
	2470円		0円		0円		

登山口NAVI　緯度：34°59'50 ／経度：134°43'26

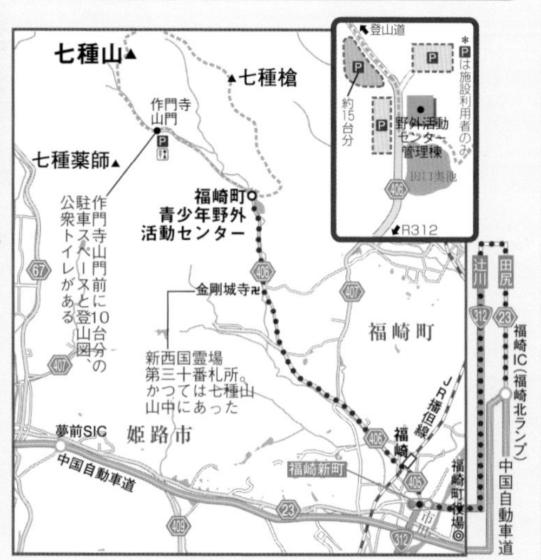

中国道中国吹田ICから中国道福崎IC（播但連絡道路福崎北ランプ）まで約79km（約1時間）。県道23号から田尻交差点～市道経由でR312に入り、市川を渡って福崎新町交差点を右折、県道405号を経て県道406号に入り青少年野外活動センターを目指す。田口奥池を過ぎると福崎町青少年野外活動センターに着く。

P駐車場情報

福崎町青少年野外活動センターに約15台収容できる無料駐車場があるほか、作門寺山門に約10台分の無料駐車場がある。

欄外情報　南麓の金剛城寺は聖徳太子の命を受けた高麗僧・恵灌により滋岡寺の寺号で597年に七種山中腹に創建、1928年に現地に移された。作門寺山門は山中にあった時代の唯一の遺構。

山のプロフィール 七種槍、七種薬師が連なる七種三山の最高峰で、南山腹に落差72mの七種滝を有する七種山。『播磨風土記』には「奈具佐山」の名で登場し、信仰の山としての歴史も。七種槍には岩稜も見られ、変化に富んだ山歩きが魅力。

最高峰・七種山の南に七種薬師、東に七種槍が控える七種三山。山中には七種滝をはじめ、大小48あるともいわれる滝があり、麓にはその水をたたえる田口奥池が広がっている。山歩きの起点は池の畔にある❶**青少年野外活動センター**で、林道を作門寺山門へ向かう。七種川沿いに舗装路を30分ほど歩くと、登山コース図やトイレがある❷**作門寺山門**に着く。ここから先は参道らしい石畳の道が延び、七種神社の鳥居をくぐって太鼓橋を渡ると登山道に変わる。

急な登りが続き、虹ヶ滝や八龍滝を見ながら進むと、やがて❸**七種滝**が現れる。一年を通して水量は少ないが、雨のあとなど水量が増せばかなり迫力のある滝だ。さらに登ると滝見台のある七種神社に出る。登山道は神社の裏手にあり、滝を左手に見ながら急な岩場を登り、滝の落ち口で道を右に折れる。しばらくはジグザグの急登が続き、ロープのかかる岩場を登り切るとやがて南側の展望が開けた岩場に出る。手前に七種薬師の山塊が迫り、東の稜線の先には七種槍の頂きが望める。

▲弘法大師の修験の場と伝わる七種滝

▲作門寺山門

岩場から少し進むと分岐があり、右に折れると❹**七種山**頂上にたどり着く。ここからは展望が利かないが、少し下ると展望の開けたつなぎ岩に出る。高さ17mほどの大岩にきれいな割れ目が走っており、ここからの展望もすばらしい。再び先ほどの分岐まで戻り、北側の尾根を大きく回り込み

▲七種山頂上付近からの眺望

レベル	中級者向け
歩行時間	4時間50分
歩行距離	8.6km
参考地図	寺前

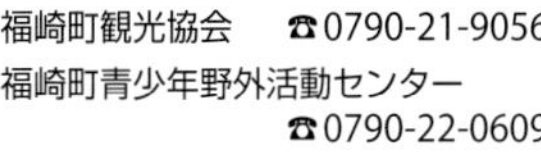

問合せ

福崎町観光協会 ☎0790-21-9056
福崎町青少年野外活動センター ☎0790-22-0609

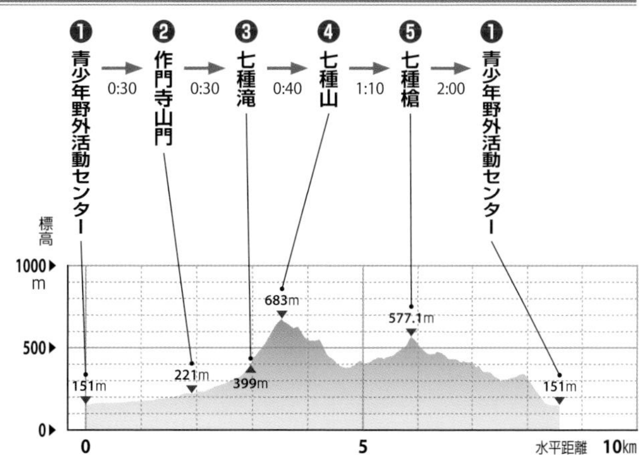

七種槍を目指す。町境尾根で右の尾根を取り、一気に鞍部まで下る。さらにアップダウンをくり返しながら尾根道を進み、最後の急坂を登り切ると❺**七種槍**に出る。狭い頂上からは、樹間越しに北側の展望が得られる。

七種槍からは南へ延びる尾根道を下る。しばらくは急勾配のやせた岩尾根が続くので、慎重に下りたい。ほどなく道は緩やかな尾根歩きに変わり、右手に七種川、左手には振古川を見下ろせるようになる。393.4mピークの先にはクサリ場がある。南東に見える送電線鉄塔をへ向かって下り、鉄塔を越えたら少し尾根筋を歩き、最後は右に折れて眼下に見える田口奥池を目指して下る。急な斜面を下り切ったら、駐車場のある❶**青少年野外活動センター**はすぐそこだ。

▲小さな広場状の七種槍頂上。展望はいまーつ

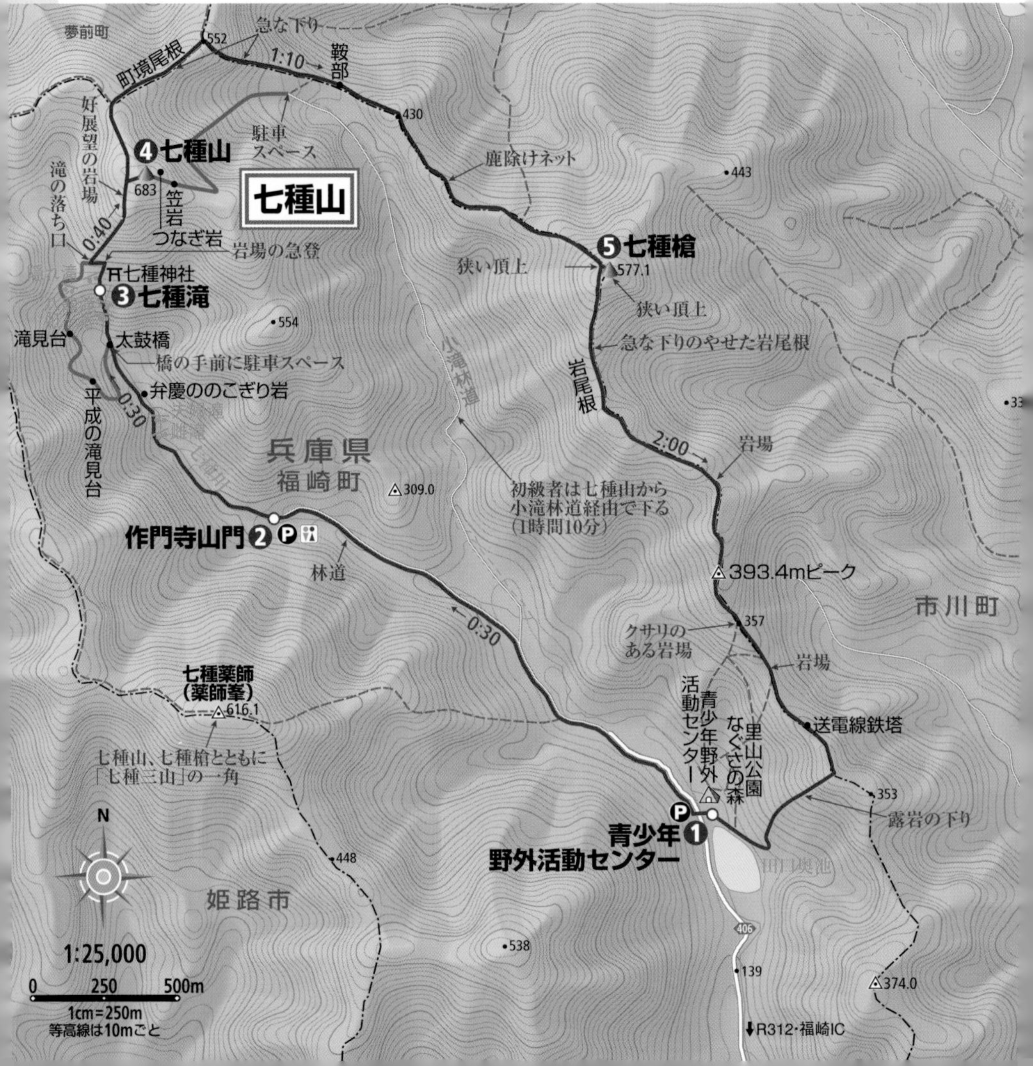

七種山
夢前町
552
急な下り
1:10
鞍部
町境尾根
430
好展望の岩場
駐車スペース
❹七種山
683
笠岩
つなぎ岩
鹿除けネット
443
滝の落ち口
0:40
岩場の急登
⛩七種神社
❸七種滝
❺七種槍
狭い頂上
577.1
狭い頂上
554
滝見台
太鼓橋
橋の手前に駐車スペース
急な下りのやせた岩尾根
岩尾根
小滝林道
弁慶ののこぎり岩
平成の滝見台
0:30
兵庫県
福崎町
2:00
岩場
309.0
初級者は七種山から小滝林道経由で下る（1時間10分）
作門寺山門❷
林道
393.4mピーク
市川町
0:30
357
クサリのある岩場
岩場
七種薬師（薬師峯）
616.1
青少年野外活動センター
里山公園なぐさの森
送電線鉄塔
七種山、七種槍とともに「七種三山」の一角
353
露岩の下り
青少年❶野外活動センター
田口奥池
448
姫路市
406
1:25,000
538
139
0 250 500m
1cm=250m
等高線は10mごと
374.0
R312・福崎IC

雲海に浮かぶ竹田城跡を一望する山

朝来山（あさごやま）

▼立雲峡の第1展望台から見た雲海と竹田城跡。背後の山は大倉部山(692m)

アクセス情報 ……………… 往復 5,460 円

中国吹田IC	113km 中国道・舞鶴若狭道、北近畿豊岡道	和田山IC	5km R312・県道277号	立雲峡駐車場	朝来山
	2730円		0円		

中国道中国吹田ICから吉川JCT、舞鶴若狭道春日JCTを経て北近畿豊岡道和田山ICまで約113km（約1時間30分）。R312を姫路方向に進み、約2.5km先の竹田城下町交差点を左折して県道277号へ。立雲峡への標識に従い右折し、約1kmで立雲峡駐車場に着く。

P駐車場情報

立雲峡駐車場（約50台・無料）を利用するが、雲海シーズンは未明から満車になることも。その際は約2km手前の竹田城跡・立雲峡駐車場（約100台・無料）から歩く（約45分）。

登山口NAVI　緯度：35°17'15 ／経度：134°50'30

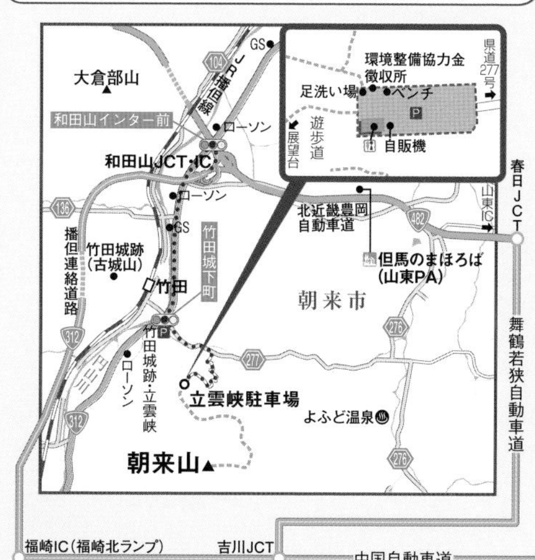

眺め
花
紅葉
道の駅
温泉

欄外情報　立雲峡へは、環境整備協力金として300円を駐車場内の徴収所で支払って入場する。詳細は情報館天空の城☎079-674-2120（9～17時・冬季短縮、年末年始休）へ。

山のプロフィール

石垣の古城跡が雲海に浮かぶ幻想的な姿が「天空の城」「日本のマチュピチュ」として大人気の竹田城跡。これを最も美しく眺望できるのが、立雲峡と朝来山だ。立雲峡はサクラの名所としても知られる。

山頂部の壮大な石垣に栄枯盛衰の情緒を感じさせる竹田城跡（古城山・353m）は、観光地として盤石の人気を誇る。円山川を隔てて南側にある朝来山からは、11月下旬～12月上旬に発生する雲海に浮かぶ「天空の城」の幻想的な姿が見られ、特に麓の立雲峡は、有名な展望スポットとなっている。ここを起点に、朝来山を往復しよう。

雲海は気温が上がると消えてしまうため、見るならできるだけ早朝から登るとよい。❶**立雲峡遊歩道入口**で環境整備協力金を払い、よく整備された遊歩道を第3、第2、❷**第1展望台**へと登る。展望台を上がるごとに竹田城跡の姿が少しずつ違って見えてくるのがおもしろい。ここまでは観光客の姿も多い。立雲峡は、4月上旬はサクラが美しく、この季節もおすすめだ。

遊歩道をさらに上がり、大成池の橋を渡って林道分岐で左折する。幅広の林道を進み、標識が立つ❸**朝来山登山口**で登山道に入る。急な斜面だが、道がジグザグにつけられているので歩きやすい。自分のペースを守って登ろう。「曲がり松」の手前からは城跡が垣間見える。「うでずもうの桜」を過ぎてしばらくすると登山道は斜面を横切るようになり、城跡を見下ろせる「むささび展望所」へ。ひと登りで尾根に出ると、朝来山展望台（719.8m）だ。山名の入った方位盤やベンチなどがある開放的な場所だ。竹田城跡が、最も鳥瞰的な角度から望める。

▲竹田城跡から見た朝来山

▲斜面を横切りむささび展望所へ

▲大成池にかかる橋

レベル	初級者向け
歩行時間	3時間45分
歩行距離	6.9km
参考地図	但馬竹田

問合せ

朝来市役所 ☎079-672-4003

❶立雲峡遊歩道入口 → 0:40 → ❷第1展望台 → 0:25 → ❸朝来山登山口 → 1:05 → ❹朝来山 → 0:45 → ❸朝来山登山口 → 0:20 → ❷第1展望台 → 0:30 → ❶立雲峡遊歩道入口

標高 1000m / 500 / 0　　254m　425m　422m　756.4m　422m　425m　254m　　水平距離 0　5　10km

欄外情報 東麓の朝来市山東町にある日帰り温泉「よふど温泉」(☎079-670-7070)は、新陳代謝によいラドンの泉質。食事も可。立雲峡から車約10分。10(10～11月の土・日曜・祝日は9)～21時、第3木曜休

▲樹林に囲まれた朝来山頂上

尾根上の道を西へ500mほど進むと三角点が据えられた❹朝来山（あさごやま）の頂上に着くが、残念ながら樹林のため展望はない静寂なところだ。

下山は、来た道を忠実に戻る。曲がり松の前後の急坂は特に慎重に下ろう。早朝から登ると、気温が上がり、雲海が消えていく頃だろう。往路には見えなかった古城山の全貌を見ながら下ると、また違った楽しさがある。

周辺の立ち寄りスポット

立ち寄り　竹田城跡（古城山）

時間があれば、「日本百名城」のひとつ、竹田城跡も歩いてみよう。バス・タクシー乗降場から舗装道を歩くのが最短だが、JR播但線竹田駅を起点に駅裏登山道から登り、表米神社登山道で下山すると、山城の険しさをいっそう楽しめる（往復約2時間強）。料金所で観覧料（500円）を支払い、城跡内をめぐろう。

▶兵庫県朝来市和田山町竹田　☎079-672-4003（朝来市役所）　営業＝6～18時（時期により異なる）　休み＝無休。ただし荒天時と冬季は休業の場合あり

R312・和田山IC
桜ヶ丘
分岐に立雲峡への看板あり
伊由谷川
•164
277
よふど温泉、山東IC
山東町迫間
•247
立雲峡遊歩道入口❶
P
環境整備金徴収所
第3展望台
立雲峡
愛宕神社分岐
第2展望台
サクラ
0:40
0:30
❷第1展望台
竜神の滝（水量少ない）
△292.0
兵庫県
朝来市
300
くすのきの館
•県立南但馬自然学校
289.9△
•461
大成池
幅広の林道
400
橋を渡る
❸朝来山登山口
•488
林道分岐
0:25
0:20
急坂
500
曲がり松
竹田城跡の眺望
急坂
うでずもうの桜
600
朝来山
トラバース道
700
むささび展望所
1:05
0:45
❹朝来山
756.4
朝来山展望台
方位盤、ベンチあり
この道は通行止め
•684
樹林の中で展望はない
N
1:15,000
0　250　500m
1cm=150m
等高線は10mごと

44

岡山県

［標高］
370m

岩稜の山塊・和気アルプスの最高点へ

和気（わけ）アルプス

▼観音山の「和」文字の火床を見下ろす。眼下には吉井川が流れる

アクセス情報 ……… 往復 7,700円

区間	距離	経路	料金
中国吹田IC → 和気IC	141km	中国道・山陽道	3850円
和気IC → 衣笠交差点	1km	R374	0円
衣笠交差点 → 和気町役場駐車場	1.5km	町道・県道263号・県道181号・町道	0円
和気町役場駐車場 → 和気アルプス			

中国道中国吹田ICから神戸JCTを経て山陽道和気ICまで約141m（約1時間35分）。R374から衣笠交差点を右折して町道に入り、約650m先のJR山陽本線の踏切を渡って県道263号に入りすぐ先の信号を右折、県道181号と町道を約600mで和気町役場駐車場へ。

P駐車場情報

和気町役場駐車場（約180台・無料）は登山者も利用できる。ほかにJR和気駅の北口と南口にそれぞれ1日100円の有料駐車場があり、役場駐車場の満車時などはこちらを利用する。

登山口NAVI　緯度：34°48'10 ／経度：134°09'26

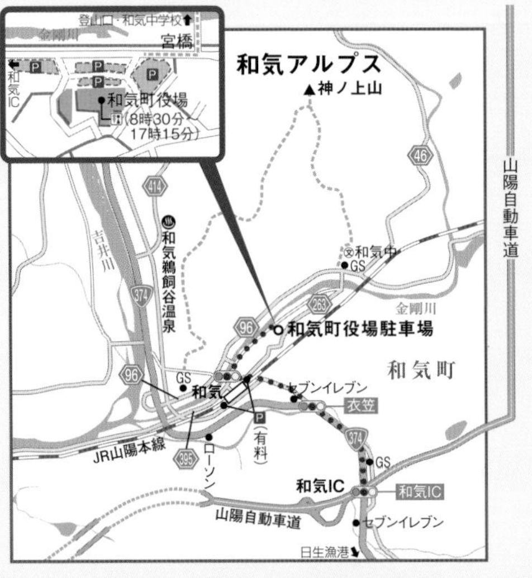

欄外情報 和気アルプスは低山だけに、暑い日の山行はなるべく避けたい。また、松茸山なので毎年秋分の日の翌日から11月15日まで入山禁止。歩く際は、クライミングゲレンデ用の踏み跡への迷い込みに注意する。

山のプロフィール 岡山県和気町の、金剛川と吉井川に囲まれた、流紋岩溶岩でできた標高200～300m台の岩峰群が和気アルプスである。今の姿からは想像できないが、和気アルプスは白亜紀にできた阿蘇山クラスの巨大カルデラの火口の一部だ。

全国各地にある“ご当地アルプス”の一つ、和気アルプス。低山ではあるが、流紋岩の岩峰からの眺めがよく、クライミングゲレンデとしても親しまれており、アルプスの名に恥じない高度感や爽快感が体験できる。山中には多くのルートが地元愛好者によって整備されているが、ここでは比較的一般的な和気富士から和気アルプス最高点の神ノ上山を縦走し、白岩様を経て和気中学校へ下るルート周回ルートを紹介する。

❶和気町役場駐車場から宮橋を渡り、県道96号を西へ。大題目石を過ぎ、赤い鳥居が立つ**❷和気富士登山口**から急坂をひと登りすると北曽根城跡の和気富士（城山）だ。北へ延びる岩尾根をたどり、烏帽子岩、さらに**❸観音山**へ。毎年お盆に行われる「和文字焼きまつり」の「和」の文字の火床を見下ろす。

▲神ノ上山頂上。和気アルプス最高点だけに展望もよい

▲穂高山付近から見た迫力ある竜王山バットレス

エビ山、岩山と小ピークを越える。岩が露出して土壌が薄く、樹木も大きくなれないため、低山だがアルペン的ムードにあふれる。前ノ峰を経て、穂高山へ。東に竜王山バットレスが迫る。涸沢峰からは、目指す神ノ上山を望むことができる。

▲巨岩に念仏が刻まれた大題目石

レベル	中級者向け
歩行時間	4時間15分
歩行距離	8.7km
参考地図	和気

問合せ

和気町観光協会 ☎0869-92-4678

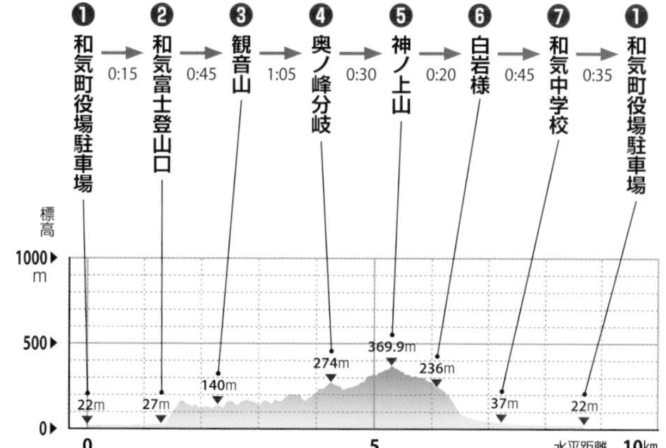

▲涸沢峰付近から目指す神ノ上山（中央奥）を望む

コルに下り、ジャンダルムへ登り返す。さらにひと登りで❺**奥ノ峰分岐**だ。左に槍ヶ峰の三角形を見つつ右へ進むと、これまでの岩山の雰囲気が一変して、コナラやクヌギなどの穏やかな雑木林になる。

▲馬の背を下る

登山コースアドバイス

関西周辺の「ミニアルプス」

関西の周辺には、「アルプス」の名を冠する山が数多い。本書でもここで紹介した和気アルプスのほか、金勝アルプス（P49）や多紀アルプス（P149）、また武奈ヶ岳（P60）や蓬莱山（P64）のある比良山系は「関西のアルプス」と称される。ほかに兵庫県の小野アルプスや新龍アルプス、須磨アルプス、播磨アルプス（写真）や紀泉アルプス（大阪府・和歌山県）などがある。縦走のため車利用に不適な山もあるが、一度は登ってみたい。

道標が立つ分岐を左へ進めば、ほどなく❺**神ノ上山**に着く。頂上からは空気が澄めば南に小豆島が、北に遠く那岐山が見える。

下山は、先ほどの道標の分岐に戻り、南へ延びる道を下る。菖蒲池を経てチンネスラブ稜への分岐を直進。少し下ると再び岩稜の道になり、巨岩・❻**白岩様**（鷲の巣クライミングエリアの終点）に立ち寄ろう。切れ落ちた岩上からの眺めは最高だ。左にチンネ上部の岩峰群が迫る。

もとの道に戻り、馬の背の先の分岐で左へ。谷沿いに急坂を下り、山の学校跡を抜けると平坦な道になる。獣除けの柵を2回通り抜けると、まもなく❼**和気中学校**の裏手に出る。右から回り込み、県道96号に出たら右折する。あとは往路で通った宮橋を渡って、❶**和気町役場駐車場**に戻る。

▲白岩様から見たチンネスラブ稜

周辺の立ち寄りスポットをCHECK!!

味覚 日生（ひなせ）のカキオコ

和気から車約30分で、牡蠣が名産の備前市日生漁港に行ける。夏以外なら、ご当地グルメ、カキオコ（牡蠣をふんだんに入れたお好み焼き）をぜひ味わいたい。カキオコ店は約15軒あり、JR赤穂線日生駅前の備前観光協会で情報が得られる。ちなみに牡蠣といえばお隣り広島県のイメージが強いが、岡山県の養殖牡蠣は生産量が日本で3番目に多い。

▶備前観光協会　岡山県備前市日生町寒河2570-31　☎0869-72-1919　営業＝9～17時　休み＝年末年始

温泉 和気鵜飼谷温泉

和気アルプスのすぐ西、吉井川畔にある入浴施設。古来、鮎漁に使う鵜を飼育していた地に湧き出すアルカリ性単純泉は、関節痛や筋肉痛によい浴槽も大浴場や露天風呂、打たせ湯、バイブラバス、薬草風呂など種類が豊富。郷土色豊かなメニューが揃う食堂のほか宿泊もできるので、前泊して観光とセットで登山に臨むのもおすすめだ。

▶岡山県和気郡和気町益原666-1　☎0869-92-9001　営業＝9～21時　休み＝無休

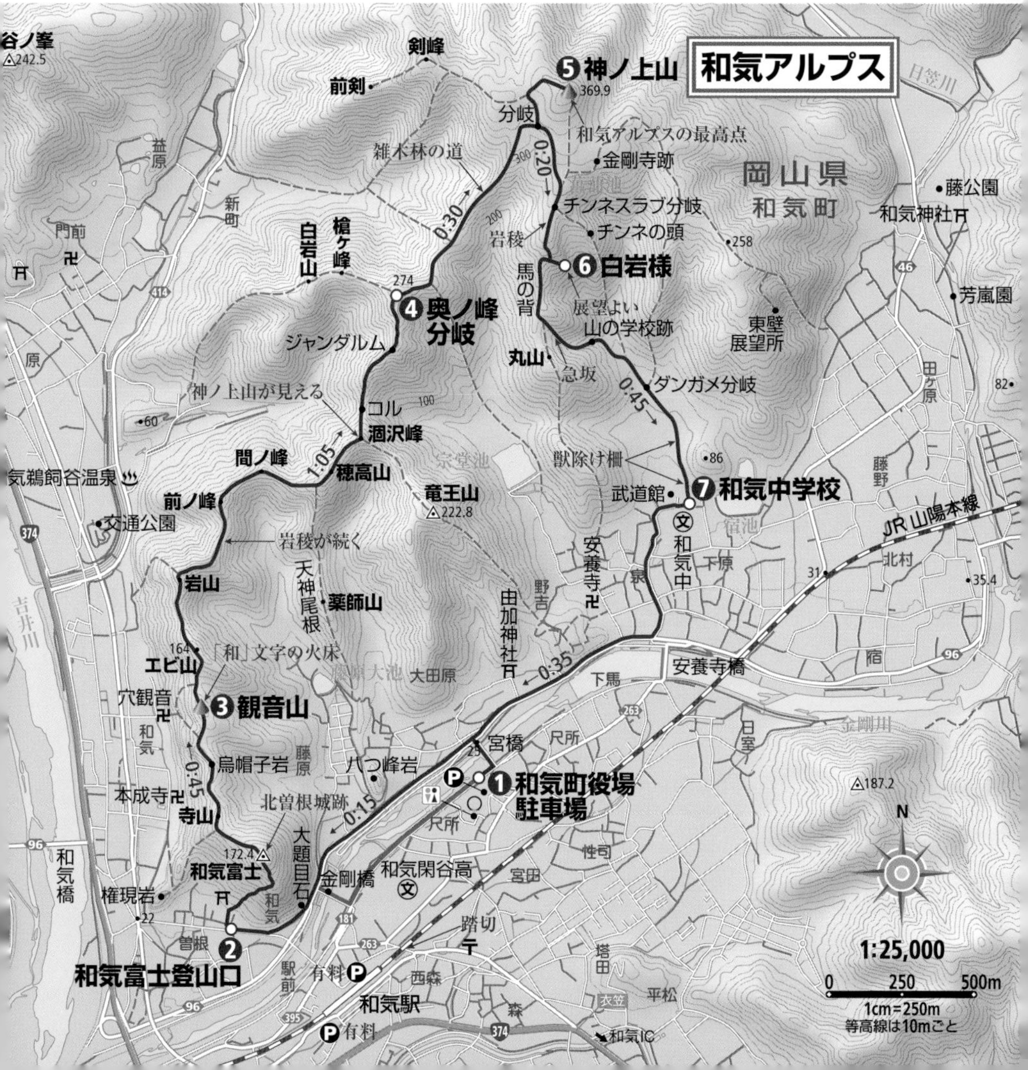

和気アルプス

5 神ノ上山 369.9
和気アルプスの最高点
分岐
0:20
雑木林の道
0:30
剣峰
前剣
金剛寺跡
チンネスラブ分岐
チンネの頭
岩稜
6 白岩様
馬の背
展望よい
山の学校跡
丸山
急坂
ダンガメ分岐
0:45
獣除け柵
武道館
7 和気中学校
4 奥ノ峰分岐 274
槍ヶ峰
白岩山
ジャンダルム
神ノ上山が見える
コル
涸沢峰
1:05
間ノ峰
穂高山
竜王山 222.8
前ノ峰
岩稜が続く
岩山
天神尾根
薬師山
由加神社
0:35
「和」文字の火床
エビ山 164
3 観音山
穴観音
烏帽子岩
0:45
本成寺
寺山
北曽根城跡
0:15
和気富士 172.4
大題目石
権現岩
金剛橋
2 和気富士登山口
1 和気町役場駐車場
宮橋
和気閑谷高
踏切
和気駅
有料
和気IC
岡山県
和気町
東壁展望所
藤公園
和気神社
芳嵐園
谷ノ峯 242.5
日笠川
気鵜飼谷温泉
交通公園
吉井川
和気橋
安養寺
安養寺橋
金剛川
JR山陽本線
1:25,000
0 250 500m
1cm＝250m
等高線は10mごと

関西の登山家に親しまれる兵庫県最高峰に登る

氷ノ山（ひょうせん）

▼北東麓の養父市・別宮地区の棚田越しに望む氷ノ山

播但連絡道路・北近畿豊岡自動車道

眺め
花
紅葉
道の駅
温泉

アクセス情報 ……………… 往復 5,460円

区間	距離	経路	料金
中国吹田IC → 八鹿氷ノ山IC	127km	中国道・舞鶴若狭道・北近畿豊岡道	2730円
八鹿氷ノ山IC → 関神社前交差点	11km	R9	0円
関神社前交差点 → 福定親水公園	12km	県道87号・林道	0円
福定親水公園 → 氷ノ山			

中国道中国吹田ICから吉川JCTを経て舞鶴若狭道へ、春日JCTで北近畿豊岡道に接続し八鹿氷ノ山ICまで約127km（約1時間30分）。R9を西進し、関神社前交差点を左折して県道87号に入り、約11km先の氷ノ山鉢伏口バス停のすぐ先で左下への林道へ。数分走ると福定親水公園に着く。

P駐車場情報

福定親水公園には20台ほどが収容できる無料駐車場と、水洗トイレや幕営地（有料）が設けられている。

登山口NAVI　緯度：35°22'11 ／経度：134°31'23

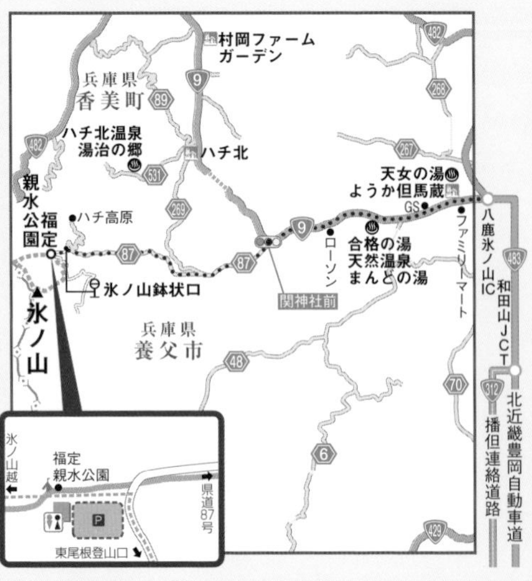

欄外情報　上記の福定親水公園のほか、下山地の東尾根登山口近くに約5台の駐車スペースや氷ノ山国際スキー場の駐車場（約50台）もある。

山のプロフィール

因但国境の豪雪地帯にある氷ノ山は、古くから関西の登山家のターゲットになっていた。厳しい自然環境のもとで生きる植物は、雪どけを待たずに芽吹き、深く刻まれた渓谷には豊富な水が湧き登山者を迎えてくれる。

兵庫県側からの車でのアプローチは、養父市関宮町の福定親水公園からが一般的だ。林道から登るならまど登山口、大段ヶ平登山口に駐車場があるので利用できるが、その場合、いずれも氷ノ山頂上往復プランとなる。鳥取県側からだと若桜町のわかさ氷ノ山自然ふれあいの里や氷ノ山スキー場を起点に、周遊コースや、展望のよい三ノ丸コースなどをたどることができる。紹介コースの適期は5月上旬から10月下旬。5月下旬は東尾根のドウダンツツジの群落が美しい。ブナ林の黄葉は10月中旬が見ごろだ。

▲落差65mの布滝

福定の民宿街を抜けて、ちょうど全但バス氷ノ山鉢伏口バス停のあるところを左に折れて氷ノ山国際スキー場に続く舗装路の林道を走る。八木川に沿う林道が少しずつ高度を上げて左にカーブするあたりに東屋が見えてくる。ここが❶**福定親水公園**。登山届のポスト、トイレ、水場、キャンプ場、駐車場がある立派な登山基地だ。近くに氷ノ山自然保護活動に貢献した登山家・多田繁次氏の顕彰碑がある。『兵庫の山々』などの紀行文で多くの登山家を魅了した文筆家でもあり、加藤文太郎の岳友でもあった。

▲氷ノ山頂上の避難小屋

親水公園からは、登山コースが2本あり、八木川に沿って歩くと河原沿いの道と右手の林の中の山道がある。どちらも時間は変わらないが、河原沿いは台風後などに荒れること

▲古生沼周辺からの鉢伏高原

レベル	中級者向け
歩行時間	5時間50分
歩行距離	10.7km
参考地図	氷ノ山

問合せ

養父市役所 ☎079-664-0285
氷ノ山・鉢伏観光協会 ☎079-667-3113

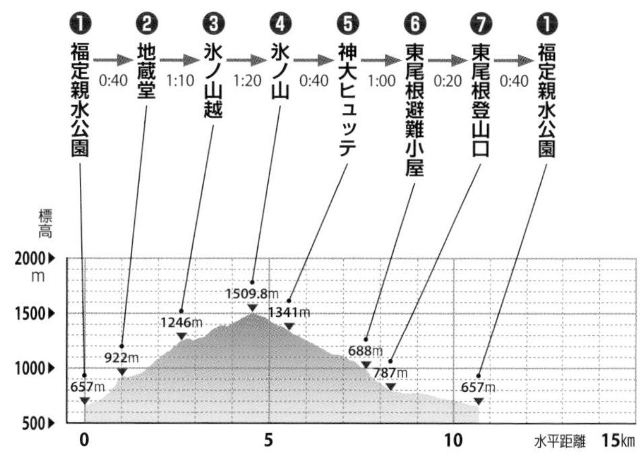

もある。落差65mの布滝を眺め、ジグザグで急な登山道を登っていこう。このあたりは台風後にダメージを受けやすい道なので、事前に役所に問合せておくとよいだろう。ここはスローペースで一歩ずつゆっくりと。ひと汗かく頃に平坦な地に出るとトタン葺きの❷**地蔵堂**に着く。古くから妙見参りの参道として若桜、但馬を歩く旅人の仮宿ともなったという。但馬･浜坂（現新温泉町）出身の著名な登山家・加藤文太郎も泊まったお堂として、登山者に知られている。

▲頂上付近から蘇武岳方面の眺望

いよいよ、左手に氷ノ山の頂が見えてくる、登りのハイライト。自然林と横切る沢の流れが、登山者を迎えてくれる。木地屋跡を過ぎ、弘法の水など小さな3つの水場（涸れている場合あり）を過ぎると避難小屋の立つ❸**氷ノ山越**着く。峠を越えると鳥取県の若桜町だ。ここで左に折れて氷ノ山の頂上を目指す。ブナが混じる広いなだらかな登山道は、快適そのもの。仙谷分岐を過ぎるとコシキ岩で、左手を巻いて、ひと登りすると❹**氷ノ山**頂上に出る。一等三角点があり、360度のパノラマが広がる。避難小屋から50mほどのところに、展望台を兼ねたトイレがある。

頂上から東尾根を下る。とくに霧が出ている時は方向を間違いやすく、三ノ丸方向に入り込まないように注意。古生沼、古千本などを過ぎて❺**神大ヒュッテ**（一般使用不可）で左に折れ、沢を何度か横切る。一ノ谷休憩所を過ぎると、樹林に包まれた東尾根が緩やかに続く。❻**東尾根避難小屋**に出たら直進せずに左に折れて、急な下り道で林道に降り着く。ここが❼**東尾根登山口**で、トイレと駐車場のある氷ノ山国際スキー場の管理棟を過ぎて、❶**福定親水公園**に戻り着く。

▲東尾根の登山道

▲氷ノ山頂上部・コシキ岩の紅葉

登山コースアドバイス

鳥取県側からの2つのコース

兵庫県側からの周回コースは氷ノ山の大きさが実感できる一般的なコースだが、もっと手軽に登れるのが鳥取県側の総合施設・わかさ氷ノ山自然ふれあいの里を起点にするコース。頂上まで最短時間で登頂できるのが魅力。登りは、因幡から但馬へ抜ける古道の一つで危険箇所の少ない氷ノ越コースを取り、稜線に出たら南下して頂上を目指す。下山はクサリ場がある中級者向きの仙谷コースを下る。

▶問合せ：鳥取県若桜町役場☎0858-82-2238

周辺の立ち寄りスポットをCHECK!!

道の駅 ようか但馬蔵

蔵をイメージしたゆとりの空間で、地採れ旬野菜の直販所や、但馬生まれの銘菓や地酒のお土産店、ほっこりと旅の疲れを癒す足湯などがそろう。食事処では名物の季節のおこわとおばんざいをはじめ、八鹿豚や幻の米・蛇紋岩米、但馬牛といった、地元食材を中心とした料理が楽しめる。おこわ弁当や但馬牛めし弁当、八鹿豚まんなど、テイクアウトメニューも充実している。▶兵庫県養父市八鹿町高柳241-1 ☎079-662-3200 営業＝9～19時 休み＝無休

温泉 合格の湯 天然温泉まんどの湯

八鹿氷ノ山ICから車で5分の場所にある日帰り入浴施設。無色透明の湯はナトリウムを多く含み、肌にやさしい美人の湯として評判。自然石の大浴場と天然石の大浴場があり、週替わりで男女入替制。ともに展望風呂からは但馬の美しい山々が望め、のんびりと湯浴みが楽しめる。「まんど市 おふくろ食堂」では、地元減農薬野菜を使用した定食が人気だ。
▶兵庫県養父市関宮町三宅821 ☎079-663-5556 営業＝11～20時（季節により異なる） 休み＝不定休

氷ノ山

鉢伏山
鉢伏山
1264
香美町
赤倉山 1332
氷ノ山越 3
氷ノ山越避難小屋
3つの水場は水量が少なかったり涸れていることがある
弘法の水
ひえの水
一口水
1:10
急坂の難所
布滝の滝見橋まで遊歩道あり
地蔵堂 2
0:40
692
小豆ころがし
不動滝
福定親水公園 1
氷ノ山鉢伏口
福定
R9
87
八木川
744
806
718
961
兵庫県
養父市
0:40
氷ノ山国際スキー場
セントラルロッジ
逆水キャンプ場
東尾根登山口 7
まど登山口
林道に合流する。駐車スペースあり
0:20
東尾根避難小屋 6
903
1260
1278
所要 登り1時間30分、下り1時間20分
氷ノ越コース
1:20
仙谷分岐
クサリ場あり。降雨後は注意。所要登り2時間、下り1時間30分
コシキ岩
仙谷コース
鳥取県
若桜町
4 氷ノ山 1509.8
展望台
千年キャラボク
山頂避難小屋
古千本
古生沼
0:40
神大ヒュッテ 5
サイゴクミツバツツジ、ドウダンツツジ群落
一ノ谷休憩所
1:00
東尾根
N
1:25,000
0 250 500m
1cm＝250m
等高線は10mごと
1218
1448
三ノ丸
大段ヶ平

46

鳥取県・兵庫県

[標高] 1,310m

日本海に近いブナ林が魅力の因但国境の日本三百名山

扇ノ山(おうぎせん)

播但連絡道路・北近畿豊岡自動車道

▼氷ノ山より遠望する扇ノ山。山名通り扇のような姿を見せる

アクセス情報 …… 往復 5,460円

中国吹田IC	127km 中国道・舞鶴若狭道・北近畿豊岡道	八鹿氷ノ山IC	68km R9	おもしろ昆虫化石館	13km 県道262号・海上林道	水とのふれあい広場	扇ノ山
	2730円		0円		0円		

中国道中国吹田ICから吉川JCTを経て舞鶴若狭道へ、春日JCTで北近畿豊岡道に接続し八鹿氷ノ山ICまで約127km（約1時間30分）。R9を鳥取方面へ。湯村温泉を過ぎて「おもしろ昆虫化石館」の看板を見て左折し県道262号に入る。約2km先で上山高原の案内板を右折し海上集落を抜け海上林道に入り、上山高原を経て水とのふれあい広場に着く。

🅿駐車場情報

水とのふれあい広場に15台分ほどの駐車スペース（無料）がある。

登山口NAVI　緯度：35°27'55 ／経度：134°25'59

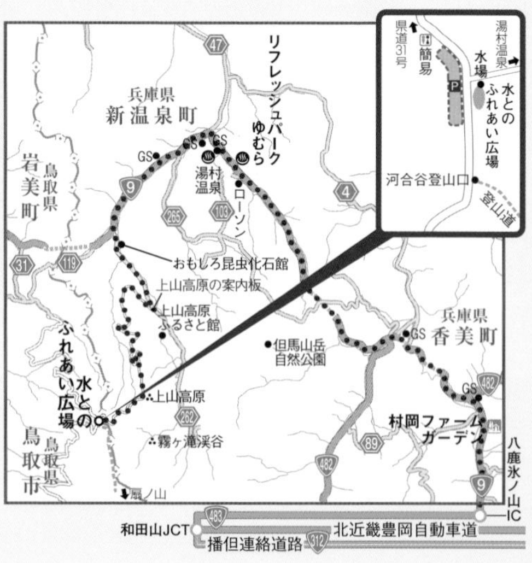

欄外情報　上山高原にある霧ヶ滝渓谷は、下山後に立ち寄りたいおすすめスポット。兵庫県の名勝にも指定される霧ヶ滝は高さ65m、幅約45mの名瀑で、落水が途中で霧状になる珍しい滝。渓谷入口から往復1時間ほど。

眺め　花　紅葉　道の駅　温泉

山のプロフィール

車での登山が一般的になるまでは、京阪神からのアプローチが相当遠く、秘境としての通好みの山であった。因但国境にあり豊かなブナ林を残す山として人気がある反面、単なるピークハントではもったいない山である。

扇ノ山は兵庫県の山というよりも、どちらかというと鳥取県の山というイメージが強い。それはマイカー登山に適した登山口が、鳥取県側に5つあるからだ。そのすべてに駐車スペースがあり、多少グレードに差があるが、登山道が整備されているのも魅力だ。

登山口の❶**水とのふれあい広場**へは、鳥取県側の河合谷林道からのアプローチのほか、兵庫県側からだと海上林道を使い上山高原を経由するルートもある。上山高原や小又川渓谷の滝を愛でる散策路などを下山後の立ち寄りとしてプランニングするのもよいだろう。水とのふれあい広場から河合谷登山口を経て、県境の尾根に沿う歩きよい登山道をたどる。樹林の中のやわらかな道だ。❷**小ズッコ**を越えるとズッコまでは単調な樹林帯のなかの道だが、5月下旬の新緑や10月上旬からの黄紅葉にはブナの林を満喫できる。

▲水とのふれあい広場の湧き水

小ズッコを越えたらところで左から大石コース、❸**大ズッコ**を越えたところで右から上地コースが登ってくる。大ズッコを過ぎると鞍部に向かって急な下りとなり、そのぶん鞍部からの登り返しもきついが、登り着くと小広場になっている。ここが❹**扇ノ山**だ。二等三角点が置かれた頂上には避難小屋があり、その2階からは因但の山並みが眺められ、日本海も見える。

▲河合谷コースのブナ林

扇ノ山頂上からは姫路コース、ふる里の森コースが南側から登ってくるが、ここでは往路をたどり❶**水とのふれあい広場**に戻る。兵庫県側のショウブ池あたりはシャクナゲもあり、5月上旬から下旬が見ごろとなっている。上山高原キャンプ場で1泊するのもよいだろう。

▲頂上に建つ避難小屋

レベル	初級者向け
歩行時間	3時間25分
歩行距離	6.4km
参考地図	扇ノ山

問合せ

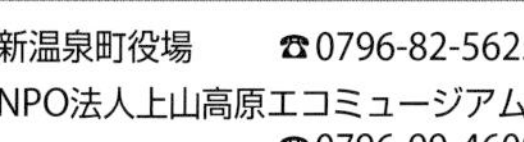

新温泉町役場 ☎0796-82-5625
NPO法人上山高原エコミュージアム ☎0796-99-4600
鳥取市役所国府町総合支所 ☎0857-39-0560

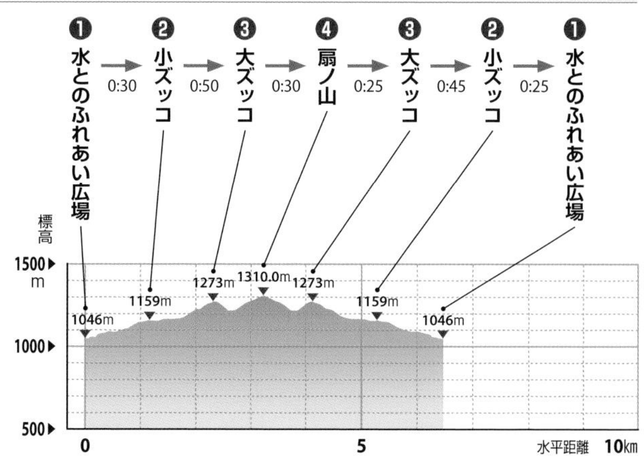

周辺の立ち寄りスポットをCHECK!!

道の駅　村岡ファームガーデン

地元村岡の提携牧場で育てられた但馬牛を一頭買いしており、リーズナブルに本場但馬牛が堪能できると評判。但馬牛を使ったメニューは30種類以上もあり、お手軽な牛丼から極上但馬牛のステーキまで揃う。最高級のステーキをひと口でも、という人にはワンコインで食べられるワンサイコロステーキ25gがおすすめだ。

▶兵庫県美方郡香美町村岡区大糠32-1　☎0796-98-1129　営業＝9～18時（土・日曜・祝日は～19時）休み＝無休

温泉　リフレッシュパークゆむら

男女別の屋内風呂にはジェット風呂や泡風呂、低温サウナなどを用意。人気は何といっても水着で入る露天風呂。緩やかな山の斜面に、滝風呂、洞窟展望風呂、酒だる風呂など5種類の幻想的な露天風呂が設けられ、自然に包まれた湯船で心身ともにリラックスできる。25mの室内温泉プールなども完備。

▶兵庫県美方郡新温泉町湯1371　☎0796-92-2002　営業＝10～20時（季節により変動）　休み＝木曜（祝日の場合は営業、臨時休館日あり）

扇ノ山

1 水とのふれあい広場
2 小ズッコ
3 大ズッコ
扇ノ山 4

河合谷林道
簡易
河合谷登山口
0:30→
←0:25
ジョウブ池
↑海上林道・R9・湯村温泉
上山高原
所要登り下りとも50分
1089
小ズッコ山小屋
上山高原分岐
県境尾根
1159
1069
905
933
930
霧ヶ滝溪谷林道
霧ヶ滝
三倉谷川
大石コース
1016
906
←0:45
0:50→
ブナ林が広がる尾根歩き
1152
河合谷コース
左馬殿コース
兵庫県
新温泉町
鳥取県
鳥取市
畑ヶ平高原
1273
このあたり木道が敷かれている
上地コース
1198
鞍部
0:30→
←0:25
木製展望台
中国自然歩道
畑ヶ平コース
畑ヶ平林道
1310.0
避難小屋
1073
畑ヶ平林道分
若桜町
八頭町
姫路コース
ふる里の森コース
諸鹿越
1:25,000
0　250　500m
1cm=250m
等高線は10mごと

[標高]
1,255m

緩やかに稜線を広げる那岐連峰の最高峰

那岐山（なぎさん）

▼那岐山を主峰に、滝山、爪ヶ城が連なり大きな山塊をなす那岐連峰

アクセス情報 …… 往復 7,640円

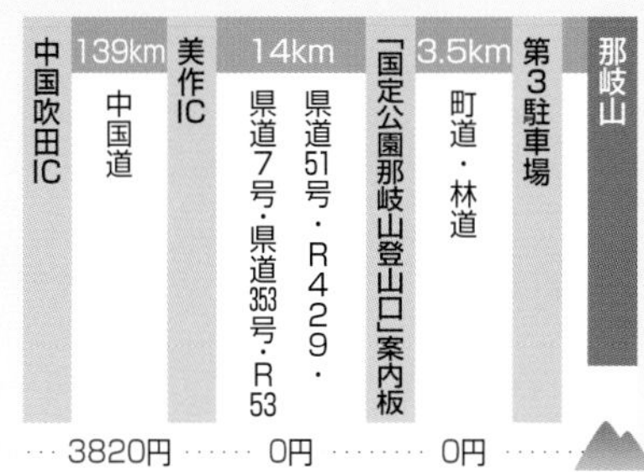

中国道中国吹田ICから美作ICまで約139km（約1時間45分）。県道51号を北上して、R429・県道7号・県道51号を経由し県道353号を奈義町方面へ。R53の豊沢交差点で右折し、1.3kmほど先で「国定公園那岐山登山口」案内板に従い左折して町道へ。さらに約3km先で「那岐山登山道BCコース」の標柱に従い左折して林道に入り、600mほどで第3駐車場に着く。

P駐車場情報

第3駐車場（無料）は約10台が停められる。

登山口NAVI　緯度：35°09'08 ／経度：134°11'35

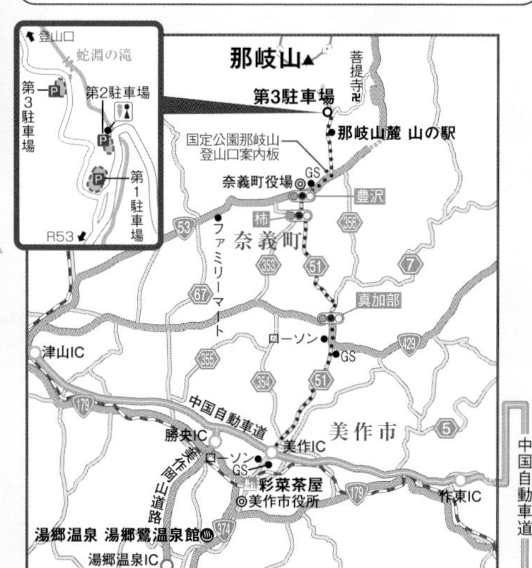

欄外情報 駐車場はほかに、町道から林道に入ってすぐの場所に15台ほどの第1駐車場、林道分岐を直進した七曲り橋手前に7台分の第2駐車場がある。駐車料はすべて無料。トイレは第2駐車場にある。

山のプロフィール 那岐山は氷ノ山後山那岐山国定公園にある代表的な山で、国造りの神・伊邪那岐命と伊邪那美命がこの峰に降臨したという伝説を持つ。平らな頂は360度展望が開け、瀬戸内海から日本海までが見渡せる。

奈義町側からの登山道はA・B・Cコースの3つが整備されているが、ここではマイカー登山に便利なB・Cコースを周回する。**❶第3駐車場**の向かいに蛇淵の滝への標識があり、赤い鳥居をくぐって100mほど進むと滝にたどり着ける。登山口は舗装路の少し先にあり、右に延びる登山道を5分ほど歩くとB・Cコース分岐点に出合う。これを左に進み、変化に富んだCコースを登る。道は整備され歩きやすい。一度、林道を横切り、さらに進むと桧林の中にベンチが配置された森の教室広場に着く。しだいにつづら折りの急な登りとなり、五合目の標識を過ぎるとほどなく**❷大神岩**に出る。南側に視界が開け、眼下には日本原高原が広がり、北には緩やかに延びる那岐山の稜線が見てとれる。

周囲はブナなどの樹林帯となり、しばらく緩やかな登りが続く。八合目を過ぎたあたりからクマザサの草原へと変わり、傾斜がきつくなる。岩場を過ぎると緩やかな主稜線の**❸那岐山三角点**のピークに飛び出す。西の稜線は滝山(標高1197m)への縦走路で、約1時間の山行だ。稜線を東に進み避難小屋を過ぎて15分ほどで、**❹那岐山**の最高峰にたどり着く。北に蒜山三座や大山、南に四国の山々が見渡せる展望はまさに絶景だ。

下山は稜線をさらに東へ向かい、ササ原の中を15分ほど進むと**❺A・Bコース分岐点**に出合う。右のBコースを谷筋に下り、桧の植林帯の急な道を下るとやがて**❶第3駐車場**に戻る。

▲登山口近くにある蛇淵の滝

▲展望に長けた那岐山の頂上

▲頂上から望む西方の滝山へと続く爽快な稜線

レベル	初級者 向け
歩行時間	4時間10分
歩行距離	6.9km
参考地図	日本原／大背

問合せ

奈義町役場 ☎0868-36-4111
奈義町観光案内所 ☎0868-36-7311

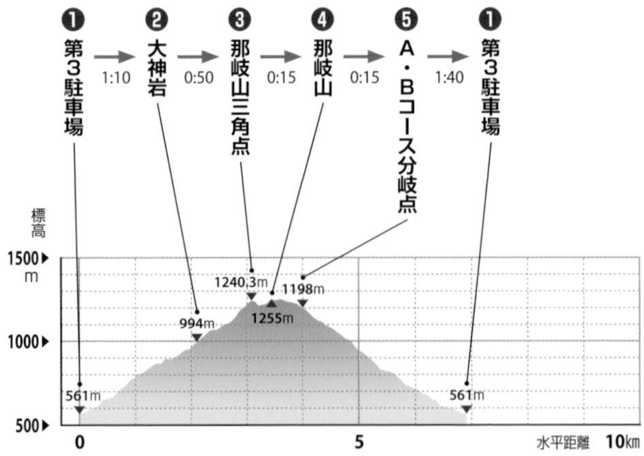

欄外情報 より歩きたい人は、那岐山三角点から稜線を西にたどった滝山の往復（約2時間）をプラスしたり、下山路をAコースにする方法もある（約2時間半）。Aコース下部の八巻山はかつての山城跡がある。

周辺の立ち寄りスポットをCHECK!!

山の駅　那岐山麓 山の駅

那岐山の南麓にあるリゾート公園内の施設で、奈義町の特産品を販売するほか、町の特産品を使った地産地消のレストランを併設。黒豚や朝採れの旬野菜をバランスよく組み合わせた日替わりのうちの畑のとれとれ弁当、特産品ではなめらかな口当たりでやさしい味の米粉シフォンケーキ（ホール）などが人気だ。▶岡山県勝田郡奈義町高円591-1　☎0868-36-8080　営業＝9時30分～18時（12～3月は～17時）　休み＝月曜（祝日の場合は翌日）

温泉　湯郷温泉 湯郷鷺温泉館

円仁法師がこの地にて鷺が足の傷を癒すのを見て発見したと伝えられ、別名・鷺の湯として知られる湯郷温泉の立ち寄り湯。巨岩を配し滝の流れる露天風呂が魅力の「動の湯」と、スペイン風の静かな洞窟風露天風呂とミストサウナのある「静の湯」があり、週替わりで男女入替となっている。
▶岡山県美作市湯郷595-1　☎0868-72-0279　営業＝8～21時　休み＝第2水曜（8月は第1水曜、祝日の場合は翌日）

那岐山
馬ノ背避難小屋
西仙コース
ドウダンツツジ
東仙分岐
⑤A・Bコース分岐点
鳥取県
智頭町
那岐山④
1255
0:15→
大展望が広がる
0:15
避難小屋
1200
那岐山三角点③
1240.3
展望舎
急登
所要登り・下り1時間
八合目
0:50
Bコース
Aコース
黒滝谷
1:40
慈母峰
1009
A・Bコース分岐点から第3駐車場へ下り約2時間半
展望良好
大神岩②
五合目
Cコース
名木ノ城
森の教室広場
1:10
林道出合
岡山県
奈義町
木橋
B・Cコース分岐
林道が分岐
登山口
蛇淵の滝
大イチョウ
菩提寺
第3駐車場①P
第2駐車場
第1駐車場
七曲り橋
八巻山
746
山城跡
「那岐山登山道BCコース」標柱
•735
579•
600
700
800
900
1000
1100
N
1:22,400
250　500m
1cm≒224m
等高線は20mごと
R53・美作IC
大別当山

48

鳥取県

[標高]

1,729m

中国山地随一のスケールと美しさを誇る伯耆富士

大山（だいせん）

▼西麓のみるくの里からの大山。伯耆富士の名に恥じない整った三角錐だ

米子自動車道

アクセス情報 …………往復 11,300円

中国吹田IC	232km 中国道・米子道	溝口IC	6km 県道45号	桝水高原	3km 県道158号	夏山登山口（南光河原駐車場）	大山
	5650円		0円		0円		

中国道中国吹田ICから落合JCTを経て米子道溝口ICまで約232km（約3時間）。県道45号で大山方面へ向かい、桝水高原の三差路を左折して県道158号に入り大山寺を目指す。大山寺橋の手前に南光河原駐車場、橋を渡った100mほど先に大山博労座駐車場がある。

P駐車場情報

夏山登山口前後に南光河原駐車場（約60台・冬季有料）と下山駐車場（約70台・2021年3月まで休業）、大山寺橋を渡った先に約600台収容の博労座駐車場（冬季有料）がある。

登山口NAVI　緯度：35°23'28／経度：133°31'50

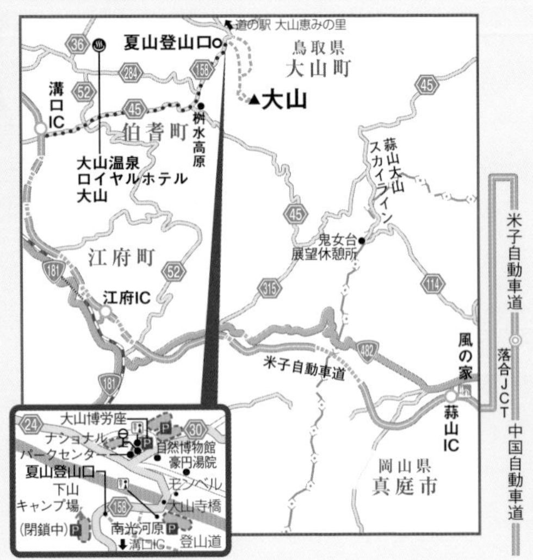

眺め
花
紅葉
道の駅
温泉

欄外情報　古くは「大神岳（『出雲国風土記』より）」と呼ばれ、神が座す山として崇められてきた大山。奈良時代には山岳信仰の山として開かれ、山腹には修験の山岳寺院として栄えた大山寺や大神山神社奥宮などがある。

山のプロフィール

標高のみならず、伯耆富士の異名を持つ秀麗な姿とスケールの大きさで、中国地方随一の名峰。中腹から麓にかけて豊かなブナの原生林が広がり、山野草や野鳥が数多く見られ、自然の宝庫として貴重な存在となっている。

日本百名山に選定される大山とは、三角点のある弥山や最高峰の剣ヶ峰、三鈷峰などの総称である。弥山から剣ヶ峰を結ぶ稜線は崩壊が激しく、縦走は禁止されている。大山登山でもっともポピュラーなのは、夏山登山道から弥山を目指し、下山路に行者谷コースを下り、大山寺に下山する今回紹介のルートだ。見た目の荒々しさに反し、危険箇所の少ない行程となる。

大山寺橋南詰から少し南下すると、下山キャンプ場の駐車場向かいに**❶夏山登山口**の道標が立っている。石段をしばらく登ると、大山最古の建築物とされる阿弥陀堂がある。大山は山岳仏教など古くから信仰の山として栄え、このあたりには寺院や宿坊の跡が点在している。さらに石段を登り詰めた先が一合目。ここから道は登山道に変わり、五合目あたりまで、西日本最大級のブナ林が広がっている。

▲ブナ原生林の中を登る夏山登山道。道は整備され歩きやすい

▲阿弥陀堂へと続く石畳の参道

ジグザグに切られた急な登りを二合目、三合目と高度を上げ、五合目で「山の神さん」の祠を見送ると、左に元谷へ下る**❷行者谷分かれ**に出る。ここから**❸六合目避難小屋**までは、あとひと息だ。避難小屋の横にはベンチもあり、ここでひと休みするのもいいだろう。東側が開けているので、北壁から元谷にかけての崩壊壁を望むこともできる。

▲ダイセンミツバツツジ

六合目を過ぎると周囲の木々はしだいに低く

レベル	中級者向け
歩行時間	4時間45分
歩行距離	7.3km
参考地図	伯耆大山

問合せ

大山町役場 ☎0859-53-3110
大山町観光案内所 ☎0859-52-2502

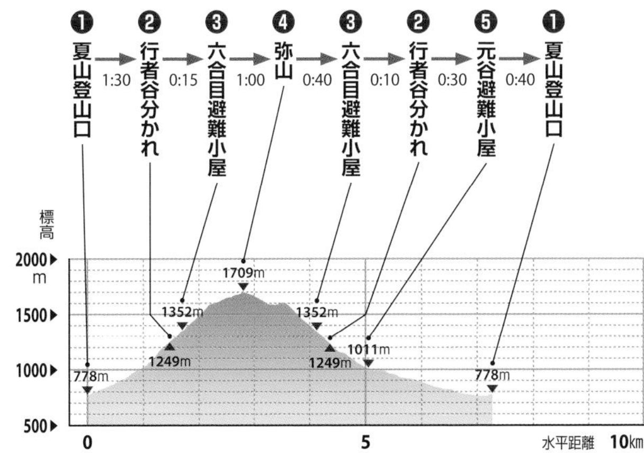

欄外情報 2020年10月末頃（予定）まで、頂上付近の木道、頂上避難小屋、六合目避難小屋が改修工事中。頂上避難小屋の直下までしか入れず、弥山の頂上は踏めない。トイレは頂上、六合目とも仮設のものを使用。

なり、背後に米子方面の風景が広がる。八合目までは火山砂礫が露出したガレ場の道をジグザグに進む。浮き石も多いので、足元に気をつけて登りたい。このあたりは幅も狭く急登が連続する、コース上もっともきつい箇所だ。八合目まで登ると道は緩やかになり、周りにダイセンキャラボクの純林帯が広がる山上台地へ飛び出す。樹林帯は天然記念物に指定されており、植生保護のため頂上まで木道が敷かれている。頂上避難小屋の一段上に❹**弥山**頂上があり、北方には山麓から日本海まで雄大な景色が広がり、中国山地の山々も一望のもと。両脇が切り立った稜線の先には最高峰の剣ヶ峰がすぐ目の前に見えるが、残念ながら立入禁止のロープがかけられ、その先へと進むことができない。

▲360度の大パノラマが広がる弥山頂上。この絶景もまた中国地方随一だ

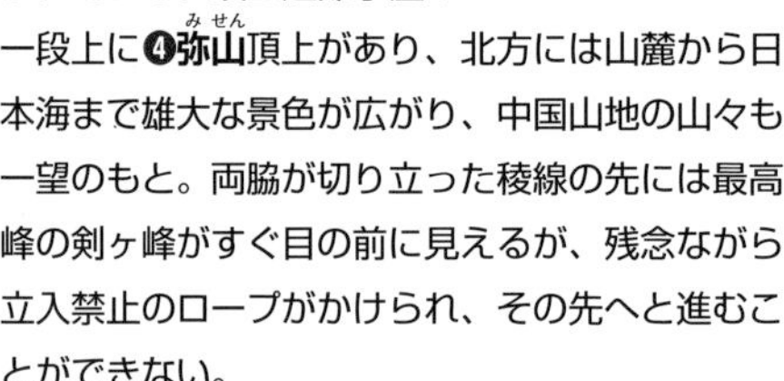

帰路は❷**行者谷分かれ**まで戻り、これを右に折れて今度は行者谷コースに入る。美しいブナ林の中、急な階段をつづら折りに下っていく。❺**元谷避難小屋**まで降りたら、涸れ沢を対岸へと渡る。ここからは巨大な屏風のように立ちはだかる北壁を仰ぎ見ることができる。佐陀川の右岸には林道も通っているが、そちらを歩かず川沿いの登山道を下る。うっそうとした樹林帯の中を進むとやがて大神山神社奥宮の社殿が現れ、その先からは日本一長い石畳といわれる苔むした参道を歩く。鳥居を抜けると大山寺の案内板がある。これに従い左折すると大山寺本堂の裏手に出るので、お参り（志納料300円）する場合はこちらへ。そのまま直進して茶店やみやげ物店、旅館が軒を連ねるにぎやかな門前町を通り、起点の❶**夏山登山口**を目指す。

▲石畳が続く大神山神社の参道

▲元谷からの大山北壁。伯耆富士の名とは対照的な豪快さだ

登山コースアドバイス

大山を崩壊から守る一木一石運動

大山の頂上付近は登山者の増加などで、1975年ごろから急激に緑が減少してきている。その結果、山の保水力は失われ、裸地の各所で浸食溝が見られるようになり、自然環境に大きな影響が出ていた。この状況を何とか食い止めようと始まったのが、「一木一石運動」だ。登山者一人ひとりが石や苗木を持って頂上に登ることで、失われた緑を復活させ、自然を守ろうという試みだ。石は南光河原駐車場にあるので、体力に余裕があれば持って登ろう。

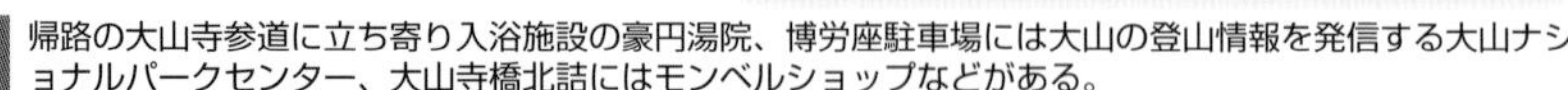

欄外情報　帰路の大山寺参道に立ち寄り入浴施設の豪円湯院、博労座駐車場には大山の登山情報を発信する大山ナショナルパークセンター、大山寺橋北詰にはモンベルショップなどがある。

周辺の立ち寄りスポットをCHECK!!

ドライブ 蒜山大山スカイライン

蒜山高原と大山を結ぶドライブウェイで、岡山と鳥取のちょうど県境に鬼女台展望休憩所がある。駐車場の正面から荒々しい岩肌を見せる大山の南壁が迫り、振り返れば蒜山高原のなだらかな稜線も望める。一帯はブナをはじめ、ナラやトチノキなどの原生林が広がり、特に秋の紅葉はすばらしい景色を楽しませてくれる。自然エネルギーを利用したトイレや小さな売店がある。12月上旬から3月頃まで冬季通行止め。

▶問合せ：蒜山観光協会☎0867-66-3220

温泉 大山温泉 ロイヤルホテル大山

大山の麓にある緑に包まれた閑静なリゾートホテルで、館内に湧く大山温泉が日帰り利用できる。露天風呂は桧と御影石の浴槽があり、水中ライトアップの神秘的な光で五感を癒してくれる。湯船を一人占めして満喫できる信楽焼の壺湯も併設。地下1000mから汲み上げた湯は単純弱放射能泉で、効能は筋肉痛や疲労回復など。▶鳥取県西伯郡伯耆町丸山中祖1647-13 ☎0859-68-2333 営業＝5～10時、14～24時 休み＝不定休

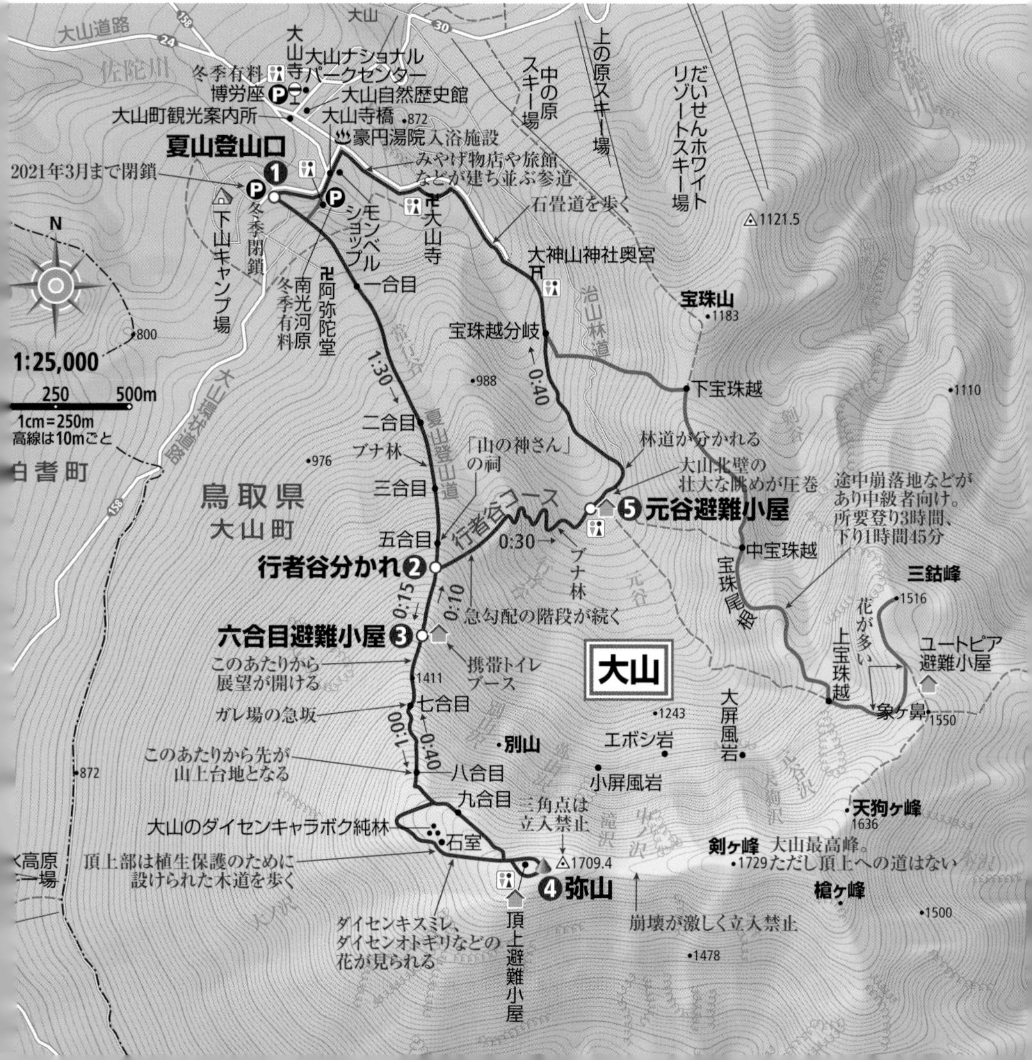

大山道路
佐陀川
大山
大山寺
大山ナショナルパークセンター
冬季有料
博労座
大山自然歴史館
大山町観光案内所
大山寺橋
豪円湯院入浴施設
夏山登山口 1
2021年3月まで閉鎖
みやげ物店や旅館などが建ち並ぶ参道
下山キャンプ場
冬季閉鎖
モンベルショップ
大山寺
石畳道を歩く
中の原スキー場
上の原スキー場
だいせんホワイトリゾートスキー場
1121.5
大神山神社奥宮
阿弥陀堂
南光河原
冬季有料
一合目
宝珠山 1183
宝珠越分岐
治山林道
1:25,000
250 500m
1cm＝250m
高線は10mごと
800
1:30
988
0:40
下宝珠越
1110
二合目
夏山登山道
「山の神さん」の祠
ブナ林
林道が分かれる
大山北壁の壮大な眺めが圧巻
途中崩落地などがあり中級者向け。所要登り3時間、下り1時間45分
976
伯耆町
三合目
鳥取県
大山町
行者谷コース
5 元谷避難小屋
五合目
0:30
ブナ林
中宝珠越
行者谷分かれ 2
0:15
0:10
急勾配の階段が続く
宝珠尾根
三鈷峰 1516
六合目避難小屋 3
このあたりから展望が開ける
携帯トイレブース
大山
上宝珠越
花が多い
ユートピア避難小屋
1411
七合目
ガレ場の急坂
1243
大屏風岩
象ヶ鼻 1550
1:00
0:40
別山
エボシ岩
このあたりから先が山上台地となる
八合目
小屏風岩
872
九合目
三角点は立入禁止
天狗ヶ峰 1636
大山のダイセンキャラボク純林
石室
剣ヶ峰 大山最高峰。1729 ただし頂上への道はない
頂上部は植生保護のために設けられた木道を歩く
1709.4
4 弥山
槍ヶ峰
高原 場
頂上避難小屋
1500
ダイセンキスミレ、ダイセンオトギリなどの花が見られる
崩壊が激しく立入禁止
1478

ゆったりとした草原からの大展望が魅力の日本百名山

剣山（つるぎさん）

▼西の次郎笈方面からササ原になった剣山の頂上を望む

アクセス情報 ……………………………… 往復 19,940 円

吹田IC	198km	美馬IC	43km	見ノ越	剣山
	名神高速・阪神高速・第二神明道路・神戸淡路鳴門道・高松道・徳島道		R438		
	9970円		0円		

名神高速吹田ICから阪神高速・神戸淡路鳴門道・高松道・徳島道と接続し美馬ICまで約198km（約2時間40分）。美馬ICからR438をつるぎ町方面へ南下し、約43km先でR439と合流し見ノ越に着く。

🅿駐車場情報

見ノ越の剣山観光登山リフト乗り場に約150台収容の第1駐車場（無料）がある。行楽シーズンは朝から満車になることもり、その際は国道を150mほど西に下った見ノ越新駐車場（無料）へ。リフト乗り場へは徒歩10分。

登山口NAVI　緯度：33°52'02／経度：134°05'23

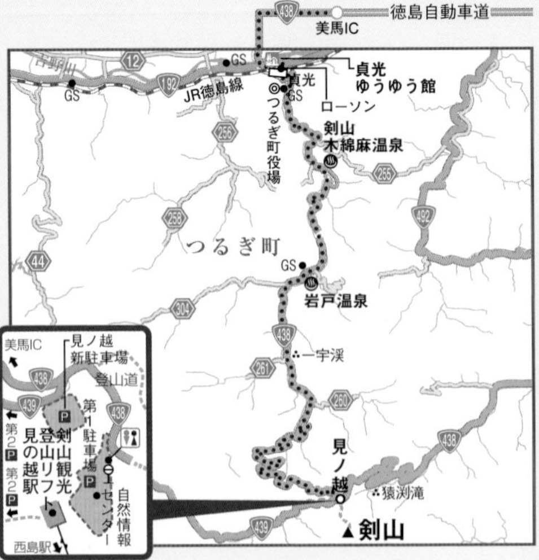

欄外情報　剣山観光登山リフトは、見の越駅と西島駅間0.83kmを約15分で結んでいる。運行時間は9時（夏季は8時）～16時45分で、冬季は運休する。☎0883-62-2772

山のプロフィール 剣山は、四国第2の高峰で、第1の高峰・岩峰の屹立する石鎚山とは対照的に、頂上は緩やかな草原となっている。宮尾登美子の小説『天涯の花』の舞台となり、小説に登場するキレンゲショウマを目当てに登る ハイカーも多い。

四国2つの大山脈の内の一つ、剣山地の最高峰・剣山。スタート地点となる見ノ越にはバス停や大きな駐車場がある。リフトを利用して西島駅まで行けば40分あまりで頂上に立て、行楽気分で登ることができるので、新緑や紅葉などシーズンには登山者のほか、多くの観光客でにぎわう。ここではリフトを利用せず、登山道をたどって登ってみたい。

▲大剱神社のシンボル・御塔石が中腹にそびえる

登山の拠点となる❶**見ノ越**からは、道路を挟んで北側、頂上とは反対方向の剣神社へ石段を上がり、社殿前から登山道に入る。ブナ林を歩き、岩に祀られた西島神社を経て、リフト終点の❷**西島駅**へ。ここからは行楽客に混じって頂上を目指す。西島駅から次に向かう大剱神社へは2コースあるが、鳥居をくぐって山腹の道をたどる。巨大な岩塔である御塔石の下に❸**大剱神社**が建ち、岩の基部からは御神水が湧いている。さらに登るとやがて高度感あふれるササ原の道となり、剣山頂上ヒュッテに着く。平家の馬場と呼ばれる広々とした❹**剣山**頂上はヒュッテからすぐ。西を向けばどっしりとした次郎笈の姿が印象的だ。

▲登山口の木段

下山は剣山頂上ヒュッテの下で分岐する刀掛ノ松方面の道をたどる。白骨林の❺**刀掛ノ松**から西島駅はすぐのところだ。7月下旬から8月にかけてなら、東にある行場方面へ向かってみよう。『天涯の花』に登場するキレンゲショウマの群生地があり、手厚く保護されている。

❷**西島駅**からは往路をそのままたどるが、リフトを利用してもよいだろう。ブナ林を下り、ほどなく❶**見ノ越**に戻る。

▲しめ縄が巻かれた頂上の三角点

レベル	初級者向け
歩行時間	2時間45分
歩行距離	5.2km
参考地図	剣山

問合せ

三好市役所 ☎0883-72-7620
つるぎ町役場 ☎0883-62-3114
剣山観光登山リフト ☎0883-62-2772

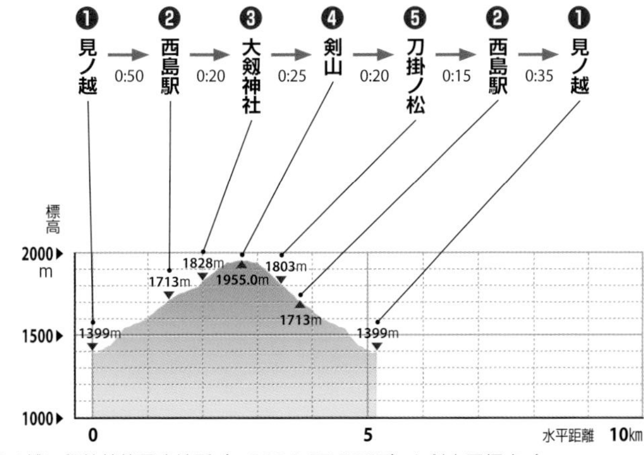

欄外情報 コース中の主な宿泊施設は、見ノ越に劔神社簡易宿泊所（☎0883-67-5017）と剣山円福寺（☎0883-67-5276）が、頂上手前に剣山頂上ヒュッテ（☎080-2997-8482）がある。

周辺の立ち寄りスポットをCHECK!!

道の駅 貞光ゆうゆう館

1階では町の特産品・半田そうめんやユズをはじめ、阿波尾鶏などの地域特産品、土産品などの売店他、マルチビジョンなどによる観光&道路情報を提供。レストランでは阿波尾鶏の鉄板焼きや釜揚げそうめんなど、地元色豊かなメニューがそろう。地上23mの展望台からは吉野川や剣山など360度の展望が楽しめる。

▶徳島県美馬郡つるぎ町貞光字大須賀11-1 ☎0883-62-5000 営業＝8～18時（レストランは～17時） 休み＝無休（物産館は第3水曜、祝日の場合は翌日）

温泉 剣山 木綿麻(ゆうま)温泉

木綿麻の里に湧く御大師水を使った公共の立ち寄り温泉施設。少しぬめり気のある湯は肌をやさしく包み、湯上がりもツルツルで湯冷めしにくいと評判。主浴場横には地元産のユズをはじめ、ジャスミンやローズマリーなどのハーブを入れた日替わりの薬湯があるほか、ジェットバスや露天風呂も楽しめる。

▶徳島県美馬郡つるぎ町貞光字長瀬127-2 ☎0883-62-5500 営業＝10～21時 休み＝月曜（祝日の場合は翌日）

ラ・フォーレつるぎ山
神山町・徳島
穴吹川
夫婦池
1586
美馬IC
1490
剣山ドライブウェイ
438
宮尾登美子文学碑
宿泊可剣山円福寺
剱神社
1324
見ノ越 1
1457
剱神社簡易宿泊所
見ノ越新駐車場
見ノ越（剣山）
奥祖谷
439
見の越駅
第二駐車場
0:50
登山リフト
剣山観光
徳島県
美馬市
1288
祖谷川
第2駐車場～見の越駅間徒歩20分
リフト下のトンネルをくぐる
1639.7
1587
1444
0:35
西島野営場
1552
表参道
西島神社
1417
刀掛ノ松 5
西島駅 2
0:15
キレンゲショウマの群落
古剣神社
両剣神社
行場
1504
0:20
三好市
0:20
大剱神社 3
宝蔵石神社
御塔石
剣山頂上ヒュッテ
名水百選剣山御神水
平家の馬場
1955.0
0:25
N
4 剣山
剣山頂上ヒュッテ別館雲海荘
二ノ森
一ノ森ヒュッテ
1879.6
一ノ森
剣山
1723
1:25,000
0 250 500m
1cm=250m
等高線は10mごと
1791
次郎笈峠
1776
1767
那賀町
四国3位の高峰 剣山から往復2時間半
次郎笈
1930
ほら貝の滝
1702

そびえ立つ岩峰にクサリを伝ってよじ登る

石鎚山（いしづちさん）

50
愛媛県
[標高]
1,982m

▼夜明峠からの石鎚山頂上部。左が天狗岳、右が弥山。弥山直下がクサリ場

アクセス情報 ……………… 往復 24,340円

出発	距離	経路	料金
吹田IC	307km	名神高速・阪神高速・第二神明道路・神戸淡路鳴門道・高松道・松山道	1万2170円
いよ小松IC	5km	R11	0円
氷見交差点	16km	県道142号・県道12号	0円
石鎚登山ロープウェイ下			
石鎚山			

名神高速吹田ICから阪神高速・第二神明道路・神戸淡路鳴門道・高松道・松山道と接続し、いよ小松ICまで約307km（約3時間40分）。R11を新居浜市方面へ向かい、約5km先の氷見交差点を右折して県道142号に入る。黒瀬峠のT字路を右折し県道12号を石鎚山方面へ。約12kmで石鎚登山ロープウェイ下に着く。

P駐車場情報

石鎚登山ロープウェイ山麓下谷駅下にある京屋旅館や泉屋など有料駐車場に約500台が収容可能。ロープウェイ乗り場へは徒歩5分。

登山口NAVI　緯度：33°48'12／経度：133°08'58

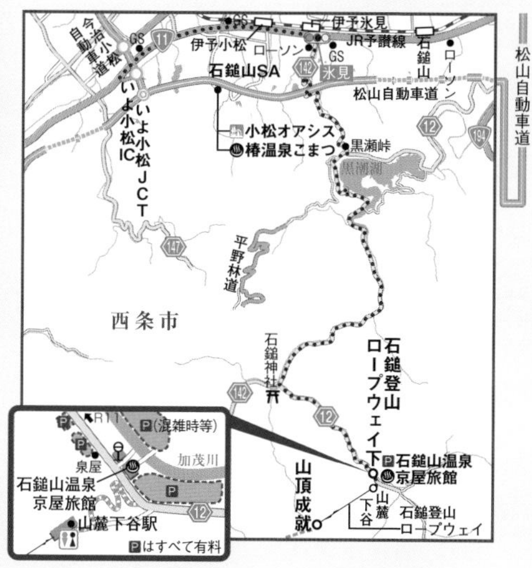

欄外情報　石鎚登山ロープウェイは、山麓下谷駅と山頂成就駅間1.82kmを約8分で結ぶ（20分ごとの運行）。運行時間は8～18時だが、月や曜日により大きく異なるので、HPを確認しよう。☎0897-59-0331

山のプロフィール

四国の最高峰にして、西日本の最高峰の石鎚山。頂上は弥山と呼ばれ、今は石鎚神社の奥宮が鎮座する。最高点は1982mの天狗岳だ。7月1～10日の「お山市」の期間は入山料が必要（7月1日は女人禁制）。

四国の西部に東西に延びる石鎚山脈の盟主・石鎚山へはいくつも登山道があるが、もっともポピュラーなのが、北面の成就からの登山道。マイカーの場合は石鎚登山ロープウェイ下の山麓下谷駅近くの駐車場に停めるが、冬季通行止めの石鎚ドライブウェイが通じている時期なら、南東の土小屋からの尾根道も利用できる。11月下旬から4月中旬までは積雪のため、一般登山者は立ち入らないほうがよい。

山麓下谷駅から石鎚登山ロープウェイで**❶山頂成就駅**へ。成就駅からは、四国八十八ヶ所霊場64番札所・前神寺の奥ノ院、奥前神寺の前を通り、石鎚神社成就社や石鎚山遥拝所、旅館などが建ち並ぶ**❷成就**と呼ばれる場所に着く。いよいよここから本格的な登山道に入る。八丁坂を下り、**❸八丁**へ。周辺は見事なブナの森が続く。登り返していくと、前社ヶ森につけられた試し鎖がある。

▲弥山頂上に建つ石鎚神社奥宮

石鎚山には名物のクサリ場が全部で4つあるが、自信がない場合は迂回路をたどること。前社ヶ森を越え、ひと登りして**❹夜明峠**に出ると、前方に岩壁が屹立する石鎚山の姿を望むようになる。一の鎖をこなし、**❺二の鎖小屋**を経てクサリ場は二の鎖、三の鎖と続く。高度感たっぷりのクサリ場で、ここが正念場だ。

▲弥山から見る天狗岳

クサリ場を登り切ると、**❻弥山**頂上に着く。ここには石鎚神社奥宮のほか頂上山荘もあり、多くの登山者でにぎわう。東には石鎚山最高峰の天狗岳がそびえ、岩のヤセ尾根をたどっていく。雨天時は足もとに要注意だ。登り着いた**❼天狗岳**頂上には石祠があるだけだが、ここが西日本の最高点となる。

▲長さ68mの三の鎖

下山は往路をたどり**❶山頂成就駅**へ下るが、クサリ場はすべて迂回路を利用しよう。

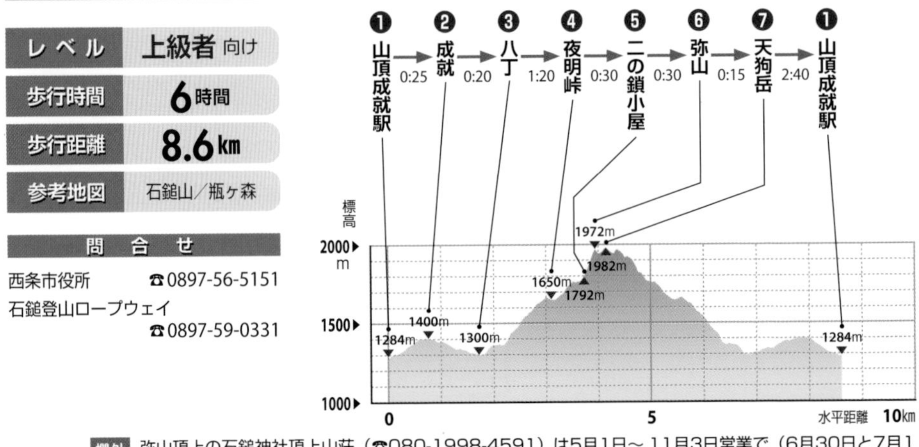

欄外情報　弥山頂上の石鎚神社頂上山荘（☎080-1998-4591）は5月1日～11月3日営業で（6月30日と7月1日は女性の宿泊不可）要予約。ほかに成就に数軒の旅館、山麓下谷駅近くにも旅館がある。

周辺の立ち寄りスポットをCHECK!!

道の駅 小松オアシス

松山自動車道・石鎚山SAに隣接する道の駅。1階エントランス正面に見える高瀑の滝を模した庭園を眺めながら、憩いのひと時が過ごせる。レストランや土産コーナーのほか、地元特産品を集めたおあしす市場、ビジターセンターやモンベルストア、キャンプ場、立ち寄り入浴施設の椿温泉こまつなど施設が充実。

▶愛媛県西条市小松町新屋敷乙22-29　☎0898-76-3111　営業＝9～19時（施設により異なる）　休み＝無休（施設により異なる）

温泉 石鎚山温泉 京屋旅館

石鎚登山ロープウェイの山麓下谷駅前にある温泉宿で、平日は10人以上なら予約で日帰り入浴もできる。浴場は川べりにあり、湯船から清らかな流れが楽しめる。湯の花の浮く白濁した湯は、肌ざわりが滑らかで非常にクリーミー。炭酸水素塩冷鉱泉で細かな泡が肌にまとわり、体の心からポカポカと温めてくれる。

▶愛媛県西条市西之川甲下谷106　☎0897-59-0335　営業＝10～17時（変動あり）　休み＝無休（温泉は不定休）

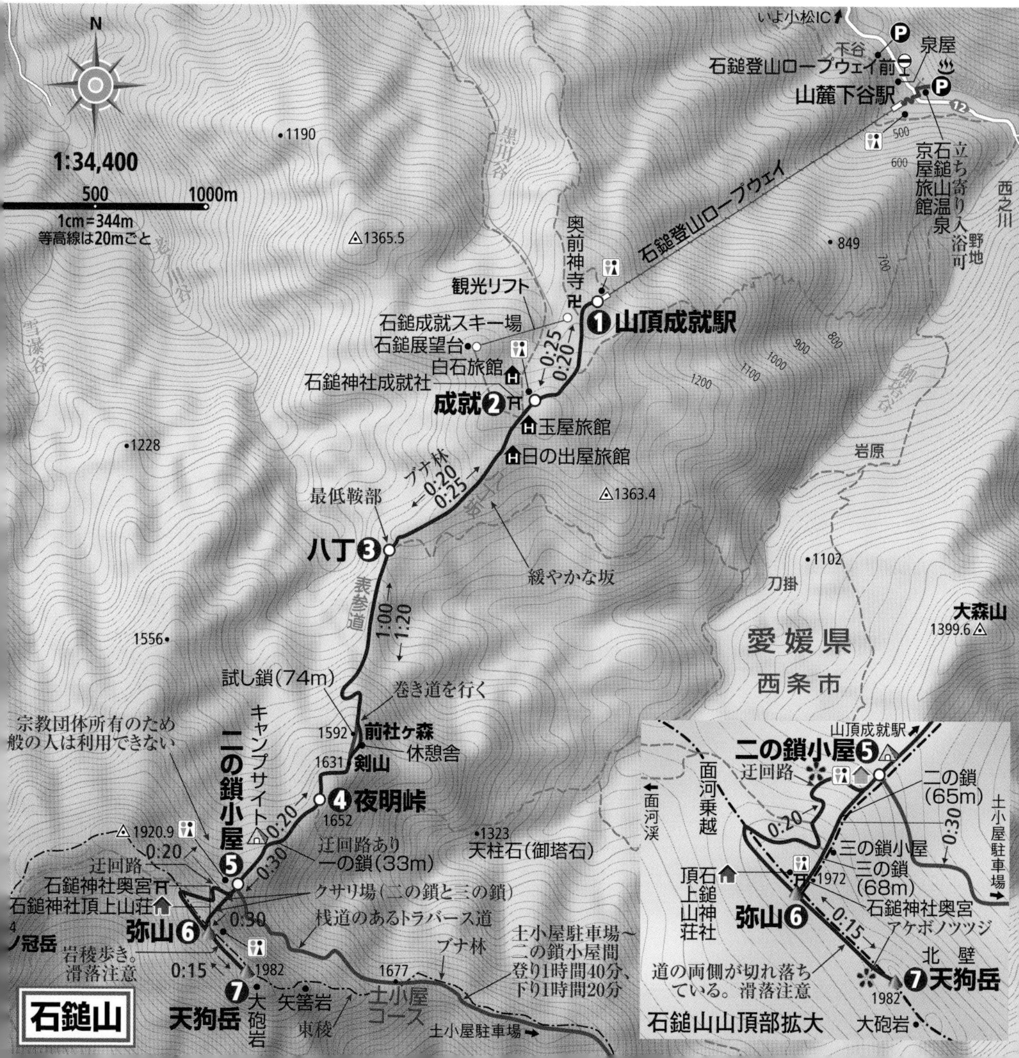

N
1:34,400
500　1000m
1cm＝344m
等高線は20mごと

いよ小松IC
下谷
石鎚登山ロープウェイ前
泉屋
山麓下谷駅
石鎚山温泉京屋旅館
立ち寄り入浴可
野地
西之川
石鎚登山ロープウェイ
奥前神寺
観光リフト
石鎚成就スキー場
石鎚展望台
白石旅館
石鎚神社成就社
❶山頂成就駅
成就❷
玉屋旅館
日の出屋旅館
ブナ林
最低鞍部
八丁❸
緩やかな坂
表参道
岩原
刀掛
大森山 1399.6
愛媛県
西条市
試し鎖（74m）
巻き道を行く
前社ヶ森 1592
休憩舎
剣山 1631
❹夜明峠 1652
宗教団体所有のため一般の人は利用できない
キャンプサイト
二の鎖小屋❺
天柱石（御塔石）
迂回路あり 一の鎖（33m）
迂回路
石鎚神社奥宮
石鎚神社頂上山荘
クサリ場（二の鎖と三の鎖）
桟道のあるトラバース道
弥山❻
岩稜歩き。滑落注意
❼天狗岳 1982
大砲岩
矢筈岩
東稜
ブナ林
土小屋コース
土小屋駐車場～二の鎖小屋間 登り1時間40分、下り1時間20分
土小屋駐車場
石鎚山

石鎚山山頂部拡大
山頂成就駅
二の鎖小屋❺
迂回路
二の鎖（65m）
面河乗越
面河渓
三の鎖小屋
三の鎖（68m）
頂上山荘 石鎚神社
弥山❻ 1972
石鎚神社奥宮
アケボノツツジ
北壁
道の両側が切れ落ちている。滑落注意
❼天狗岳 1982
大砲岩
土小屋駐車場

マイカー登山お役立ち情報

⊙ETC割引をかしこくお得に使いこなそう！

2014年に高速道路におけるETCの割引率が変わり、深夜割引の割引率の低下や大都市近郊区間の日中の適用がなくなるなど、利用者のメリットが薄れたが、掲載している50山の大半は地方部に属するため、深夜割引や休日割引を活用すれば30％の割引が適用される。

ETC割引率（NEXCO3社共通）

1. 深夜割引	最大 30% 割引／0～4時
2. 平日朝夕割引 ＊祝日を除く月～金／地方部限定 ＊ETC マイレージサービスへの登録が必要	毎月の対象走行回数に応じ（4回までの利用は対象外）、最大100km 相当分までの最大50%分を還元／6～9時・17～20時
3. 休日割引 ＊土・日曜・祝日に軽・普通車限定	30% 割引／0～24時 ＊地方部のみ

ETC時間帯割引早見表割引

	時間	0	1	2	3	4	5	6	7	8	9	10	11	12	13	14	15	16	17	18	19	20	21	22	23
平日	大都市近郊区間	1. 深夜割引																							
平日	地方部区間	1. 深夜割引						2. 平日朝夕割引（1回限り大都市近郊区間除く）											2. 平日朝夕割引（1回限り大都市近郊区間除く）						
土・日曜・祝日	大都市近郊区間	1. 深夜割引																							
土・日曜・祝日	地方部区間	3. 休日割引（ETC軽自動車等・普通車） 1. 深夜割引																							

＊深夜割引は「0時前に入り4時以降に出る」といった時間帯をまたがる走行も対象になる。
＊平日朝夕割引は、大都市近郊区間は対象外となる。
＊1回の走行で、深夜割引と休日割引・平日朝夕割引等は重複して適用されない。

格安レンタカーを利用！

マイカーがない場合はレンタカーを使うのもひとつの手段。近年はガソリンスタンドや自動車整備工場などが新規参入した、格安レンタカーを扱う店舗が増えている。中古車などを利用することでコスト削減しているので、かなりお得になってきている。半日2000円台～という所もあり、リーズナブルに利用できるのが魅力だ。

※参考資料：NEXCO中日本

⊙イエローページ

●故障・トラブル

JAF（日本自動車連盟）

ロードサービス救急コール	☎0570-00-8139（短縮 #8139）
中部コールセンター：富山・石川・福井・岐阜・静岡・愛知・三重	☎052-889-5300
関西コールセンター：滋賀・京都・大阪・兵庫・奈良・和歌山・鳥取・島根・岡山・広島・山口・徳島・香川・愛媛・高知	☎06-6455-0123

●道路交通情報

日本道路交通情報センター（JARTIC）

全国共通ダイヤル	☎050-3369-6666（短縮 #8011）
全国高速ダイヤル	☎050-3369-6700
北陸道・東海北陸道情報	☎050-3369-6767
近畿地方・大阪情報	☎050-3369-6627
近畿地方高速情報	☎050-3369-6768
阪神高速情報	☎06-6538-0777
中国地方高速情報	☎050-3369-6769
四国地方高速情報	☎050-3369-6770

高速道路情報

ネクスコ中日本お客さまセンター	☎0120-922-229
ネクスコ西日本お客さまセンター	☎0120-924863

JAF：ロードサービス

i Highway：高速情報

登山装備チェックリスト

ウェア

	春秋	夏	冬
□ズボン	◎	◎	◎
□吸汗速乾性下着	◎	◎	◎
□吸汗速乾性のアンダーシャツまたはTシャツ	◎	◎	◎
□長袖シャツ	◎	◎	◎
□セーター・フリース	◎	△	◎
□高機能タイツ	△	△	×
□アンダータイツ(保温用)	○	×	◎
□替え下着・替え靴下	○	○	◎
□帽子(日除け用)	○	◎	△
□帽子(防寒用)	○	×	◎
□手袋	◎	△	◎
□バンダナ・手ぬぐい	○	○	○
□ネックウォーマー・マフラー	○	×	○
□ウインドブレーカー	○	△	○

生活用具

	春秋	夏	冬
□タオル	○	○	○
□洗面道具	△	△	△
□日焼け止め	○	◎	○
□コッヘル・食器	△	△	○
□コンロ・ガスバーナー	△	△	○
□ウェットティッシュ	○	○	○
□昼食・行動食・おやつ	◎	◎	◎
□マスク	◎	◎	◎

車関係

	春秋	夏	冬
□ドライブマップ・カーナビ	◎	◎	◎
□監視機能付きドライブレコーダー	○	○	○
□ETC車載器	○	○	○
□スペアーキー	○	○	○
□毛布(スタックの脱出にも使える)・寝袋	△	△	△
□軍手	○	○	○
□スペアタイア	○	○	○
□スタッドレスタイヤ・チェーン	△	△	◎
□パンク修理剤	○	○	○
□予備のガソリン	△	△	△
□工具	○	○	○

◎…必ず携行するもの
○…携行すると便利なもの
△…コースや季節、登山内容によって携行するもの
×…特に必要なし

非常時対応品

	春秋	夏	冬
□ファーストエイドキット(医薬品など)	◎	◎	◎
□レスキューシート	◎	○	◎
□携帯ラジオ	×	×	△
□非常食	◎	◎	◎
□健康保険証(コピー)	○	○	○
□ツェルト	△	△	△
□細引き・ロープ	△	△	△
□ホイッスル	○	○	○
□ポイズンリムーバー	○	○	×
□虫除けグッズ	○	○	×
□ヤマビル忌避剤	△	○	×

登山用具

	春秋	夏	冬
□登山靴・トレッキングシューズ	◎	◎	◎
□スパッツ	○	△	○
□軽アイゼン	△	△	○
□ザック	◎	◎	◎
□ザックカバー	○	○	○
□ストック	○	○	○
□折りたたみ傘	○	○	○
□レインウエア	◎	◎	◎
□水筒(1リットル以上)	◎	◎	◎
□ヘッドランプ・替球	◎	◎	◎
□予備電池	◎	◎	◎
□ナイフ	△	△	△
□サングラス	△	○	○
□テルモス(保温ポット)	○	○	◎
□カップ	○	○	○
□コンパス	◎	◎	◎
□地形図	◎	◎	◎
□コースガイド(コピー)	◎	◎	◎
□高度計・携帯型GPS	○	○	○
□時計	◎	◎	◎
□携帯電話・予備バッテリー	◎	◎	◎
□カメラ	△	△	△
□手帳&ペン	○	○	○
□ライター・マッチ	○	○	○
□ビニール袋・ジップロック	○	○	○
□新聞紙	△	△	△
□ビニールシート・マット	○	○	○
□トイレットペーパー	◎	◎	◎

※春秋は雪がないことを前提にしています。また冬は根雪にはならないが、ときには降雪に見舞われることを前提にした装備です。
※リストはあくまでも目安です。事前に経験者のアドバイスを受け、加減するとよいでしょう。

山名索引

あ

山名	よみかた	標高	参考	レベル	歩行時間	眺め	花	紅葉	道の駅	温泉	頁
36 青葉山／福井・京都	あおばやま	693		中級	4時間45分	●	●	●	●	●	138
12 赤坂山／滋賀・福井	あかさかやま	824		中級	6時間05分	●	●	●	●	●	56
43 朝来山／兵庫	あさごやま	756		初級	3時間45分	●	●	●	●	●	161
17 愛宕山／京都	あたごやま	924	三 花	初級	5時間05分	●	●	●		●	74
02 荒島岳／福井	あらしまだけ	1,523	百 △	中級	6時間10分	●	●	●	●	●	22
50 石鎚山／愛媛	いしづちさん	1,982	百 花 (花)	上級	6時間	●	●	●	●	●	185
25 稲村ヶ岳／奈良	いなむらがたかけ	1,726		上級	6時間25分	●	●	●		●	102
07 伊吹山／滋賀・岐阜	いぶきやま	1,377	百 (花) △	中級	7時間50分	●	●	●	●	●	38
28 岩湧山／大阪	いわわきさん	897		初級	2時間45分	●	●	●			112
09 御池岳／三重・滋賀	おいけだけ	1,247	花	初級	4時間10分	●	●	●	●		46
46 扇ノ山／鳥取・兵庫	おうぎのせん	1,310	三	初級	3時間25分	●	●	●	●	●	172
37 大江山／京都	おおえやま	832	(花)	初級	4時間20分	●	●	●		●	142
22 大台ヶ原／奈良・三重	おおだいがはら	1,695	百 花 △	初級	4時間05分	●	●	●	●	●	90
20 大洞山／三重	おおぼらやま	1,013		初級	4時間15分	●	●	●	●	●	84
05 小谷山／滋賀	おだにやま	495	(花)	初級	2時間50分	●	●	●		●	32

か

山名	よみかた	標高	参考	レベル	歩行時間	眺め	花	紅葉	道の駅	温泉	頁
19 倶留尊山／奈良・三重	くろそやま	1,037	三	初級	2時間40分	●	●	●		●	80
30 高野三山／和歌山	こうやさんざん	1,009	世	初級	4時間55分		●	●	●	●	118
11 御在所岳／三重・滋賀	ございしょだけ	1,212	二 △	上級	5時間50分	●	●	●	●	●	52
29 護摩壇山／和歌山・奈良	ごまだんざん	1,372	三	初級	4時間35分	●	●	●	●		115
27 金剛山／大阪・奈良	こんごうさん	1,125	二 △	初級	4時間	●	●	●	●	●	108
10 金勝アルプス／滋賀	こんぜあるぷす	491		中級	5時間25分	●		●	●		49
18 金毘羅山／京都	こんぴらさん	572		初級	2時間45分	●		●		●	77

さ

山名	よみかた	標高	参考	レベル	歩行時間	眺め	花	紅葉	道の駅	温泉	頁
40 白髪岳／兵庫	しらがたけ	722		中級	3時間40分	●		●		●	152
41 雪彦山／兵庫	せっぴこさん	950		中級	4時間35分	●	●	●		●	155

た

山名	よみかた	標高	参考	レベル	歩行時間	眺め	花	紅葉	道の駅	温泉	頁
48 大山／鳥取	だいせん	1,729	百 花 (花)	中級	4時間45分	●	●	●		●	178
23 大普賢岳／奈良	だいふげんだけ	1,780	世	上級	7時間05分	●	●	●	●	●	94
34 高尾山／和歌山	たかおさん	606		初級	3時間30分	●	●	●	●	●	132
39 多紀アルプス／兵庫	たきあるぷす	793	△	中級	4時間05分	●	●	●		●	149
35 嶽ノ森山／和歌山	たけのもりやま	376		中級	4時間55分	●	●	●	●		135
16 長老ヶ岳／京都	ちょうろうがたけ	917	△	初級	3時間45分	●	●		●		71
49 剣山／徳島	つるぎさん	1,955	百 花 △	初級	2時間45分	●	●	●	●	●	182

な

山名	よみかた	標高	参考	レベル	歩行時間	眺め	花	紅葉	道の駅	温泉	頁
47 那岐山／岡山・鳥取	なぎさん	1,255	三	初級	4時間10分	●	●	●	●	●	175
42 七種山／兵庫	なぐさやま	683		中級	4時間50分	●		●			158
03 野坂岳／福井	のさかだけ	913	△	初級	3時間40分	●	●	●			26

は

山名	よみかた	標高	参考	レベル	歩行時間	眺め	花	紅葉	道の駅	温泉	頁
01 白山／石川・岐阜	はくさん	2,702	百 花 △	中級	10時間	●	●	●		●	18
24 八経ヶ岳／奈良	はっきょうがたけ	1,915	百 世	中級	5時間30分	●	●	●	●	●	98
15 百里ヶ岳／滋賀・福井	ひゃくりがたけ	931	△	中級	5時間25分		●	●	●	●	68
33 百間山／和歌山	ひゃっけんざん	999		中級	5時間20分	●	●	●		●	129
31 冷水山／和歌山・奈良	ひやみずやま	1,262	(花) △	上級	8時間10分	●	●	●	●	●	122
45 氷ノ山／兵庫・鳥取	ひょうのせん	1,510	二 (花) △	中級	5時間50分	●	●	●	●	●	168
08 藤原岳／三重・滋賀	ふじわらだけ	1,140	三 花 (花)	初級	4時間50分	●	●	●		●	42

百：日本百名山　二：日本二百名山　三：日本三百名山　花：花の百名山
(花)：新花の百名山　△：一等三角点　世：世界遺産
00 名神高速・新名神高速・北陸道・京都縦貫道　00 阪和道・西名阪道・南阪奈道路・紀勢道
00 中国道・舞鶴若狭道・米子道・徳島道・松山道ほか

山名	よみかた	標高	参考	レベル	歩行時間	眺め	花	紅葉	道の駅	温泉	頁
⑬武奈ヶ岳／滋賀	ぶながたけ	1,214	二	上級	6時間55分	●	●	●		●	60
⑭蓬莱山／滋賀	ほうらいさん	1,174	三△	中級	6時間30分	●	●	●	●	●	64
ま	よみかた	標高	参考	レベル	歩行時間	眺め	花	紅葉	道の駅	温泉	頁
㉑三峰山／奈良・三重	みうねやま	1,235	三△	初級	4時間45分	●	●	●	●	●	87
㊳向山連山／兵庫	むかいやまれんざん	569		初級	4時間40分	●	●		●	●	146
や	よみかた	標高	参考	レベル	歩行時間	眺め	花	紅葉	道の駅	温泉	頁
㉜矢筈岳／和歌山	やはずだけ	811		初級	4時間20分	●	●	●	●	●	126
㉖大和葛城山／奈良・大阪	やまとかつらぎさん	959	三花	初級	3時間35分	●	●	●	●	●	105
04横山岳／滋賀	よこやまだけ	1,132		中級	5時間40分	●	●	●	●	●	29
ら・わ	よみかた	標高	参考	レベル	歩行時間	眺め	花	紅葉	道の駅	温泉	頁
06霊仙山／滋賀	りょうぜんさん	1,094	花	中級	4時間25分	●	●	●			35
㊹和気アルプス／岡山	わけあるぷす	370		中級	4時間15分	●				●	164

道の駅索引

あ	近くの山	頁
あいとうマーガレットステーション	御池岳	48
一枚岩	嶽ノ森山	137
伊吹の里 旬彩の森	伊吹山	40
か	近くの山	頁
紀の川万葉の里	高野三山	121
九頭竜	荒島岳	25
くつき新本陣	百里ヶ岳	70
湖北みずどりステーション	横山岳	31
小松オアシス	石鎚山	187
菰野	御在所岳	55
こんぜの里りっとう	金勝アルプス	51
さ	近くの山	頁
貞光ゆうゆう館	剣山	184
シーサイド高浜	青葉山	141
杉の湯川上	大台ヶ原・大普賢岳	97
た	近くの山	頁
田辺龍神ごまさんスカイタワー	護摩壇山	117
丹波おばあちゃんの里	向山連山	148
丹波マーケス	長老ヶ岳	73
ちはやあかさか	金剛山	111
は	近くの山	頁
びわ湖大橋米プラザ	蓬莱山・武奈ヶ岳	67
ふたかみパーク 當麻	大和葛城山	107
ま	近くの山	頁
マキノ追坂峠	赤坂山	58
水の郷日高川 龍游	冷水山	125
村岡ファームガーデン	扇ノ山・氷ノ山	174
や	近くの山	頁
ようか但馬蔵	氷ノ山・扇ノ山	171
吉野路 上北山	大台ヶ原・大普賢岳	93
吉野路 黒滝	八経ヶ岳・稲村ヶ岳	101

温泉索引

あ	近くの山	頁
阿下喜温泉 あじさいの里	藤原岳	45
石鎚山温泉 京屋旅館	石鎚山	187
大原温泉 大原の里	金毘羅山	79
か	近くの山	頁
風の湯 河内長野店	金剛山	111
かつらぎ温泉 八風の湯	高野三山	121
かもきみの湯	大和葛城山	107
北近江リゾート 北近江の湯	横山岳	31
草山温泉 やまもりの湯	多紀アルプス	151
くつき温泉 てんくう	百里ヶ岳	70
合格の湯 天然温泉まんどの湯	氷ノ山・扇ノ山	171
こんだ薬師温泉 ぬくもりの郷	白髪岳	154
さ	近くの山	頁
入之波温泉 元湯山鳩湯	大台ヶ原・大普賢岳	97
白峰温泉 総湯	白山	21
須賀谷温泉	小谷山	34
スパリゾート雄琴あがりゃんせ	蓬莱山・武奈ヶ岳	67
雪彦温泉	雪彦山	157
曽爾高原温泉 お亀の湯	倶留尊山	83
た	近くの山	頁
大山温泉 ロイヤルホテル大山	大山	181
剣山 木綿麻温泉	剣山	184
天然温泉 比良とぴあ	武奈ヶ岳	62
天の川温泉センター	八経ヶ岳・稲村ヶ岳	101
富里温泉 乙女の湯	百間山	131
洞川温泉センター	八経ヶ岳・稲村ヶ岳	104
な	近くの山	頁
丹生ヤマセミ温泉館	冷水山	125
は	近くの山	頁
福知山温泉 養老の湯	大江山	145
弁慶のさと湯	高尾山	134
ま	近くの山	頁
マキノ高原 温泉さらさ	赤坂山	58
みつえ温泉 姫石の湯	大洞山・三峰山	89
や	近くの山	頁
湯郷温泉 湯郷鷺温泉館	那岐山	177
湯の山温泉	御在所岳	55
ら・わ	近くの山	頁
リフレッシュパークゆむら	扇ノ山・氷ノ山	174
六呂師高原 トロン温泉施設うらら館	荒島岳	25
和気鵜飼谷温泉	和気アルプス	167

その他索引

あ	近くの山	頁
青葉山松尾寺	青葉山	140
嵐山・高雄パークウエイ	愛宕山	76
伊吹山ドライブウェイ	伊吹山	39
大江山の雲海	大江山	144
大台ヶ原ビジターセンター	大台ヶ原	92
大峯奥駈道(世界遺産)	大普賢岳・八経ヶ岳	96
小谷城戦国歴史資料館	小谷山	34
か	近くの山	頁
海軍料理 松栄館	青葉山	141
勝原コース	荒島岳	24
関西周辺の「ミニアルプス」	和気アルプス	166
御在所ロープウェイ	御在所岳	54
御殿山コース	武奈ヶ岳	62
金剛峯寺と奥の院	高野三山	120
さ	近くの山	頁
醒井水の宿駅みゆき	霊仙山	37
地蔵川の梅花藻	霊仙山	37
曽爾高原ファームガーデン	倶留尊山	83
た	近くの山	頁
大山・一木一石運動	大山	180
ダイヤモンドトレール	大和葛城山・金剛山・岩湧山	114
高島トレイル	赤坂山・百里ヶ岳	57
竹田城跡(古城山)	朝来山	163
天河大辨財天社奥宮	八経ヶ岳	100
鳥取県側からの2つのコース	氷ノ山	170
な	近くの山	頁
那岐山麓 山の駅	那岐山	177
日本の鬼の交流博物館	大江山	145
は	近くの山	頁
白山室堂(山小屋)	白山	21
日生のカキオコ	和気アルプス	167
蒜山大山スカイライン	大山	181
びわ湖バレイロープウェイ	蓬莱山	66
藤原岳自然博物館	藤原岳	44
ま	近くの山	頁
真夏の大雲海	倶留尊山	82
わ	近くの山	頁
若いぶき(薬草風呂／食事処)	伊吹山	40

クルマで行く山あるき 関西周辺

大人の遠足BooK

2020年 8 月15日　初版印刷
2020年 9 月　1日　初版発行

編集人　平野陽子
発行人　今井敏行
発行所　JTBパブリッシング
〒162-8446　東京都新宿区払方町25-5

編集・制作　㈱ウエスト・パブリッシング
河本佳樹
吉田祐介
編集協力　岡田敏昭・後藤厚子
取材・文・写真　編集工房ZAPPA
（河本佳樹・山波啓介）
草川啓三・児嶋弘幸・壇上俊雄・
中村圭志・岡田敏昭
写真協力　（一財）奈良県ビジターズビューロー・
（公社）びわこビジターズビューロー・
（公社）ひょうご観光本部・
フォトライブラリー・関係諸施設ほか
表紙写真　アフロ
表紙デザイン　オムデザイン　道信勝彦
フォーマットデザイン　曽我部尚之
地図製作　千秋社
編集工房ZAPPA（本文交通図）
組版　千秋社
印刷　凸版印刷

本書の内容についてのお問合せ　☎03-6888-7846
図書のご注文　☎03-6888-7893
乱丁・落丁はお取替えいたします。

インターネットアドレス
おでかけ情報満載　https://rurubu.jp/andmore

◎本書の地図の作成にあたっては、国土地理院提供の数値地図（国土基本情報）電子国土基本図（地図情報）、数値地図（国土基本情報）電子国土基本図（地名情報）、数値地図（国土基本情報）基盤地図情報（数値標高モデル）及び数値地図（国土基本情報20万）を使用しました。
◎高低図の作成にあたっては、DAN杉本さん作成のフリーソフト『カシミール3D』を利用させていただきました。
◎本書の取材・執筆にあたり、ご協力いただきました関係各位に、厚くお礼申し上げます。
◎本書の掲載データは2020年6月現在のものです。料金はすべて大人料金です。定休日は、記載の曜日以外に年末年始、盆休み、ゴールデンウィーク等で臨時休業になる場合があります。
◎本誌掲載の料金は、原則として取材時点で確認した税率改定後の消費税込みの料金です。ただし各種料金は変更されることがありますので、ご利用の際はご注意ください。
◎各種データを含めた掲載内容の正確性には万全を期しておりますが、登山道の状況や施設の営業などは、気象状況などの影響で大きく変動する事があります。安全のために、お出かけ前には必ず電話等で事前に確認・予約する事をお勧めします。山では無理をせず、自己責任において行動されるようお願いいたします。事故や遭難など、弊社では一切の責任は負いかねますので、ご了承下さい。

Printed in Japan
203606　421383
ISBN 978-4-533-14226-0　C2026

JTBパブリッシング
https://jtbpublishing.co.jp/

大遠BK
421383